Die Europäische Ökumenische Kommission
für Kirche und Gesellschaft (EECCS)
als Beispiel für das Engagement des Protestantismus
auf europäischer Ebene

Von der Gemeinsamen Fakultät für Geistes- und Sozialwissenschaften der
Universität Hannover
zur Erlangung des Grades eines
Doktors der Philosophie (Dr. phil.)
genehmigte Dissertation

von Hans-Ulrich Reuter, M.A.
geboren am 6. Januar 1964 in Minden / Westfalen

2002

Referent: Prof. Dr. Dr. Peter Antes
Korreferentin: Prof. Dr. Christiane Lemke

Tag der Promotion: 28.05.2002

Umschlagbild: EECCS-Logo, europäische oekumenische kommission für kirche und gesellschaft, jahresüberblick 1986, Brüssel 1987, S. 17

Hans-Ulrich Reuter

DIE EUROPÄISCHE ÖKUMENISCHE KOMMISSION FÜR KIRCHE UND GESELLSCHAFT (EECCS) ALS BEISPIEL FÜR DAS ENGAGEMENT DES PROTESTANTISMUS AUF EUROPÄISCHER EBENE

ibidem-Verlag
Stuttgart

Die Deutsche Bibliothek - CIP-Einheitsaufnahme:

Ein Titeldatensatz für diese Publikation ist bei
Der Deutschen Bibliothek erhältlich

∞

Gedruckt auf alterungsbeständigem, säurefreien Papier
Printed on acid-free paper

ISBN: 3-89821-218-1

© *ibidem*-Verlag
Stuttgart 2002

Alle Rechte vorbehalten

Das Werk einschließlich aller seiner Teile ist urheberrechtlich geschützt. Jede Verwertung außerhalb der engen Grenzen des Urheberrechtsgesetzes ist ohne Zustimmung des Verlages unzulässig und strafbar. Dies gilt insbesondere für Vervielfältigungen, Übersetzungen, Mikroverfilmungen und elektronische Speicherformen sowie die Einspeicherung und Verarbeitung in elektronischen Systemen.

Printed in Germany

Abstract

Dem gegenwärtigen Engagement christlicher Kirchen und Organisationen auf europäischer Ebene hat man bisher von religionswissenschaftlicher Seite nur wenig Beachtung geschenkt. Um einen neuen Beitrag zu diesem Forschungsgebiet zu leisten, wird in der vorliegenden Untersuchung die protestantisch geprägte Europäische Ökumenische Kommission für Kirche und Gesellschaft (EECCS) vorgestellt, die - mit ihren drei Vorgängerorganisationen - von 1964 bis 1998 die Interessen ihrer Mitgliedskirchen in Brüssel und auch Straßburg zu vertreten suchte. Inwieweit sich das Engagement dieser protestantischen Gruppierung unter den Rahmenbedingungen der fortschreitenden europäischen Einigung verändert hat, wird die wesentliche Fragestellung innerhalb dieser Arbeit sein.

Die organisationshistorische Illustration der Entstehung und Entwicklung der EECCS und ihrer Vorgänger mündet in eine Darstellung der schlußendlichen Integration in die Konferenz Europäischer Kirchen. Darauf folgen einige Ausführungen zur Struktur und Konstitution, um ihre Funktions- und Arbeitsweisen genauer zu illuminieren. Zur Darlegung der Entwicklung der EECCS erscheinen außerdem eine organisationssoziologische Standortbestimmung sowie Konkretionen hinsichtlich ihrer Fremdwahrnehmung, ihrer Effektivität als Interessenvertretung und ihres Selbstverständnisses notwendig. Darauf folgt als weitere Hinführung auf die Theoriebildung eine kontextgebundene Auseinandersetzung mit den drei Schlüsselbegriffen "Europa", "Ökumene", "Protestantismus". Unter Verwendung dieser Forschungserträge wird in der theoretischen Betrachtung die Entwicklung der EECCS religionswissenschaftlich innerhalb des Säkularisierungskontextes eingeordnet. Durch die These der "Säkularisierten Ökumene" wird zwischen der zunehmenden Ausweitung des Engagements der EECCS und ihrer ausschließlichen Konzentration auf sozialethische Fragestellungen ein zwangsläufiger Zusammenhang hergestellt. Eine erweiterte Relevanz dieser speziellen Säkularisierungsthese lässt sich durch ihre Anwendung auf andere ökumenische Organisationen belegen.

Schlagworte: "Protestantismus", "Europa", "Säkularisierung"

Abstract

The contemporary activities of Christian churches and organisations referring to the European level have not raised much attention in the academic field of science of religion. My study on the European Ecumenical Commission for Church and Society (EECCS) and its three predecessors is a new contribution to this area of research. These organisations with Protestant characteristics aimed to represent the interests of their European member churches in Brussels and Strasbourg from 1964 to 1998.

The leading question of my research was: To what extent have the activities of this Protestant group changed within the framework of the on-going European unification? The illustration of the organisational history of EECCS and its predecessors, i.e. their beginnings and development, is completed by a presentation of their eventual re-integration with the Conference of European Churches (CEC). This is followed by some functional explications concerning EECCS' structure and constitution as well as by an analysis of its strategic location, referring to organisational sociology. Furthermore its self-definition and its perception by others and its effectiveness as religious interest group deserve clarification.

A contextual discussion of the keywords "Europe", "Ecumenical Movement" and "Protestantism" is leading to theoretical considerations with regard to the academic discussion of secularisation. The inevitable link between the foregoing enlargement of EECCS (and its activities, respectively) and its exclusive concentration on socio-ethical questions is specially emphasized by naming EECCS as "secularised - ecumenical" organisation. Though this is a special case of internal secularisation it is not a singular phenomenon only concerning EECCS: Further proof for the appearance of such "secularised - ecumenical" structures can eventually be found in other ecumenical organisations.

Catchwords: "Protestantism", "Europe", "Secularisation"

Danksagung

Allen voran möchte ich meiner geliebten Partnerin und Ehefrau Gabriele Chaborski-Reuter herzlich danken, die mich in allen Lebenslagen unterstützt und immer an mich geglaubt hat; ohne sie hätte ich diese Promotionsprojekt sicherlich nicht durchführen und zu diesem sehr positiven Abschluß bringen können. Weiterhin danke ich meiner lieben Mutter Dr. phil. Roswitha Reuter für ihre großzügigen Zuwendungen und Unterstützungen aller Art.

Von der Gemeinsamen Fakultät für Geistes- und Sozialwissenschaften der Universität Hannover, an der ich mich mit der vorliegenden Arbeit promoviert habe, möchte ich besonders meinen Doktorvater Prof. Dr. Dr. Peter Antes (Seminar für Religionswissenschaft) und meine Doktormutter Prof. Dr. Christiane Lemke (Institut für Politische Wissenschaften) erwähnen; die Betreuung und Beratung, die ich von ihnen erhielt, waren sehr wertvoll für mich. Von Prof. Dr. Helmut Bley, dem Vorsitzenden der Gemeinsamen Fakultät für Geistes- und Sozialwissenschaften der Universität Hannover, fühlte ich mich ebenfalls gut beraten. Fachlichen Rat und auch persönlichen Beistand erfuhr ich durch meine liebe Kollegin Dr. Edith Franke.

Sehr wichtig waren für mich außerdem das mutmachende Coaching und die Gespräche mit Karin Rozock. Für besondere freundschaftliche Solidarität in allen Phasen der Arbeit möchte ich weiterhin Sabine Breier und Nancy Widmann sowie meiner Schwester Annette Reuter danken.

Als Korrekturleserinnen standen mir hilfreich zur Seite: Sabine Breier, Dr. Jeanette Opitz, Nancy Widmann, Gabriele Chaborski-Reuter und auch Dr. Roswitha Reuter.

Nicht unerwähnt bleiben darf an dieser Stelle natürlich die Europäische Ökumenische Kommission für Kirche und Gesellschaft (EECCS); ohne die umfassende Recherchegenehmigung und die Unterstützung durch die Mitarbeiter wäre diese Arbeit nicht zustandegekommen. Besonders nennen möchte ich hier Alastair Hulbert und vor allem Marc Lenders, mit denen ich auch ausführliche Gespräche zur Geschichte, Entwicklung und zur allgemeinen Situation der EECCS führen konnte. Freundliches Entgegenkommen, u. a. bei der Quartiersuche, erfuhr ich ebenfalls durch das - in Brüssel direkt neben dem Ökumenischen Zentrum angesiedelte - Europa-Büro der Evangelischen Kirche in Deutschland und dessen frühere Leiterin Heidrun Tempel.

Zu guter Letzt möchte ich meinen speziellen Dank an Dr. Helmut von Verschuer richten. Als "Mann der ersten Stunde", wichtiger europäischer Zeitzeuge und Mitbegründer der EECCS und ihrer Vorgängerorganisationen hat er mir ausführlich und bereitwillig die Geschichte der protestantischen Vertretung in Brüssel seit 1964 bis in die neunziger Jahre darlegen können und außerdem einzigartige Dokumente aus seinem Privatarchiv zur Verfügung gestellt.

INHALT   Seite

1.   Einleitung   11

2.   Methodische Vorüberlegungen   15

3.   Entstehung und Entwicklung der Europäischen
      Ökumenischen Kommission für Kirche und Gesellschaft
      und ihrer Vorgängerorganisationen   19
3.1. Der Beratende Ausschuss der Kirchen bei den
      Europäischen Gemeinschaften (1964 - 1972)   21
3.2. Die Kommission von Kirchen bei der Europäischen
      Gemeinschaft (1973 - 1978)   31
3.3. Die Ökumenische Kommission für Kirche und Gesellschaft bei
      der Europäischen Gemeinschaft (ECCSEC, 1979 - 1984)   43
3.4. Die Europäische Ökumenische Kommission für Kirche
      und Gesellschaft (EECCS, 1985 - 1998)   51
3.5. Integration der EECCS in die Konferenz
      Europäischer Kirchen (KEK)   68

4.   Struktur und Konstitution von ECCSEC und EECCS   83
4.1   Satzung   83
4.2. Organe   87
4.2.1. Generalversammlung   88
4.2.2. Exekutivausschuß   89
4.2.3. Straßburger Beirat   90
4.3. Mitarbeiter in Brüssel und Straßburg   92
4.4. Arbeitsgruppen   99

5.   Organisatorische Standortbestimmung der EECCS
      - Europäische Lobby oder Nichtregierungsorganisation?   103

6.   Zwischenresümee I   109

EXKURS: Andere kirchliche Organisationen auf Europaebene 111

7.	Konkretionen	127
7.1.	Aufbereitung einer Frageaktion: Kirchliche Positionen zur Europafrage sowie bzgl. EECCS	127
7.2.	Effektivität der Interessenvertretung durch EECCS	129
7.3.	Selbstverständnis und Profil von ECCSEC und EECCS	135
8.	Konfrontationen	141
8.1.	EECCS und Europa	141
8.2.	EECCS und Protestantismus	143
8.3.	EECCS und Ökumene	145
9.	Zwischenresümee II	149
10.	Theoretische Betrachtung	151
10.1.	Religionswissenschaftliche Einordnung	151
10.2.	EECCS: "Säkularisierte Ökumene"	154
10.3.	Diskussion: Eine Organisationsform mit Zukunft?	162
11.	Resümee	167
12.	Literaturverzeichnis	171
13.	Quellenverzeichnis	189
14.	Anhang	217
14.1.	Stellungnahmen und Dokumente der EECCS und ihrer Vorgänger	217
14.2.	Resonanz auf Frageaktion zu kirchlichen Positionen bzgl. "Europa"	220
14.3.	Demographische Daten zum Protestantismus in Europa	249
14.4.	Quellenexzerpte zur Geschichte der EECCS und ihrer Vorgänger	253
14.5.	Abkürzungen	309

1. Einleitung

Seit der Mitte des zwanzigsten Jahrhunderts befindet sich Europa auf dem Weg zu einer größer und gewichtiger werdenden Einheit. Innerhalb dieses Einigungsprozesses wird auch den Vertretern der verschiedenen Religionen, Bekenntnisse und Kirchen die Gelegenheit gegeben, die Interessen ihrer jeweiligen Mitglieder vorzubringen. Solche Möglichkeiten der Artikulation wurden bzw. werden in den letzten Jahrzehnten vor allem von Repräsentanten der beiden wichtigsten christlichen Glaubensrichtungen Westeuropas, Katholizismus und Protestantismus,[1] verschiedentlich genutzt. Diesem gegenwärtigen Engagement christlicher Kirchen und Organisationen auf europäischer Ebene, d. h. vornehmlich gegenüber den Institutionen der europäischen Einigung, hat man bisher von religionswissenschaftlicher Seite nur wenig Beachtung geschenkt. Um einen neuen Beitrag zu diesem Forschungsgebiet zu leisten,[2] wird in der vorliegenden Untersuchung die protestantisch geprägte Europäische Ökumenische Kommission für Kirche und Gesellschaft (EECCS) vorgestellt werden, die - mit ihren drei Vorgängerorganisationen - von 1964 bis 1998 die Interessen ihrer Mitgliedskirchen in Brüssel und auch Straßburg zu vertreten suchte. Inwieweit sich das Engagement dieser protestantischen Gruppierung unter den Rahmenbedingungen der fortschreitenden europäischen Einigung verändert hat, wird die wesentliche Fragestellung innerhalb dieser Arbeit sein.

Nach einigen Vorüberlegungen zur Methodik dieser Arbeit (Kapitel 2.) folgt die historiographische Illustration der Entstehung und Entwicklung

---

[1] *Protestantismus* wird hier und im folgenden als Ober-Begriff für die lutherischen, reformierten sowie anglikanischen Konfessionen benutzt; siehe Kapitel 8 dieser Arbeit.
[2] Sowohl Müller-Franke (Müller-Franke, Waltraud: Die Evangelische Kirche in Deutschland im politischen Meinungsbildungsprozeß analysiert am Beispiel ihrer Denkschriften, Bochum 1991, S. 217) als auch Greschat (Greschat, Martin: Der Protestantismus und die Entstehung der Europäischen Gemeinschaft, S. 85 - 86, in: Ders. / Loth, Wilfried (Hg.), Die Christen und die Entstehung der Europäischen Gemeinschaft, Stuttgart / Berlin / Köln 1994, S. 25 - 96) benennen diesen Themenbereich als Forschungsdesiderat.

der EECCS und ihrer Vorgänger (Kapitel 3.). In weiten Teilen verläuft diese in Form einer kommentierenden und analysierenden Chronik der - aus der europapolitischen Tagesordnung abgeleiteten - Themenstellungen der o. g. Gruppierungen. Durch diese Darstellungsweise wird verdeutlicht, daß bei EECCS und ihren Vorgängern sozialethische Fragen aus dem Bereich "Kirche und Gesellschaft" stets im Mittelpunkt des Interesses standen; letztere Feststellung ist für die Theoriebildung dieser Arbeit im Hinblick auf die Säkularisierungsfrage von besonderer Relevanz. Die organisationsgeschichtliche Dokumentation mündet in eine Darstellung der schlußendlichen Integration in die Konferenz Europäischer Kirchen. Da mit einer historischen Präsentation nicht alle inneren Aspekte dieser Gruppierung erfaßt werden können, werden sich einige Ausführungen zur Struktur und Konstitution der EECCS anschließen (Kapitel 4.), um ihre Funktions- und Arbeitsweisen weiter zu veranschaulichen. Hierbei wird jedoch ausschließlich die Phase von 1979 bis 1998 berücksichtigt, weil EECCS bzw. ECCSEC (deren direkte Vorgängerin) nur in diesem Zeitraum als unabhängiges Gebilde bestand. Zur Darlegung ihrer Entwicklung erscheint außerdem eine organisationssoziologische Standortbestimmung, bezüglich der Frage, ob es sich bei ihr um eine Lobby oder eine Nichtregierungsorganisation handelte (Kapitel 5.), notwendig. Um das Gesamtbild der Europäischen Ökumenischen Kommission für Kirche und Gesellschaft zu vervollständigen und zu konkretisieren, folgen dann Ansichten von "Außen": Für die Auswertung der für diese Arbeit durchgeführten Frageaktion zu kirchlichen Positionen hinsichtlich der Europathematik ist das Ergebnis der quantitativen Analyse der Fremd-Wahrnehmung der EECCS durch europäische Kirchenleitungen (Kapitel 7.1.) besonders interessant. Auch die Effektivität der Interessenvertretung dieser Organisation europäischer protestantischer Kirchen wird - anhand der Kriterien des religiösen Marketings - bewertet werden (Kapitel 7.2.). Weiterhin wird das Selbstverständnis und das Profil dieser Gruppierung - vor allem in den achtziger und neunziger Jahren -

von Interesse sein (Kapitel 7.3.); eine solche Ermittlung ist gleichbedeutend mit der Erforschung ihrer eigentlichen Charakteristik, die sich als zunehmend säkularisiert erweisen wird.

Darauf folgen wird eine nochmalige Auseinandersetzung mit den Aktivitäten der EECCS unter Zuhilfenahme der Konstrukte "Europa", "Protestantismus" sowie "Ökumene" (Kapitel 8.); die kontextgebundene Diskussion dieser drei Schlüsselbegriffe ist wichtig als weitere Vorbereitung und Hinführung auf die Theoriebildung.

In der theoretischen Betrachtung (Kapitel 10.) wird die Entwicklung der EECCS religionswissenschaftlich innerhalb des Säkularisierungskontextes einzuordnen sein. Die These, daß die Organisationsform der EECCS als "Säkularisierte Ökumene" zu bezeichnen ist, wird anhand dreier spezifischer Kriterien (Reaktivität, Sozialethik-Dominanz, Theologie-Distanz) dargelegt. Diskutierenswert erscheint desweiteren die Frage, ob diese hier neu präsentierte Kategorie künftig auch auf andere Bereiche und Organisationen der ökumenischen Arbeit angewendet werden kann.

Resümierend werden schließlich die einzelnen Komponenten der gesamten Untersuchung zusammengeführt. Anhand eines ausführlichen Anhangs, der unter anderem die wichtigsten Dokumente zur Geschichte und Entwicklung der EECCS und ihrer Vorgänger in zusammengefaßter Form enthält, wird dem Leser[3] weiterhin ein vertiefter Einblick in die Materie ermöglicht.

---

[3] Es wird hier und auch im weiteren aus Gründen der Vereinfachung der Schreibweise nur die maskuline Form verwendet; die feminine Form der entsprechenden Begriffe ist jedoch in jedem Falle mitgemeint und zu berücksichtigen.

2. Methodische Vorüberlegungen

Der Verfasser ist bei Literatursondierungen bzgl. des Protestantismus und der Europafrage im Sommer 1997 auf die Europäische Ökumenische Kommission für Kirche und Gesellschaft (EECCS) und ihre Aktivitäten aufmerksam geworden und hat sie u. a. aufgrund der positiven Recherchesituation als Forschungsobjekt ausgewählt. Bei mehreren Aufenthalten in Brüssel konnte das umfangreiche Archiv des Ökumenischen Zentrums im Hinblick auf diese Thematik gesichtet und erfaßt werden. Außerdem wurde die Genehmigung erteilt, die weitere Entwicklung bis zu deren letzter Vollversammlung 1998 und der darauf folgenden Integration in die Konferenz Europäischer Kirchen, vor Ort mitzuverfolgen. Als weitere Recherchemöglichkeiten boten sich einerseits das Privatarchiv des Mitbegründers und langjährigen EECCS-Vorstandsmitglieds Dr. Helmut von Verschuer in Nentershausen und andererseits das Evangelische Zentralarchiv in Berlin. Aufgrund dieser sehr guten Dokumentationslage - insgesamt konnten über 2000 Seiten (Versammlungsprotokolle, Berichte, Stellungnahmen) reproduziert, exzerpiert und verarbeitet werden - ergab sich die Möglichkeit, der Auswertung der Quellentexte gegenüber anderen Forschungsmethoden den Vorzug zu geben. So finden sich beispielsweise die subjektiven Standpunkte einzelner EECCS-Mitarbeiter, mit denen der Verfasser bei seinen Forschungsreisen (u. a. in Graz, Brüssel, Antwerpen, Löwen) das Gespräch gesucht hatte, in den Dokumenten bestätigt, und kontroverse Meinungen zu einzelnen Themen kommen namentlich auch in Sitzungsprotokollen und Einzelberichten zum Ausdruck. Lediglich für die Aufbereitung einer gesonderten Frageaktion zu kirchlichen Positionen bzgl. der Europafrage wird zusätzlich auf Techniken der quantitativen Datenauswertung zurückgegriffen.[4]

---

[4] Vgl. Bortz, Jürgen / Döring, Nicola: Forschungsmethoden und Evaluation in den Sozialwissenschaften, Berlin / Heidelberg / New York 1995 sowie Hase, Thomas:

"Die Religionswissenschaft ist eine humanwissenschaftliche Disziplin, die mit philologischen, historischen und sozio-empirischen Methoden arbeitet und sich mit dem Phänomen Religion in Geschichte und Gegenwart beschäftigt."[5] Die Europäische Ökumenische Kommission für Kirche und Gesellschaft ist innerhalb des christlich-protestantischen Kontextes angesiedelt, und als kirchlich beauftragte interessenvertretende Organisation auf europäischer Ebene wird sie hier untersucht. Aus religionswissenschaftlicher Perspektive ist die EECCS ein interessantes Forschungsobjekt, weil anhand ihrer Entwicklung der Prozeß der Säkularisierung[6] in einem Teilbereich protestantischer Aktivität sichtbar wird. Obgleich zur Untersuchung auch unterschiedliche Äußerungen der EECCS herangezogen werden, welche ansatzweise theologische Anklänge haben, und generell das Verhältnis zur Theologie von Interesse sein wird, handelt es sich bei dieser Untersuchungsmethode nicht um eine theologische sondern um eine religionswissenschaftliche: Die Äußerungsformen des christlichen Glaubens sind Materialgrundlage und Quellen für die Analyse dieser Organisation.[7]

In einem gewichtigen Teil (Kapitel 3. und 4.) der vorliegenden Arbeit wird zunächst die Entstehung und Entwicklung der EECCS und ihrer Vorgänger organisations-historisch präsentiert. Der Fokus ist hierbei -

---

Quantitative Methoden in der Religionswissenschaft, Marburg 2000. Die im Anhang vorgestellten demographischen Daten zum Protestantismus in Europa wurden ausschließlich aus Sekundärquellen (z. B. Europäische Kommission: Eurobarometer, Die öffentliche Meinung in der Europäischen Union, Das erste Jahr der "Neuen Europäischen Union", Bericht über die Eurobarometer-Meinungsumfrage 42, Brüssel, Frühjahr 1995) gewonnen.

[5] Antes, Peter: Theologie und Religionswissenschaft, Methodische Anmerkungen zu Nähe und Distanz, S. 314, in: Riße, Günter / Sonnemans, Heino / Theß, Bernhard (Hg.), Wege der Theologie: an der Schwelle zum dritten Jahrtausend, Festschrift für Hans Waldenfels zur Vollendung des 65. Lebensjahres, Paderborn 1996, S. 313 - 319; der Begriff der Philologie ist in diesem Kontext wohl im seinem engeren Sinne als die Untersuchung von Texten zu verstehen.

[6] Dieses Konzept Max Webers zur Erklärung gesellschaftlicher und religiöser Veränderungsprozesse hat bis zum heutigen Tage nicht an Aktualität verloren, selbst wenn man sich in den aktuellen Debatten eher auf gesellschaftliche Teilbereiche bezieht und nicht mehr von einem totalen Verschwinden von Religion ausgeht.

[7] Im Gegensatz zur Theologie, die eine eindeutige, wertende Aussageabsicht hat, ist das Anliegen der Religionswissenschaft, "Religionen sine ira et studio [ohne Zorn und

außer für die Anfangsjahre - auf die konkrete Behandlung relevanter sozialethischer Themen durch diese Gruppierungen gelegt; die Sozialethik bzw. der Bereich "Kirche und Gesellschaft" stand schließlich im Zentrum ihrer Tätigkeit.[8] Im Anschluß daran wird der Fortgang ihrer Konstituierung als eigenständige Gruppierung zur Vertretung der Interessen der europäischen protestantischen Kirchen gegenüber den Institutionen der europäischen Einigung sowie ihre weitergehenden Veränderungen genauer beleuchtet werden. Darauf folgend wird unter organisations-soziologischem Blickwinkel eine Standortbestimmung dieser Interessenvertretung des Protestantismus vorgenommen. Zur weiteren Klassifizierung und Verortung der Tätigkeit der EECCS wird diese in den nächsten Abschnitten unter verschiedenen Gesichtspunkten reflektiert und analysiert (Präsentation anderer kirchlicher Organisationen (Exkurs), Auswertung einer Europa-Frageaktion (7.1.), Effektivität (7.2.), Selbstverständnis und Profil (7.3.), begriffliche Konfrontationen (8.)). Anschließen wird sich eine theoretische Einordnung der Aktivitäten dieser protestantischen Repräsentanz auf Europaebene (Kapitel 10.) anhand religionssoziologischer Kategorien, der Säkularisierung. Die Ergebnisse der vorherigen Kapitel werden hier zur Synthese und Zusammenschau herangezogen, um letztlich in die These zur "Säkularisierten Ökumene" einzumünden.

Eifer, d. h. unvoreingenommen; H.-U. R.] darzustellen." Antes, a.a.O., S. 316 - 318.
[8] "EECCS' mandate entrusted to it by its member Churches is clearly defined: taking up issues belonging to the Church and Society field as they emerge in the context of the European institutions of both the European Community and the Council of Europe." European Ecumenical Commission for Church and Society, Minutes of the Meeting of the European Ecumenical Commission for Church and Society held in Brussels, June 10, 11 & 12, 1987, Annex 2, Proposal: Relations with the CEC, S. 1

3. Entstehung und Entwicklung der Europäischen Ökumenischen Kommission für Kirche und Gesellschaft und ihrer Vorgängerorganisationen

Im folgenden soll das Engagement des Protestantismus auf europäischer Ebene zunächst organisationshistorisch[9] betrachtet werden. Außer im Abschnitt über die erste Vorgängerorganisation der EECCS (Kapitel 3.1.) werden in dieser chronologischen Darstellung die sozialethischen Themenstellungen der jeweiligen Agenda weitestgehend im Mittelpunkt stehen. Der Bereich der Sozialethik - innerhalb der Ökumene auch als "Kirche und Gesellschaft" bezeichnet - war schließlich ihr eigentlicher "raison d'être", d. h. Existenzgrund.[10] Die Initiative zur Etablierung einer Repräsentanz in Brüssel kam u. a. aus den Reihen der dortigen "Ökumenischen Gruppe", in welcher sich seit 1959 protestantisch-engagierte Mitarbeiter der Europäischen Gemeinschaften (EGKS, EWG, EURATOM)[11] zusammengefunden und organisiert hatten.[12] Hinzu kamen aber auch Anstöße von außen: Der Ökumenische Rat der Kirchen gab beispielsweise die Anregung zur Reflexion der zukünftigen 'Aufgaben der Kirchen in der Neuordnung

---

[9] Zum Begriff der Organisation siehe Kapitel 5 dieser Arbeit.
[10] "these studies showed the 'raison d'être' of the Ecumenical Commission." European Ecumenical Commission for Church and Society, Minutes of the Meeting of the European Ecumenical Commission for Church and Society - Brussels - 25 / 26 September 1985 [auch: EZA], S. 12 - 13
[11] Europäische Gemeinschaft für Kohle und Stahl (ab 1952; auch als "Montanunion" bekannt), Europäische Wirtschaftsgemeinschaft (ab 1957), Europäische Atomgemeinschaft (ab 1957). Diese drei europäischen Gemeinschaften fusionierten erst 1967 zu der einen Europäischen Gemeinschaft; vgl. Gasteyer, Curt: Europa zwischen Spaltung und Einigung 1945 - 1990, Eine Darstellung und Dokumentation über das Europa der Nachkriegszeit, Bonn 1990, S. 151 ff. sowie Schlünder, Irene: Europäische Gemeinschaft, in: Albrecht, Ulrich / Volger, Helmut (Hg.): Lexikon der Internationalen Politik, München / Wien 1997, S. 126 - 129.
[12] Greschat, Martin: Der Protestantismus und die Entstehung der Europäischen Gemeinschaft, S. 84 - 85, in: Ders. / Loth, Wilfried: (Hg.), Die Christen und die Entstehung der Europäischen Gemeinschaft, Stuttgart / Berlin / Köln 1994, S. 25 - 96. Diese Ökumenische Gruppe gab sich bereits im Herbst 1964 eine formelle Satzung und den Namen "Centre Oecuménique á Bruxelles"; vgl. Protokoll der Sitzung des Beratenden Ausschusses der Kirchen vom 19.11.1964, S. 2 sowie Panhuis, Antoinette: Un temps d'espérance, S. 28, in: Dies. (Hg.), RENCONTRES, Reflections on Europe, Agriculture and the Churches, in honour of Helmut von Verschuer, Bruxelles 1991, S. 21 - 29.

Europas und der Entwicklung des Verhältnisses zwischen Europa und den anderen Teilen der Welt',[13] und die Konferenz Europäischer Kirchen sicherte - indirekt - ihre Unterstützung zu.[14] Aus bundesdeutscher Sicht schrieb der evangelische Bischof Kunst: "Es ist mir überhaupt sehr schmerzlich, daß es bisher nicht gelungen ist, daß die Evangelische Kirche in Deutschland für die europäischen Fragen jene Beiträge leistet, die man billigerweise von ihr erwarten müßte. Es ist seit langem für mich erregend, daß die umfassenden Publikationen in Deutschland ausschließlich aus katholischen Federn kommen, die aus begreiflichen Gründen häufig so tun, als hätte die evangelische Christenheit nur geringe Züge im Antlitz Europas gezeichnet."[15] Dem gut organisierten Auftreten der Katholiken, z. B. mit dem Foyer Catholique in Brüssel, wollte man nun **gemeinsam** etwas Eigenes entgegensetzen,[16] zumal man feststellen mußte, daß "die protestantischen und anglikanischen Kirchen (...) bisher im Rahmen der Europäischen Gemeinschaften nicht in Erscheinung"[17] getreten waren.[18]

---

[13] Vgl. Aufgaben der Kirchen in der Neuordnung Europas und der Entwicklung des Verhältnisses zwischen Europa und den anderen Teilen der Welt (Stellungnahme der ökumenischen Gruppe in Brüssel für die "Kommission für Glauben und Kirchenverfassung" des Ökumenischen Rates der Kirchen), Brüssel, im März 1963.
[14] VORTRAG von Herrn Marc Lenders über die Arbeit des Ökumenischen Zentrums in Brüssel (Tagung vom 30.1.1969 in der Evangelischen Akademie Arnoldshain b/ Frankfurt) [auch: EZA]. Hier erläutert Lenders u. a., daß die Konferenz Europäischer Kirchen eine de-jure-Anerkennung dieses Gremiums in den Zeiten des Kalten Krieges verweigern mußte, um ihre osteuropäischen Mitgliedskirchen nicht zu brüskieren.
[15] Schreiben von Bischof Kunst an den Vorsitzenden der Arbeitsgruppe Christliche Verantwortung für europäische Zusammenarbeit (CCREC) vom 28.3.1964, Archiv des Ökumenischen Rates der Kirchen in Genf, CCREC, 1964 - 1966 [zitiert nach Greschat, Martin: Christliche Verantwortung für Europa, S. 84 (Fußnote 87), in: Zeitschrift für Kirchengeschichte, 105. Band, Vierte Folge XLIII, Stuttgart / Berlin / Köln 1994, S. 58 - 90].
[16] Vgl. Panhuis, a.a.O., S. 29 sowie VORTRAG von Herrn Marc Lenders, a.a.O.
[17] Entwurf des Ergebnisprotokolls der ersten Zusammenkunft von Vertretern der Räte der protestantischen und anglikanischen Kirchen in den Mitgliedsstaaten der Europäischen Gemeinschaften und in Großbritannien als "Beratender Ausschuß der Kirchen für die Europäischen Gemeinschaften" am 19. November 1964 in Brüssel; Brüssel, Ende November 1964, S. 2.
[18] Im Kontext dieser Arbeit werden die anglikanischen Kirchen generell mit zum Bereich des Protestantismus gezählt werden; siehe auch Kapitel 7.2. dieser Arbeit.

3.1. Der Beratende Ausschuß der Kirchen bei den Europäischen Gemeinschaften (1964 - 1972)

In seiner ersten, konstituierenden Zusammenkunft am 19.11.1964 befaßte sich der Beratende Ausschuß der Kirchen bei den Europäischen Gemeinschaften - neben der Diskussion allgemeiner Ausführungen zu den EG und dem religiösen Leben in Brüssel - mit den neu zu definierenden und etablierenden **gemeinsamen** Aufgaben der europäischen protestantischen Kirchen, welche sowohl in Brüssel als auch europaweit anzusiedeln seien, wobei die Arbeit der katholischen Kirche eventuell als Beispiel angesehen werden kann.[19] Die Teilnehmer dieser ersten Versammlung des Beratenden Ausschusses [und auch aller weiteren] waren Mitglieder bzw. Delegierte von Kirchen oder Kirchenzusammenschlüssen aus einzelnen westeuropäischen Ländern, woraus sich auch ihr offizielles - kirchen-politisches - Mandat ableiten ließ.

Die Diagnose der bisherigen Passivität im Kontext der Europäischen Gemeinschaften[20] war eine der Motivationen für diese direkten Aktivitäten der protestantischen Kirchen, welche über die Idee der Gründung eines Ökumenischen Zentrums[21] in Brüssel weit hinausgehen würden.

Der Auftrag des Beratenden Ausschusses sollte vor allen Dingen eine bessere Unterrichtung der Kirchen über wichtige Vorgänge in den Europäischen Gemeinschaften sein; dieses Ziel sollte in Zusammenarbeit mit dem Ökumenischen Zentrum und mit der CCREC erreicht werden.

---

[19] A.a.O., S. 1; zu diesem Zeitpunkt stand der Heilige Stuhl bereits in Verhandlungen mit den Europäischen Gemeinschaften über die Akkreditierung eines Apostolischen Nuntius.
[20] A.a.O., S. 2.
[21] Ein solches bestand schon seit längerem; es war aus dem 1959 gegründeten "Groupe Oecuménique" hervorgegangen und hatte seit Herbst 1964 den Status einer rechtsfähigen Vereinigung.

Um die Arbeit effektiv gestalten zu können, wurde auf die baldige Ernennung eines ständigen Beauftragten für die ökumenische Arbeit in Brüssel gedrängt. Dessen Aufgaben wurden sehr klar umrissen: Kontakte zu den - nicht-katholischen - Menschen verschiedener Nationen bei den EG herstellen; Gottesdienste und "Retraiten"[22] sowie Vorträge anbieten; Kontakte zu anderen Stellen (nicht nur kirchlicher Art) in Brüssel anbahnen; die Gründung eines evangelischen Foyers in die Wege leiten.[23]

Die Stellung des ständigen Beauftragten sollte die eines an die Weisungen des Beratenden Ausschusses gebundenen Vertreters der Kirchen bzw. Kirchenräte sein.

Bezüglich der Finanzierung dieser neuen europäischen kirchlichen Repräsentanz in Brüssel wurden von mehreren Teilnehmern schon auf dieser ersten Versammlung Zahlungszusagen der von ihnen vertretenen Kirchen (bzw. -räte) abgegeben.

Die nächsten Sitzungen des Beratenden Ausschusses befaßten sich vor allen Dingen mit den Berichten des Nomierungsausschusses für einen ständigen Beauftragten in Brüssel. Die Ost-West-Problematik,[24] welche bei der Ernennung eines deutschen Auslandspfarrers Konfliktstoff liefern könnte, wurde in diesem Zusammenhang ebenso thematisiert wie die Sorge Brüsseler Gemeinden, "dass sich eine Para-Gemeinde aus europäischen Beamten um den ständigen Beauftragten

---

[22] Mit diesem direkt aus dem Französischen übertragenen Begriff bezeichnen die Verfasser der Protokolle anscheinend Seminare und Exerzitien.
[23] Letzteres muß wohl in bezug zum bereits existierenden "Foyer Catholique" gesehen werden.
[24] Projet de compte rendu de la deuxième réunion, tenue à Bruxelles le 10 mars 1965, des représentants des Conseils des Eglises protestantes et anglicane dans les pays membres des Communautés européennes et en Grande-Bretagne, en tant que "Commission consultative d'Eglises pour les Communautés européennes"; Bruxelles, le 16 mars 1965 [auch: EZA].

herum bilden wird."[25] Gegen solche Befürchtungen wurde immer wieder die Besonderheit des neu zu schaffenden Amtes betont.

Die Suche nach einer geeigneten Persönlichkeit erwies sich als relativ schwierig und zog sich über mehr als eineinhalb Jahre hin.[26] Erst bei der vierten Zusammenkunft des Beratenden Ausschusses der Kirchen bei den Europäischen Gemeinschaften am 26.09.1966 konnte die offizielle Berufung eines für alle Seiten akzeptablen Kandidaten, des niederländischen Pastors Marc Lenders, erfolgen.[27]

Weiterhin wurden bei den Sitzungen der ersten drei Jahre die Aufgaben des Beratenden Ausschusses und seines ständigen Beauftragten[28] immer wieder durchgesprochen. Die Festlegung gemeinsamer Standpunkte war oft kaum möglich. Beispielsweise war man sich nicht einig darüber, ob die neue Organisation als "lobby" fungieren oder sich vielmehr mit der Förderung des "spiritual life" befassen sollte. Ebensowenig war man sich im Klaren darüber, ob man den Anspruch, eine "Eglise universelle" zu sein, stellen könnte bzw. sollte.[29]

---

[25] Entwurf des Ergebnisprotokolls der dritten Zusammenkunft des "Beratenden Ausschusses der Kirchen für die Europäischen Gemeinschaften" in Brüssel (Konferenzsaal des Benelux-Generalsekretariats, 39 Rue de la Régence) am 7. Dezember 1965, 14.30 Uhr; Brüssel, den 18. Januar 1966.
[26] Zwei Kandidaten traten aus verschiedenen Gründen die Stellung in Brüssel nicht an: Mit dem deutschen Pfarrer M. Hochstetter hatte man sich am 10.03.1965 zwar grundsätzlich über eine Anstellung geeinigt, aber die konkreten Vertragsverhandlungen scheiterten schließlich. Auch ein weiterer deutscher Kandidat, Pastor Ruhfus, fand am 07.12.1965 die Zustimmung des Beratenden Ausschusses. Jedoch zog die Hannoversche Landeskirche kurz darauf ihre Zustimmung zu seiner Entsendung überraschenderweise zurück. (Brief Bischof Liljes an das Ökumenische Zentrum vom 04.01.1966).
[27] Seinen Dienst hatte M. Lenders allerdings am 01.09.1966 angetreten - der Nominierungsausschuß hatte schon im Frühjahr 1966 seine Berufung beschlossen.
[28] Neben den bereits oben erwähnten Aufgaben wurde noch der Religionsunterricht an der Europäischen Schule genannt; außerdem wurden die Kontakte zu anderen ökumenischen Organisationen besonders hervorgehoben.
[29] Bereits zu diesem Zeitpunkt zeichnete sich eine Differenz zwischen "Sozialethikern" und "Theologen" hinsichtlich der Schwerpunktsetzung für die Arbeit in Brüssel ab! Projet de compte rendu de la deuxième réunion, tenue à Bruxelles le 10 mars 1965, des représentants des Conseils des Eglises protestantes et anglicane dans les pays membres des Communautés européennes et en Grande-Bretagne, en tant que "Commission consultative d'Eglises pour les Communautés européennes"; Bruxelles, le 16 mars 1965 [auch: EZA].

In dieser Phase der Selbstfindung scheint für andere Projekte nur wenig Raum gewesen zu sein. So fand der Brief der Christlichen Arbeitsgemeinschaft für Europäische Einheit (CCREC) an die Kirchen und Kirchenräte in Europa vom Oktober 1965 geringe Beachtung. Darin hatte diese "auf den Ernst der gegenwärtigen Krise der Europäischen Gemeinschaften hingewiesen" [Bezug: französische Blockade- / Boykott-Politik gegenüber den Europäischen Gemeinschaften im Jahr 1965; Ablehnung des Beitritts Großbritanniens durch Präsident de Gaulle bereits 1963!]; "es müsse alles getan werden, um das christliche Gewissen im Hinblick auf die Verantwortlichkeit Europas wachzurütteln."[30] Durch solche mahnenden Worte ließen sich aber weder das Ökumenische Zentrum in Brüssel noch der Beratende Ausschuß der Kirchen zu eigenen Aktionen bezüglich dieser Problematik bewegen. Es wurde den Kirchen bzw. Kirchenräten nur empfohlen, den CCREC-Brief zu prüfen und direkt zu beantworten; die einzige Hilfe, die der Beratende Ausschuß anzubieten hatte, waren seine "guten Dienste" bei der Verteilung des Dokumentes.

Das französische Motto "Anguille sous roche"[31] des ersten Arbeitsberichtes von Marc Lenders aus dem Jahr 1967[32] sollte die neugewonnene Dynamik der Arbeit des Beratenden Ausschusses versinnbildlichen. Innerhalb kürzester Zeit nach der Anstellung des ständigen Beauftragten konnten fünf Arbeitsgruppen etabliert werden, mit den folgenden Aktionsbereichen: 1) Organisation von Gottesdiensten, "Retraiten", Vorträgen, 2) Probleme der europäischen Integration, 3) Kontakte zu EG-Beamten, die noch in keiner Brüsseler Gemeinde organisiert sind, 4) Kontakte zu den örtlichen Gemeinden, 5) Kirche und Gesellschaft (Vorbereitung auf die WCC-Konferenz in

---

[30] Europäische Entscheidungsfragen, Informationsbrief der Arbeitsgemeinschaft: Christliche Verantwortung für Europäische Zusammenarbeit [CCREC], No. 21, 2. November 1965, Brief an die europäischen Kirchen über die europäische Krise.
[31] = "Es ist etwas im Gange" oder "Es steckt mehr dahinter".
[32] Eindrücke von einigen Teilgebieten der Arbeit des Ökumenischen Zentrums, Marc Lenders, Mai 1967 [erschienen in Deutsch, Englisch und Französisch, wobei das o. g. Motto aber nur in der französischen Version auftaucht] [auch: EZA].

Uppsala 1968). Und auch die anderen avisierten Tätigkeiten wurden zügig aufgenommen!

Nur über die Gewichtung der Aufgaben war man sich weiterhin uneinig, besonders bzgl. der Frage, ob die Arbeit des Beratenden Ausschusses und seines ständigen Beauftragten sich eher der Beantwortung politischer und sozialer Fragen oder dem christlichen Zeugnis widmen sollte.[33] Hinsichtlich der Wirkkraft des Engagements waren einige Delegierte allzu optimistisch: So meinte der Generalsekretär der Féderation Protestante de France, A. Nicholas, beobachten zu können, "dass ein supranationales Gewissen im Begriff ist, sich zu bilden."[34] Und der Exekutivsekretär der internationalen Abteilung des British Council of Churches formulierte gar folgende idealistische Aufforderung: "die europäischen Beamten sollten (...) die Kirchen bitten, Stellung zu den Problemen zu nehmen, für deren Lösung moralische Entscheidungen zu treffen sind."[35]

In den Berichten der folgenden Jahre ging es hauptsächlich um den Aufbau und Ausbau von Beziehungen nach "außen"[36] sowie zur "direkten Umgebung"[37] und auch zu den "europäischen Kreisen."[38] Speziell um die letzteren zu erreichen, hatte man sich mehrere Wege / Methoden überlegt: 1) kulturelle Arbeit / Angebote, 2) soziale und politische Forschung, z. B. eine soziologische Studie zur Erforschung der Situation der EWG-Mitarbeiter, 3) biblische und theologische Annäherung. Alle drei Wege der Forschung bzw. Annäherung sollten

---

[33] Entwurf des Ergebnisprotokolls der fünften Zusammenkunft des "Beratenden Ausschusses der Kirchen für die Europäischen Gemeinschaften" (Konferenzsaal der Kommission der EWG, 224 rue de la Loi) am 31. Mai 1967, 14 Uhr; Brüssel, den 10. September 1967 [auch: EZA], S. 2.
[34] A.a.O., S. 5.
[35] A.a.O., S. 5 - 6.
[36] CCREC, WCC, KEK, Europäischer Leiterkreis der evangelischen Akademien, "Kirchen am Rhein", "Kirche + Industrie", "Kirche + ausländische Arbeitnehmer".
[37] Örtliche Gemeinden in Brüssel, Europäisches Katholisches Foyer, Europäische Schule.
[38] Kommission der EWG, deren Mitarbeiter, u. a.

sich ergänzen, um eine möglichst effektive Arbeitsweise in Brüssel zu erreichen.[39]

Die Arbeit des Ökumenischen Zentrums und des ständigen Beauftragten des Beratenden Ausschusses der Kirchen bei den Europäischen Gemeinschaften entwickelte sich stetig weiter, obwohl man die Feststellung, "dass das Bestehen und die Tätigkeit des Ökumenischen Zentrums inzwischen in das Bewußtsein der unterschiedlichsten Kreise eingedrungen seien,"[40] wohl als Selbstüberschätzung ansehen muß.

Zeitgleich mit dieser Situation einer allmählichen Konsolidierung der Repräsentanz der Protestanten in Brüssel, kam der Wunsch nach einer offizielleren EG-Vertretung der Kirchen auf. Besonders die deutschen Delegierten hatten schon recht konkrete Vorstellungen von einer nuntiatur-ähnlichen Organisationsform,[41] welche sie eventuell auch im Alleingang realisieren wollten. Der Präsident des Außenamtes der EKD, Adolf Wischmann, forderte die anderen Kirchenvertreter auf, dieses Anliegen ernstzunehmen; jedenfalls sollte es "nicht mit dem Hinweis auf die Gefahr [der Bildung; H.-U.R.] einer 'Lobby' abgelehnt werden."[42]

In diesem Zusammenhang kamen Präsident Wischmann und der ihm vorgesetzte Bischof Kunst (Bevollmächtigter des Rates der EKD am Sitz der Bundesrepublik Deutschland) am 08.09.1969 nach Brüssel, mit dem festen Vorsatz dort eine "Nuntiatur" der EKD zu gründen. Sie konnten jedoch noch vor ihren offiziellen Gesprächen bei der EG-Kommission, beim Besuch des Ökumenischen Zentrums von dessen

---

[39] Gesamteindruck aus der Tätigkeit des Ökumenischen Zentrums in Brüssel (Jahr 1967 / 1968), Marc Lenders, Mai 1968.
[40] H. v. Verschuer, in: Entwurf des Ergebnisprotokolls der sechsten Zusammenkunft des "Beratenden Ausschusses der Kirchen für die Europäischen Gemeinschaften" am 16. Mai 1968; Brüssel, den 20. Oktober 1968, S. 4.
[41] Hintergrund waren sicherlich auch Überlegungen bzgl. der Schaffung eines direkten Gegenpartes zur katholischen EG-Repräsentanz des Vatikans.
[42] Entwurf des Ergebnisprotokolls der siebten Zusammenkunft des "Beratenden Ausschusses der Kirchen für die Europäischen Gemeinschaften" am 22. Mai 1969; Brüssel, den 21. Juli 1969, S. 6. Zur Frage ob EECCS bzw. ihre Vorgängerorganisationen als Lobby anzusehen sind: vgl. Kapitel 5 dieser Arbeit.

Mitarbeitern und anwesenden Mitgliedern des Beratenden Ausschusses umgestimmt werden und von der Idee einer anderen, gemeinschaftlicheren Kirchenpolitik überzeugt werden.[43]

Als weitere Diskussionsgrundlage wurde für die nächste Zusammenkunft des Beratenden Ausschusses (14. November 1969) der Entwurf eines internen Memorandums zum Thema "Die Beziehungen zwischen den Kirchen und den Europäischen Gemeinschaften"[44] vorgelegt. Wichtigste Punkte waren dabei: **Die geographische Dimension** (auch Nicht-EG-Länder oder sogar Osteuropa von den Kirchen anzusprechen?); **Probleme der Information** ("Der zweite Mann" bzw. Mitarbeiter für Informationsaufgaben sollte angestellt werden.); **Das Engagement der Kirchen** (Geld, Persönlichkeit, Unterstützung wichtig.); **Die Form der Vertretung** (Nuntiatur oder Kollegium der Kirchen bei der EG? - Letzteres wurde favorisiert.).

Man einigte sich schließlich bei einem besonderen Kolloquium[45] darauf, den beteiligten Kirchen und Kirchenräten die Formierung eines europäischen Kirchenkollegiums aus repräsentativen Mitgliedern der einzelnen Kirchen mit genau definiertem Mandat und klar umrissenen Verantwortlichkeiten vorzuschlagen sowie die Eröffnung eines Büros "Kirche und Gesellschaft" zur Effektivierung der Informationsarbeit anzuregen.

Nachdem man dazu rundweg positive Rückmeldungen aus den Mitgliedsorganisationen erhalten hatte, konnten diese Vorschläge auf

---

[43] Interview mit Dr. Helmut von Verschuer, Nentershausen, 28.08.1997.
[44] 1. Entwurf / Arbeitsunterlage: Oktober 1969 - für die Sitzung des Beratenden Ausschusses vom 14.11.1969 [auch: EZA]; offizielle Version dieses ersten Memorandums: April / Mai 1970 [auch: EZA].
[45] 27. - 28.04.1970; neben den Mitarbeitern des Ökumenischen Zentrums und den Delegierten des Beratenden Ausschusses waren hierzu Vertreter aus den EG-Bewerberländern (Republik Irland, Dänemark, Norwegen - Großbritannien war schon vorher aktiv beteiligt) sowie von internationalen Kirchenorganisationen (WCC, CCIA, CCREC, KEK, u. a.) eingeladen; Kolloquium am 27. und 28. April 1970 unter Beteiligung der protestantischen Kirchen der Bundesrepublik Deutschland, Belgiens, Frankreichs, Italiens, Norwegens und der Niederlande sowie der protestantischen und

einer Sondersitzung des Beratenden Ausschusses im November 1970[46] in die Tat umgesetzt werden. "Vorbehaltlich der Zustimmung der zuständigen Organe der Kirchenzusammenschlüsse oder Kirchen"[47] wurden nun die Bildung des europäischen Kirchenkollegiums und des Büros "Kirche und Gesellschaft" offiziell beschlossen. Weiterhin definierte man die Aufgaben dieser neuen Einrichtungen und diskutierte ihre Beziehung zu den bereits bestehenden. Während das Büro "Kirche und Gesellschaft" mit seinem noch zu findenden Informationsbeauftragten in enger Verbindung zum Ökumenischen Zentrum stehen sollte, wurde dem Europäischen Kirchenkollegium nahegelegt, mit dem Beratenden Ausschuß der Kirchen zusammenarbeiten.

Über die Prioritäten der zukünftigen Arbeit in Brüssel konnte erst bei der nächsten Zusammenkunft am 29.03.1971 debattiert werden. Dieses Treffen war das erste, das gemeinsam mit dem neuen Kirchenkollegium veranstaltet wurde. Ein Vorteil dieser Planungsverzögerung war, daß so die inzwischen berufene Informations-Mitarbeiterin, Irmgard Kees, sich schon daran beteiligen konnte. Im Verlauf der Diskussion wurden Fragen der europäischen Integration und solche des Verhältnisses zur "Dritten Welt" als prioritär benannt. Ohne daß man zu einem Beschluß gelangte, wurde außerdem erörtert, ob die Ost-West-Problematik genauso wichtig sei wie Fragen zum Nord-Süd-Verhältnis innerhalb Europas. Außerdem kam erneut die Gewichtung der Theologie - nun im Verhältnis zu den Informationsaufgaben - zur Sprache, und es wurde eine partnerschaftliche Zusammenarbeit zwischen dem Ökumenischen Zentrum und dem neuen Büro "Kirche und Gesellschaft" empfohlen.

---

anglikanischen Kirchen Großbritanniens [= Protokoll].
[46] Siehe Entwurf des Ergebnisprotokolls der Sondersitzung des "Beratenden Ausschusses der Kirchen für die Europäischen Gemeinschaften" in Brüssel am 26. und 27. November 1970; Brüssel, März 1971.
[47] Auszugweise Abschrift aus den Schlußfolgerungen der Sondersitzung des Beratenden Ausschusses der Kirchen bei den Europäischen Gemeinschaften am 26. und 27. November 1970 in Brüssel über das Thema "Kirchen und Europäische Gemeinschaft" [auch: EZA], S. 1.

Auf der nächsten gemeinsamen Sitzung von Beratendem Ausschuß und Europäischem Kirchenkollegium am 22.11.1971, welche intern auch als "Konferenz europäischer Kirchenvertreter" bezeichnet wurde, diskutierte man u. a. über die zukünftigen Beziehungen zwischen Beratendem Ausschuß und Kirchenkollegium sowie über die Beitrittsbedingungen für die letztgenannte Organisation und auch die Rechte und Pflichten ihrer Mitglieder. Zudem konnte ein erstes Arbeitsprogramm "Kirche und Gesellschaft in Europa" vorgestellt werden.[48] Außer durch die Herausgabe von Informationsheften[49] in den wichtigsten europäischen Sprachen sollte mit Tagungen und Vorträgen auf die kirchliche Europaarbeit aufmerksam gemacht werden. Kontakte zu Funk, Fernsehen, Presse sollten genutzt werden. Langfristig wäre auch an die Etablierung eines eigenen Informationsdienstes zu denken. Weiterhin dachte man über Themen für - neu zu bildende - Arbeitsgruppen nach. Diese sollten 1) sich mit den weiteren (ökonomischen und politischen) Zielsetzungen der EG auseinandersetzen, 2) die Problematik der Erweiterung der EG auch im Zusammenhang mit ihren sozialen und kulturellen Aufgaben erörtern, 3) die Prioritäten des Büros "Kirche und Gesellschaft" genauer festlegen, besonders hinsichtlich der kirchlichen Informationspolitik und der Frage der Legitimität eines politischen "Eingreifens" der Kirchen.

Bei einer Sitzung des am 22.11.1971 eingesetzten vorläufigen, gemeinsamen Exekutivausschusses wurde jedoch ein neues Aufgaben- und Strukturschema für "Kirche und Gesellschaft in Europa" und Ökumenisches Zentrum vorgestellt. Eine Fusion der beiden Organisationen wurde befürwortet, diese sollte aber nicht die Verschmelzung ihrer Aufgaben- und Initiativbereiche[50] beinhalten. In diesem Strukturplan kam auch erstmals eine Kritik an dem ständigen

---

[48] Vgl. Kees, Irmgard: Aide Mémoire, Zusammenfassung der wichtigsten Kirche und Gesellschaft betreffenden Bemerkungen der Konferenz europäischer Kirchenvertreter vom 22. November 1971; Brüssel, den 25.11.1971.
[49] Die 30 Seiten umfassende Ausgabe Nr.1 der "Information Kirche und Gesellschaft in Europa" war bereits im Herbst 1971 - kurz vor dieser Sitzung - erschienen.
[50] Erstmals schon bei der Sitzung am 22.11.1971 angeregt.

Beauftragten Marc Lenders auf; ihm wurde indirekt der Vorwurf der Vernachlässigung pastoral-theologischer Aufgaben gemacht. Solche Unzulänglichkeiten wollte man durch Umstrukturierungen kompensieren.[51] Beim nächsten Meeting des Beratenden Ausschusses mit dem Kirchenkollegium am 3. - 4.11.1972 traf man sogar noch weitergehende Entscheidungen zum künftigen Status der europäischen Organisationen der protestantischen Kirchen in Brüssel.[52] Der "Beratende Ausschuß der Kirchen bei den Europäischen Gemeinschaften" wurde mit dem "Europäischen Kirchenkollegium" zur *"Kommission von Kirchen bei den Europäischen Gemeinschaften"* sowie das "Ökumenische Zentrum in Brüssel" mit dem "Büro Kirche und Gesellschaft in Brüssel" zum *"Ökumenischen Zentrum für Kirche und Gesellschaft, Brüssel"* zusammengefaßt.[53] Aufgaben, Zusammensetzung, Struktur, Arbeitsweisen sollten weitgehend gleichbleiben. Um aber die Position der Informationsarbeit effektiv zu stärken, wurde die Arbeitsstelle der Mitarbeiterin Irmgard Kees rückwirkend zum 1. August 1972 in eine Vollzeitstelle umgewandelt.[54] Wichtig war den Teilnehmenden vor allen Dingen die Kontinuität der Ökumenischen Arbeit in Brüssel[55] sowie die Gewährleistung der "kirchlichen Repräsentativität",[56] auch bzgl. der

---

[51] Vgl. Kees. Andreas: "Aufgaben- und Strukturschema für Kirche und Gesellschaft in Europa - Ökumenisches Zentrum in Brüssel", 1972 [Datierung anhand des Kontextes]; Lenders' Vertrag wurde trotz dieser Kritik Ende 1972 verlängert.
[52] Im Sitzungsprotokoll vom 3. und 4.11.1972 (Projet de compte rendu sommaire de la réunion conjointe de la Commission d'Eglises auprès des Communautés européennes et le Collège Ecclésial Européen à Bruxelles les 3 et 4.11.1972, S. 1) wurde diesbezüglich von der "nécessité de redéfinir le visage de la présence à Bruxelles" gesprochen.
[53] Entwurf von Entscheidungen der auf der gemeinsamen Sitzung des Beratenden Ausschusses der Kirchen und des Europäischen Kirchenkollegiums in Brüssel, am 3. und 4. November 1972, einstimmig angenommen wurde; Brüssel, den 22. Mai 1973, S. 1.
[54] Projet de compte rendu sommaire de la réunion conjointe de la Commission d'Eglises auprès des Communautés européennes et le Collège Ecclésial Européen à Bruxelles les 3 et 4.11.1972, S. 3.
[55] Vorschlag Ökumenisches Zentrum für Kirche und Gesellschaft, Brüssel, Vorschlag aufgrund der Richtlinien, die anläßlich der Sitzung des Provisorischen Exekutivausschusses der Kirchen am 24.4.1972 festgelegt wurden; Brüssel, Juli 1972, S. 1
[56] Bischof Kunst konstatierte in diesem Zusammenhang: "Centre Oecuménique Eglise

Arbeitsgruppen und Unterausschüsse.[57] Hinsichtlich ihrer theologischen Dimension war es anscheinend - zum wiederholten Male - zu Auseinandersetzungen gekommen. Im ersten Vorschlag vom April 1972 wurde die Ökumenische Arbeit in Brüssel noch als "Sonderseelsorgeamt" bezeichnet, während im Entwurf von Entscheidungen, den man im November 1972 verabschiedete, davon keine Rede mehr ist.[58] Neben diesen Fragen zum Selbstverständnis blieb für die konkrete inhaltliche Arbeit nur wenig Raum.[59]

3.2. Die Kommission von Kirchen bei der Europäischen Gemeinschaft (1973 - 1979)

Die schwierige Phase der allmählichen Verortung der europäischen Repräsentanz der protestantischen Kirchen in Brüssel war mit den Umstrukturierungen der frühen siebziger Jahre anscheinend zu einem - vorläufig - positiven Ende gelangt. Die neu formierte Kommission von Kirchen bei der Europäischen Gemeinschaft befaßte sich bereits in ihrer ersten Zusammenkunft am 22.06.1973 hauptsächlich mit inhaltlichen Fragen und der Planung mittelfristiger Projekte und weniger mit Fragen der eigenen Identität. Die Tätigkeit der Arbeitsgruppen z. B. über den

---

est en diaspora." [sic!]; Projet de compte rendu sommaire de la réunion conjointe de la Commission d'Eglises auprès des Communautés européennes et le Collège Ecclésial Européen à Bruxelles les 3 et 4.11.1972, S. 1.
[57] Entwurf von Entscheidungen der auf der gemeinsamen Sitzung des Beratenden Ausschusses der Kirchen und des Europäischen Kirchenkollegiums in Brüssel, am 3. und 4. November 1972, einstimmig angenommen wurde; Brüssel, den 22. Mai 1973, S. 2 a.
[58] Vgl. Vorschlag Ökumenisches Zentrum für Kirche und Gesellschaft, Brüssel, Vorschlag aufgrund der Richtlinien, die anläßlich der Sitzung des Provisorischen Exekutivausschusses der Kirchen am 24.4.1972 festgelegt wurden; Brüssel, Juli 1972, S. 1 mit Entwurf von Entscheidungen der auf der gemeinsamen Sitzung des Beratenden Ausschusses der Kirchen und des Europäischen Kirchenkollegiums in Brüssel, am 3. und 4. November 1972, einstimmig angenommen wurde; Brüssel, den 22. Mai 1973, S. 1 b.
[59] Die Arbeitsunterlagen zur EWG-Entwicklungspolitik hat man anscheinend nur kurz behandelt; erst 2 Jahre später wurde dazu ein Memorandum verfaßt. Immerhin konnte man sich aber auf ein Statement zur aktuellen Problematik eines internationalen Kakaohandels-Abkommen einigen. Vgl. Resolution "Die Frist für die Unterzeichnung des Kakaoabkommens (...)" sowie Begleitschreiben, Brüssel, den 26. November 1972 [in mehreren Sprachen].

Umgang mit multinationalen Konzernen[60] oder über neue Ansätze zur Entwicklung der sogenannten Dritten Welt ("development education") war dabei genauso wichtig wie die Vorbereitung auf internationale Kirchen-Konferenzen (April 1974: Ökumenische Konferenz in Roehampton; 1975: Fünfte Vollversammlung des WCC in Nairobi). Eine Verstärkung der Informations- und Öffentlichkeitsarbeit wurde ebenfalls angeregt. Generell wurde ein stärkeres - nicht nur finanzielles - Engagement der Kirchen gefordert,[61] da beispielsweise die Informationshefte nur in einer Auflage von 1500 Exemplaren erscheinen konnten.[62] In diesem Zusammenhang wurde auch erstmals die Einstellung eines dritten hauptamtlichen Mitarbeiters gefordert, die aber erst 1979 verwirklicht werden konnte.

Die inhaltliche Arbeit wurde in den nächsten Sitzungen anhand der Arbeitsvorlage "Orientierungen und Prioritäten" des Ökumenischen Zentrums weitergeführt; daselbst wurde eine "ständige und interdisziplinäre Auseinandersetzung mit den theologischen Grundlagen der Gerechtigkeit im Rahmen der EG"[63] sowie eine kritische Analyse der europäischen Politik gefordert. Außerdem wurden Schwerpunkt-Themen für die Arbeit der nächsten Jahre festgelegt: 1) Probleme der ausländischen Arbeitnehmer, 2) Entwicklungspolitik, 3) Ausrichtung bzw. Gestaltung der Gesellschaft innerhalb der EG,[64] 4) Beziehungen

---

[60] Dieses Thema beschäftigte die Kommission von Kirchen und ihre Nachfolgerorganisationen bis in die Mitte der 1980er Jahre; vgl. Kapitel 3.4.
[61] Die Vorstellungen der Informationsmitarbeiterin Irmgard Kees hinsichtlich der Aufgaben der Kirchen bzgl. der "Sozialethischen Erfordernisse der europäischen Integration" lassen sich in ihrem gleichnamigen Artikel in der Zeitschrift für Evangelische Ethik, 17. Jahrgang, 1973, Heft 1, S. 49 - 55 nachlesen.
[62] Bericht über die Informations- und Öffentlichkeitsarbeit des "Oekumenischen Zentrums für Kirche und Gesellschaft, Brüssel", 25. Januar 1973, S. 1.
[63] Ausschuss [sic!] von Kirchen bei den Europäischen Gemeinschaften, 14. und 15. Dezember 1973, Beschlüsse des Ausschusses [sic!] von Kirchen auf seiner Sitzung am 14. und 15. Dezember 1973 in Brüssel [auch: EZA]; diese sollte die Definitionen von "Theologie" und "Gerechtigkeit" beinhalten (Entwurf der auf der Sitzung des Exekutivausschusses vom 9. November aufgestellt worden ist, um der Kommission von Kirchen bei den Europäischen Gemeinschaften am 14. und 15. Dezember 1973 vorgestellt zu werden, Ökumenisches Zentrum für Kirche und Gesellschaft, Orientierungen und Prioritäten, Punkt 1.1).
[64] "Analyse der gegenwärtigen und zukünftigen Finalitäten [= Zielsetzungen; H.-U. R.]"

zu Drittländern (insbesondere Osteuropa,[65] USA). An die bereits bestehenden Projekte über die Situation ausländischer Arbeitnehmer und zur Sozial-, Landwirtschafts- und Entwicklungspolitik sollte angeknüpft werden. Und auch die Veranstaltung sogenannter offener Konsultationen (mit Experten aus den EG-Staaten) sollte fortgeführt werden.[66]

Zu dem ersten Schwerpunkt-Thema wurde bereits im Frühjahr 1974 die Erklärung "Kirchliche Gesichtspunkte zur Ausländerpolitik der EG" veröffentlicht. Dieses u. a. als Dokument der Evangelischen Kirche in Deutschland[67] publizierte Paper fand eine sehr breitflächige Verteilung in allen wichtigen Mitgliedsländern unter Kirchenführern und Politikern.[68] Neben der Situationsdarstellung - 1974 gab es etwa 10 bis 12 Millionen Wanderarbeiter in der EG - und einer Analyse der Ursachen (auch im Hinblick auf die Politik der EG) setzte man in der Erklärung eine Reihe von Zielvorstellungen bzgl. einer europaweiten Ausländerpolitik, für die sich die Kirchen stark machen sollten. Wichtigste Punkte waren dabei:

---

der europäischen Politik" (a.a.O., Orientierungen und Prioritäten, Punkt 1.2). Dazu sollte auch eine nähere Beschäftigung mit dem Begriff der "politischen Verantwortung" gehören, um den es ebenfalls bei der interkonfessionellen Konferenz "Christliche Verantwortung für die Europäische Gemeinschaft" vom 16. bis 20. April 1974 in Roehampton bei London ging.
[65] Vgl. hierzu Sitzung des Exekutivausschusses am 13. September 1973 in Brüssel, Vorschläge, Schlussfolgerungen und Entscheidungen der Sitzung (S. 2), darin heißt es: "die inoffiziellen Verbindungen müssten vermehrt werden (...) Wichtig ist ferner, den Kirchen jener Länder verständlich zu machen, dass eine der Hauptaufgaben der Kirchen der Europäischen Gemeinschaft in der Überwachung der negativen Rückwirkungen besteht, die sich aus der europäischen Integration (...) ergeben." Ein spezielles Statement zum Osteuropaengagement der Kirchen wurde nicht veröffentlicht.
[66] Als Zeichen einer größeren Offenheit kann sicherlich auch die erstmalige Zulassung eines katholischen Beobachters gewertet werden; in dieser Funktion war Mgr. Musty bei der Sitzung vom 14. - 15.12.1973 anwesend. Vgl. Ausschuss [sic!] von Kirchen bei den Europäischen Gemeinschaft und 15. Dezember 1973, Beschlüsse des Ausschusses [sic!] von Kirchen auf seiner Sitzung am 14. und 15. Dezember 1973 in Brüssel, S. 2.
[67] Kirchliche Gesichtspunkte zur Ausländerpolitik der EG, Vom 8. März 1974, in: Hauschild, Wolf-Dieter / Wilkens, Erwin (Hg.): Kirchliches Jahrbuch für die Evangelische Kirche in Deutschland 1974, Gütersloh 1977, S. 230 - 232.
[68] Dieses berichteten die Vertreter der verschiedenen Kirchen bei der Sitzung der Kommission von Kirchen im Juni 1974; Kurzbericht über die Sitzung der Kommission von Kirchen bei den Europäischen Gemeinschaften in Brüssel am 19. und 20. Juni 1974 [auch: EZA], S. 3 - 4.

1) Entwicklungspolitische Aufgaben (Förderung der Entwicklung in den Herkunftsländern ausländischer Arbeitnehmer), 2) Gleichheit der Chancen (Rechtsangleichungen, Schutz vor Entlassungen, politische Beteiligung), 3) Wahrung der Identität (Stärkung des Selbstwertgefühls, zweisprachige Entwicklung, Engagement der Kirchen).[69] In der Diskussion dieses Themas bei der Sitzung der Kommission von Kirchen am 19. - 20.6.1974, bei der auch Vertreter der EG-Kommission anwesend waren, wurde v. a. festgestellt, daß für die Aufnahme von ausländischen Arbeitnehmern in EG-Ländern bestimmte Voraussetzungen in den Bereichen Erziehung (Sozialarbeit, Sprachkurse, Kulturelles), Unterbringung (Vermeidung von Ghettos) sowie Sozialsicherung (entsprechende Gesetze) gegeben sein sollten. Als konkrete Maßnahme bildete die Kommission von Kirchen zusammen mit dem Ökumenischen Zentrum im Juni 1974 eine Arbeitsgruppe, welche sich längerfristig mit der Thematik befassen und eventuell auch weitere Konsultationen mit Sachverständigen organisieren sollte.[70] Im Jahr 1975 konnte sogar die Einrichtung eines Teilzeitpostens zur Beobachtung der Sozialpolitik der EG erreicht werden. Diese Verbindungsstelle im Ökumenischen Zentrum für Fragen bzgl. Migration und Dritte Welt wurde mit dem belgischen Pastor Sbolgi besetzt und ausschließlich vom WCC finanziert.[71] Im Herbst 1976 konnte in Zusammenarbeit mit dem Ökumenischen Zentrum ein Treffen von circa 90 Sozialarbeitern, die sich mit Gastarbeiter-Fragen befassten, organisiert werden. Zweck dieser Tagung mit Teilnehmern aus allen EG-Staaten, welche sich vom 28. bis 30. September 1976 in Brügge

---

[69] Kirchliche Gesichtspunkte zur Ausländerpolitik der EG, Vom 8. März 1974, S. 231 - 232, in: Hauschild, Wolf-Dieter / Wilkens, Erwin (Hg.): Kirchliches Jahrbuch für die Evangelische Kirche in Deutschland 1974, Gütersloh 1977.
[70] Kurzbericht über die Sitzung der Kommission von Kirchen bei den Europäischen Gemeinschaften in Brüssel am 19. und 20. Juni 1974 [auch: EZA], S. 5 - 7.
[71] Vgl. Kurzbericht über die Sitzung der Kommission von Kirchen bei den Europäischen Gemeinschaften am 6. Dezember 1974 in Brüssel [auch: EZA], S. 2. Für die Kommission von Kirchen schien zu diesem Zeitpunkt die eigene Finanzierung einer weiteren Mitarbeiterstelle anscheinend nicht leistbar. Im Bericht über die Sitzung der Kommission von Kirchen bei den Europäischen Gemeinschaften am 29. Oktober 1976 in Brüssel [auch: EZA] (S. 3) hieß es dazu wörtlich: "Die Arbeit ist zur Zeit wegen

trafen, war ein Erfahrungsaustausch zwischen Personen, "die aktiv in der Sozialarbeit für Gastarbeiter tätig sind und unabhängige Organisationen vertreten, d. h. weder Bindungen zu den Reigerungen [sic!] der Heimatländer noch zu denen der EG-Länder haben"[72]

Zum zweiten Schwerpunkt-Thema ist als "Follow-Up" der Konferenz von Roehampton ein Memorandum zur "Verantwortung der EG gegenüber den Entwicklungsländern und die Rolle der Kirchen in Wahrnehmung dieser Verantwortung" verfaßt worden. Die Kommission von Kirchen konnte sich an obiger Konferenz, welche ursprünglich von der CCREC - als Treffen politisch engagierter Christen, die die "Christliche Verantwortung für die Europäische Gemeinschaft"[73] bewußter wahrnehmen sollten - geplant war, aus Gründen der kirchlichen Nichteinmischung nicht direkt beteiligen.[74] Dennoch griff sie die in der Botschaft der Konferenz an die christlichen Organisationen und die Träger christlicher Verantwortung gerichtete Empfehlung, die Themen der Konferenz weiter zu verfolgen, teilweise auf und befaßte sich mit dem Bericht der Arbeitsgruppe III "Die Verantwortung der Europäischen Gemeinschaft der Dritten Welt gegenüber."[75] Durch das Memorandum der Kommission von Kirchen sollte zudem ein Konsens der europäischen Kirchen hinsichtlich der Entwicklungspolitik erreicht werden, um dann auf der WCC-Konferenz in Nairobi im Herbst 1975 ein

---

Fehlens der notwendigen Mittel beschränkt. Dies stellt ein ernstes Problem (...) dar."
[72] Sitzung der Kommission von Kirchen vom 29. Oktober 1976, Bericht über die Tagung in Brügge [Anlage zum Bericht über die Sitzung der Kommission von Kirchen] [auch: EZA], S. 1.
[73] So lautete das Motto dieser vom 16. bis 20. April 1974 stattfindenden Versammlung.
[74] Vgl. Erklärung der "Kommission von Kirchen bei den Europäischen Gemeinschaften" über die Art der Beteiligung des "Ökumenischen Zentrums für Kirche und Gesellschaft" an der Konferenz von Roehampton 1974, Christliche Verantwortung für die Europäische Gemeinschaft, Brüssel 1974 [H.v.V.].
[75] Vgl. epd-Dokumentation 28 / 1974, S. 84 - 87 sowie Kobbert-Volkmar, Ursula (Hg.): Christliche Verantwortung für die Europäische Gemeinschaft, Berichte und Vorträge der Konferenz, 1974, 16 - 20 April, Roehampton / London [H.v.V.], insbes. S. 143 ff.; die anderen Arbeitsgruppen hatten folgende Themen: Die politische und soziale Zukunft der Europäischen Gemeinschaft (1. Gruppe), Die Europäische Gemeinschaft und die Weltordnung (2. Gruppe), Kulturelle und geistige Kräfte beim Aufbau der Europäischen Gemeinschaft (4. Gruppe).

gemeinsames Statement präsentieren zu können. Besonderes Gewicht in der Diskussion hatte die Gegenüberstellung der Begriffe "Nächstenliebe" und "Gerechtigkeit" bezüglich der Frage der Richtigkeit der grundsätzlichen Unterscheidung zwischen armen und reichen Ländern, die Entwicklungserziehung (d.h. die Einbeziehung der Bildung in Entwicklungsfragen) sowie die Überwachung des EG-Abkommens von Lomé mit 46 Entwicklungsländern. Als direkte Konsequenz aus der Konferenz von Roehampton wurde gemeinsam mit dem Katholischen Sekretariat für Europäische Fragen (KASEF) - sozusagen als "Wachhund" - eine "Joint Task Force" genannte Studien- und Aktionsgruppe gebildet, mit der konkreten Aufgabe, die Entwicklungspolitik der EG zu beobachten.[76]

Wider Erwarten riefen diese Aktivitäten der europäischen protestantischen Kirchen keine besondere Resonanz bei den Kirchen der Dritten Welt hervor. Auf der WCC-Konferenz in Nairobi wurde z. B. das Memorandum der Kommission von Kirchen von europäischen Delegierten als Argumentationshilfe genutzt, aber von Vertretern der Entwicklungsländer gab es darauf praktisch keine Reaktion. Zudem erwies sich das vorab intern debattierte Problem der Unterscheidung zwischen Arm und Reich bzw. armen und reichen Ländern in den Diskussionen auf dieser Vollversammlung des Ökumenischen Rates der Kirchen als gegenstandslos.[77]

Das dritte Schwerpunkt-Thema "Ausrichtung bzw. Gestaltung der Gesellschaft innerhalb der EG" wurde auf verschiedene Weise angegangen:
Einerseits wurde eine Arbeitsgruppe gebildet, die sich mit den "Finalitäten" (d. h., insbesondere soziale und wirtschaftliche, Zielsetzungen) der europäischen Gemeinschaft befassen sollte. Zu

---

[76] Vgl. Kurzbericht über die Sitzung der Kommission von Kirchen bei den Europäischen Gemeinschaften am 6. Dezember 1974 in Brüssel [auch: EZA].
[77] Protokoll der Sitzung der Kommission von Kirchen bei den Europäischen Gemeinschaften, die am Freitag, den 06. Februar [1976; Datierung anhand des

diesem Thema brachte die Informationsabteilung des Ökumenischen Zentrums sogar ein gesondertes Informationsheft heraus, das bei den Lesern ein durchweg positives Echo auslöste.[78] In weiteren Diskussionen dazu wurde v. a. "die Bedeutung einer Definition der wirtschaftlichen und sozialen Zielsetzungen im Lichte theologischer und geistiger Begründungen des im Bau befindlichen Europas"[79] hervorgehoben. Für den 01. Dezember 1977 konnte schließlich eine Konsultation mit verschiedenen Experten organisiert werden. Der Saarbrücker Ethnologieprofessor Grohs betonte speziell die Notwendigkeit einer Wirtschaftsethik. In der nachfolgenden Diskussion wurde besonders auf die Bedeutung der theologischen Fragen hingewiesen. Es müsse "versucht werden, die Rolle der Kommission von Kirchen im Rahmen der EG besser zu definieren. Die Kirchen sind verpflichtet, eine Vision der Zukunft abzugeben." Als Resümee der Veranstaltung konnte festgestellt werden, "dass die EG ein Instrument ist, das es ermöglichte, die Wirklichkeit der Konflikte zu übernehmen, ohne dass es zu einer bewaffneten Auseinandersetzung kam. Es stellen sich jedoch folgende Fragen: In welchem Maße hat dieses Instrument Ungerechtigkeit und Armut verringern können? Bis zu welchem Punkt hat dieses Instrument partnerschaftliche Beziehungen in- und außerhalb der Gemeinschaft herstellen können?" Als konkrete Aufgabe in Folge dieser Konsultation sah man hauptsächlich die Förderung des Informationsflusses zwischen den Kirchen.[80]

Andererseits sollte rechtzeitig zur ersten Direktwahl des Europäischen Parlaments eine Stellungnahme der Kirchen erscheinen. Ein erster

---

Kontextes!] in Brüssel abgehalten wurde [auch: EZA], S. 4.
[78] An einer darin enthaltenen Umfrage nahmen 25 % aller Leser teil! (Vgl. Protokoll der Sitzung des Exekutiv-Ausschusses [der Kommission von Kirchen; H.-U.R.] am 20. Februar 1975 in Brüssel [auch: EZA], S. 1).
[79] Bericht über die Sitzung der Kommission von Kirchen bei den Europäischen Gemeinschaften am 29. Oktober 1976 in Brüssel [auch: EZA], S. 3.
[80] Kurzbericht über die Sitzung der Kommission von Kirchen bei den Europäischen Gemeinschaften in Brüssel am 08. und 9. Dezember 1977 [auch: EZA], S. 6; Fortsetzung der Diskussion vom 01.12.1977.

Textentwurf wurde im Sommer 1977 erörtert. Darin wurde u. a. versucht, eine kirchliche Position bzgl. der Europawahlen festzulegen: "What should one think of these elections? There is no easy answer. They should no doubt be going to permit a process to begin whereby the European institutions will become more democratic through increasing the legitimation of this parliament because it will be directly supported by an electorate, and through increasing its power to control the other European institutions. However, a lot will depend on what is understood by 'becoming more democratic.'"[81] Ende 1977 wurde das weitere Vorgehen genauer festgelegt; im Sommer 1978 sollte eine Konsultation zum Thema "Die Kirchen und Art und Inhalt ihrer Beteiligung an den europäischen Wahlen" abgehalten werden und daran anschließend eine Erklärung verfaßt werden, die der Kommission von Kirchen zur Annahme vorgelegt werden sollte.[82]

Als Folge der Konsultation, die am 08.06.1978 stattfand, beschloß man 1) die verschiedenen kirchlichen Texte und Berichte zu den europäischen Wahlen in einer Sondernummer der Informationshefte zusammenzufassen, und 2) sollte bis Dezember 1978 "eine Broschüre vorbereitet werden, die der Kommission von Kirchen vorgelegt wird."[83] Nach einem kurzen Vorwort der Kirchen sollte ein ausführlicherer Text folgen, "der darlegt, was mit den europäischen Wahlen auf dem Spiel steht"; die Broschüre wäre dann in alle Sprachen der EG zu übersetzen und den Mitgliedskirchen zuzusenden.[84]

---

[81] An attempt to spell out the ethical dimension of the social and political trends to be observed in the European Community, in view of the discussion on "the churches and the first direct elections to the European Parliament" [1977; Datierung anhand des Kontextes] [auch: EZA], S. 7.

[82] Kurzbericht über die Sitzung der Kommission von Kirchen bei den Europäischen Gemeinschaften in Brüssel am 08. und 9. Dezember 1977 [auch: EZA], S. 8; die Idee der Abfassung einer ausführlichen Stellungnahme wurde aufgrund der Kürze der Zeit bis zu den Europawahlen verworfen.

[83] Kommission von Kirchen bei den Europäischen Gemeinschaften, Sitzung in Brüssel, Freitag den 9. Juni 1978, Zusammenfassender Bericht, S. 2; diese "Broschüre" sollte anscheinend die Ende 1977 erwähnte "Erklärung" beinhalten und sich v. a. an sogenannte Multiplikatoren in den Kirchen wenden.

[84] Ebenda.

In der weiteren Diskussion wurden die Bedeutung der Institutionen und die Ost-West-Beziehungen hervorgehoben: "Die Reflexion muß beim Modell Kirche-Staat neu ansetzen und dabei den Entwicklungscharakter dieses Modells betonen, der seit dem Vorhandensein der europäischen Institutionen deutlicher geworden ist. (...) Es ist wichtig, bei der Behandlung des Themas Europa die Ost-West-Beziehungen stärker zu berücksichtigen."[85]

Außerdem wurde die Wichtigkeit der Erreichung eines ökumenischen Konsenses betont, ohne den es keine gemeinsame Erklärung der Kommission von Kirchen geben könne. Mit dem vorgelegten Manuskript, welches der Versuch einer Verbindung theologischer und sozio-politischer Fragen sein sollte,[86] schien eine solche Einigung zwischen den drei anwesenden protestantischen Konfessionen (Lutheraner, Reformierte, Anglikaner) nur schwer erreichbar.[87] Nachdem der letzte Textentwurf im Dezember 1978 tatsächlich **nicht** angenommen wurde, konnte man sich aber doch noch darauf einigen, ihn weiter zu rezipieren: "Es geht nicht darum, zu einer Erklärung zu kommen, sondern zu akzeptieren, daß dieser Text als Arbeitsunterlage, die eine Diskussion innerhalb unserer Kirchen in Gang bringen soll, in Erwägung gezogen wird."[88] Der katholischen "Erklärung der 32" [europäischen Bischöfe; H.-U. R] zur ersten Direktwahl des Europäischen Parlamentes hatten die protestantischen Kirchen Europas jedoch effektiv **nichts** entgegenzusetzen. Dieses wurde von einigen Mitgliedskirchen der Kommission von Kirchen als Trauma angesehen, welches einerseits an der eigenen Arbeitsmethode zweifeln ließ[89] und andererseits den Anlaß gab zu einer größeren

---

[85] Kommission von Kirchen bei den Europäischen Gemeinschaften, Protokoll der Sitzung vom 14. und 15. Dezember 1978 in Brüssel [auch: EZA], S. 7.
[86] A.a.O., S. 4
[87] Zu diesen konfessionellen Kritikpunkten: vgl. a.a.O., S. 3 sowie S. 7
[88] A.a.O., S. 8; der Text wurde schließlich allein vom Ökumenischen Zentrum veröffentlicht.
[89] Hier wären u. a. die französischen Kirchen zu nennen; Kommission von Kirchen bei den Europäischen Gemeinschaften, Protokoll der Sitzung vom 21. und 22. Juni [1979; Datierung anhand des Kontextes] in Brüssel [auch: EZA], S. 10.

Zusammenarbeit mit katholischen Organisationen - insbesondere hinsichtlich eines überkonfessionellen Dialoges mit den neugewählten Europaparlamentariern.[90]

Die Informationsaufgaben der Kommission von Kirchen und des Ökumenischen Zentrums erhielten ab Ende 1974 nach dem Ausscheiden der ersten Informationsmitarbeiterin, Irmgard Kees, eine neue Akzentuierung. Mit der Einführung des "Early Warning System" stand ab 1976 ein neues Informationsverfahren zur Verfügung. Zunächst konzentrierte man sich auf die regelmäßige Veröffentlichung von Informationen zur Entwicklungspolitik und Gastarbeiterfragen. Dabei wurden die Erfahrungen des schon vorher bestehenden "Development and Migrant Worker Information Digest" genutzt, welcher nun in eben jener neuen Form erschien. Ab 1979 wurde dieses Kurzinformationsmedium von der neuen Informationsmitarbeiterin Win Burton auf weitere wichtige Themenbereiche ausgedehnt.[91] Ein solches Frühwarnsystem sollte die Kirchen zu aktuellen Problemen auf dem Laufenden halten und dabei v. a. folgende zwei Eigenschaften haben: "Fakten liefern und (...) die wichtigen Fragen bereits bei ihrem Entstehen aufgreifen."[92]

Ab 1977 wurde eine neue Rangliste der Aufgaben für die Arbeit der Kommission von Kirchen und des Ökumenischen Zentrums diskutiert. Die bisherigen Arbeitsgruppen sollten fortgesetzt werden; sie befaßten sich mit der "Joint Task Force on Development Issues", den "Finalitäten" sowie dem Verhältnis von Ökonomie und Sozialethik (ECO-THEO);[93] und ebenso sollten die Hauptarbeitsbereiche

---

[90] A.a.O., S. 6.
[91] Vgl. Annex "Information" zum Protokoll der Sitzung vom 21. und 22. Juni 1979 [Datierung anhand des Kontextes] [auch: EZA].
[92] Protokoll der Sitzung der Kommission von Kirchen bei den Europäischen Gemeinschaften, die am Freitag, den 06. Februar [1976; Datierung anhand des Kontextes!] in Brüssel abgehalten wurde [auch: EZA], S. 3.
[93] Vgl. Report for the meeting of the Commission of Churches, Brussels, 30 June - 1 July 1977, Activities of the Ecumenical Centre. Die Gruppe ECO-THEO setzte sich

Entwicklung, Migration, Energie weiterbestehen.[94] Als Prioritäten legte man jedoch ausschließlich die Bereiche Information, Joint Task Force, Direktwahl des Europäischen Parlaments sowie speziell die Aufgaben der Verwaltung bzw. des Sekretariats fest.[95]

Aus diesem Kontext entwickelte sich eine allgemeine Debatte über die Möglichkeiten zur Effektivierung und besseren Kontrolle[96] der Arbeit der Kommission von Kirchen. Schon früher war es den Teilnehmern wichtig gewesen zu betonen, "daß die kurze Geschichte der Kommission von Kirchen gezeigt hat, daß die Glaubwürdigkeit ihrer Zeugung [sic!][97] darauf beruht einen gemeinsamen Standpunkt zu finden, bevor sie sich äußert."[98] Und Bischof Kunst hielt bereits 1976 "den Augenblick für gekommen, daß sich die Kommission (...) über ihre Arbeitsweise Gedanken macht. Die Arbeit muß aktiver werden. Was bis jetzt besteht, ist ungenügend."[99] Nun wurden die Beziehungen zwischen Kommission von Kirchen und Ökumenischem Zentrum generell auf den Prüfstand gestellt. Es wurde u. a. kritisiert, daß die Kommission von Kirchen eine Art 'Schirmherrschaft' über das Ökumenische Zentrum ausübe, obwohl

---

zwar aus Wirtschaftswissenschaftlern und Theologen zusammen, befaßte aber nicht mit Fragen der Theologie sondern mit solchen der Sozialethik und -politik; a.a.O., S. 4
[94] Ebenda. Bei der Versammlung im Dezember (Kurzbericht über die Sitzung der Kommission von Kirchen bei den Europäischen Gemeinschaften in Brüssel am 08. und 9. Dezember 1977 [auch: EZA], S. 7) wurden außerdem folgende "Burning Issues" benannt: Beschäftigung, Menschenrechte, Kernenergie, Aufrüstung, Entwicklungsländer (Rolle der Transnational Companies, Arbeitslosigkeit, Menschenrechte).
[95] Als weiterhin wichtig eingestuft wurden Fragen bzgl. des Nord-Süd-Dialogs und der EG-Integration der Länder Südeuropas sowie ihrer minoritären protestantischen Kirchen in die Kommission von Kirchen.
[96] Auf der Sitzung der Kommission von Kirchen vom 21. - 22.06.1979 sprach K. Kremkau (EKD) sogar die nicht klar definierte Nutzung finanzieller Mittel an: "Aus dem Bericht (...) entnimmt er, dass diese Aktivitäten ihre interne Dynamik haben, doch wir, als Kommission, habne [sic!] dieses Tätigkeitsprogramm nicht beschlossen und man bittet uns hinterher, finanziell dafür aufzukommen." (Kommission von Kirchen bei den Europäischen Gemeinschaften, Protokoll der Sitzung vom 21. und 22. Juni [1979; Datierung anhand des Kontextes] in Brüssel [auch: EZA], S. 9).
[97] Gemeint ist wohl "Bezeugung" oder "Zeugnis".
[98] Protokoll der Sitzung der Kommission von Kirchen bei den Europäischen Gemeinschaften, die am Freitag, den 06. Februar [1976; Datierung anhand des Kontextes!] in Brüssel abgehalten wurde [auch: EZA], S. 2.
[99] Bericht über die Sitzung der Kommission von Kirchen bei den Europäischen Gemeinschaften am 29. Oktober 1976 in Brüssel [auch: EZA], S. 3.

ein großer Teil der Arbeit von letzterem ausgeführt werde.[100] Auch das fehlende direkte Engagement der Kirchen kam zur Sprache: "Das Budget wird der Kommission als solcher zur Genehmigung vorgelegt. Das bedeutet in der Praxis nicht, daß die Kirchen als solche sich engagieren; es bedeutet, daß die Mitglieder der Kommission sich verpflichten, sich für das Budget einzusetzen, wenn es den Kirchen vorgelegt wird."[101]

Dennoch meinte man ein gewachsenes Interesse der Kirchen konstatieren zu können: "Wir hoffen, daß mit der steigenden Solidarität untereinander die Kirchen zugleich die Dringlichkeit der Probleme in der europäischen Gemeinschaft erkennen werden. Es ist jetzt an der Zeit, eine mehr strukturierte Form der Anwesenheit der Kirchen zu suchen."[102]

Folglich führten diese Selbst-Reflexionen zu einer erneuten Umstrukturierung der Repräsentanz der protestantischen Kirchen gegenüber der EG. Man plante eine **eigenständige** "Kommission von Kirchen mit Sitz in Brüssel zu gründen, um das Engagement der Kirchen hinsichtlich Fragen, die sich durch die Europäische Gemeinschaft stellen, besser zum Ausdruck bringen zu können."[103] Besonders wichtig war einigen Diskussionsteilnehmern zu betonen, daß neben wirtschaftlichen und sozialen Fragen auch politische Fragen behandelt würden.[104]

Unter Berücksichtigung all dieser Punkte entwickelte man die Satzung der neuen, unabhängigen "Ökumenischen Kommission für Kirche und

---

[100] Vgl. Kommission von Kirchen bei den Europäischen Gemeinschaften, Kurzgefaßtes Protokoll der Sitzung vom 30. Juni und 1. Juli 1977 [auch: EZA] (S. 3); in den folgenden Sitzungen wurde die Diskussion fortgesetzt, so wurde etwa bei der Versammlung im Sommer 1978 kritisch angemerkt, "daß es nicht normal sei, daß die Kommission von Kirchen nicht über einen eigenen Briefkopf verfüge" (Kommission von Kirchen bei den Europäischen Gemeinschaften, Sitzung in Brüssel, Freitag den 9. Juni 1978, Zusammenfassender Bericht, S. 3).
[101] Kommission von Kirchen bei den Europäischen Gemeinschaften, Kurzgefaßtes Protokoll der Sitzung vom 30. Juni und 1. Juli 1977 [auch: EZA], S. 3.
[102] Kurzbericht über die Sitzung der Kommission von Kirchen bei den Europäischen Gemeinschaften in Brüssel am 08. und 9. Dezember 1977 [auch: EZA], S. 2.
[103] Kommission von Kirchen bei den Europäischen Gemeinschaften, Protokoll der Sitzung vom 14. und 15. Dezember 1978 in Brüssel [auch: EZA], S. 8.

Gesellschaft in der Europäischen Gemeinschaft" (ECCSEC), welche aus der Kommission von Kirchen bei den Europäischen Gemeinschaften hervorging und offiziell im Herbst 1979 gegründet wurde. Das Ökumenische Zentrum erfuhr ebenfalls eine Umstrukturierung und wurde in "Ökumenische Vereinigung für Kirche und Gesellschaft, Brüssel" (AOES) umbenannt.[105]
Die Fragen bzgl. der Beziehungen zwischen Kommission von Kirchen und Ökumenischen Zentrum hatten durch diese Neuordnung ein vorläufiges Ende gefunden. Die meisten Delegierten bewerteten eine solche neue Form der Institutionalisierung der Repräsentanz der protestantischen Kirchen in Brüssel positiv. Einzig die französische Delegation äußerte sich grundsätzlich kritisch: "Wir sind jedoch beunruhigt angesichts der Einsetzung einer Kommission, die allzu wichtig würde und zu ehrgeizige Ziele hätte. Warum um jeden Preis die kirchlichen Institutionen in Westeuropa ausbauen. Wir meinen, daß es sehr schwierig sein wird, gemeinsame Stellungnahmen zu erreichen, die dann als offizielle Stellungnahmen gelten können."[106]

3.3. Die Ökumenische Kommission für Kirche und Gesellschaft in der Europäischen Gemeinschaft (ECCSEC, 1979 - 1984)

Eines der ersten Themen der neugegründeten, unabhängig arbeitenden ECCSEC waren die anstehenden Erweiterungen der Europäischen Gemeinschaft nach Süden. Die Fragen bzgl. eines Nord-Süd-Dialogs, der hier nur auf die Integration der Länder Südeuropas rekurrierte, waren schon früher als eine Priorität für die Arbeit des Ökumenischen Zentrums vorgeschlagen worden, wobei man aber hauptsächlich an die

---

[104] Vgl. a.a.O., S. 11.
[105] Vgl. Kommission von Kirchen bei den Europäischen Gemeinschaften, Protokoll der Sitzung vom 21. und 22. Juni [1979; Datierung anhand des Kontextes] in Brüssel [auch: EZA], S. 12 sowie Satzungen der neuen Organisationen. Nur die Räumlichkeiten wurden und werden heute noch übergreifend als "Ökumenisches Zentrum" bezeichnet.
[106] A.a.O., S. 10.

Aufnahme ihrer minoritären Kirchen in die Kommission von Kirchen gedacht hatte.[107] Erst gegen Ende der 1970er Jahre erfolgte eine Auseinandersetzung mit den politischen Fragen der Ausweitung der EG bei den Delegierten der nicht-katholischen Kirchen Europas. Angesichts der Tatsache, daß Griechenland ab 1981 Voll-Mitglied der EG werden würde und mit Spanien und Portugal über ihre Aufnahme verhandelt wurde, befaßte sich die Ökumenische Kommission für Kirche und Gesellschaft bereits während ihrer eigenen Entstehungsphase mit den zu erwartenden strukturellen Problemen der erweiterten EG sowie mit eventuell auftretenden Sicherheitsfragen.[108] Zu beachten war v. a. die zu große Ähnlichkeit der Landwirtschaften der aufzunehmenden Länder im Vergleich mit derjenigen Italiens oder Frankreichs. Aus diesen sich überschneidenden wirtschaftlichen Interessenlagen könnten, so befürchtete man, größere Übergangsschwierigkeiten resultieren.[109] Die sicherheitspolitischen Fragen sah man hingegen optimistischer: "In politischer Hinsicht ist anzunehmen, dass die Auswirkungen insoweit positiv sind, als dadurch im Innern einer unstabilen Region ein Stabilitätspol geschaffen werden könnte."[110] Besonders hingewiesen wurde auf die Lage der außenvor bleibenden Länder: "Bereits jetzt ist eine protektionistische Tendenz [der EG-Länder; H.-U. R.] zu beobachten; wenn man nichts ändert, wird diese Strömung verstärken [sic!]".[111]

All diese Punkte und weitere Aspekte der Entstehung der "Gemeinschaft der Zwölf" kamen in den folgenden Versammlungen und bei den Arbeitsgruppen der ECCSEC zur Sprache. In Zusammenarbeit mit der AOES und dem Ecumenical Research Exchange (ERE) wurden hierzu nicht nur Konsultationen für und mit EG-Beamten veranstaltet,

---

[107] Kommission von Kirchen bei den Europäischen Gemeinschaften, Kurzgefaßtes Protokoll der Sitzung vom 30. Juni und 1. Juli 1977 [auch: EZA], S. 2.
[108] Kommission von Kirchen bei den Europäischen Gemeinschaften, Protokoll der Sitzung vom 21. und 22. Juni [1979; Datierung anhand des Kontextes] in Brüssel [auch: EZA], S. 7 - 8; dieses war offiziell die letzte Sitzung als "Kommission von Kirchen".
[109] A.a.O., S. 7.
[110] A.a.O., S. 8.
[111] Ebenda; neben der Situation der Länder der "Dritten Welt" wurde hier auch über

sondern auch verschiedene Erklärungen und Positionspapiere erstellt, welche schließlich in einem gesonderten Informationsheft, dem Dossier "Erweiterung der Europäischen Gemeinschaft" veröffentlicht wurden.[112] Nach weiteren intensiven Diskussionen veröffentlichte ECCSEC im Januar 1982 das Kurzstatement "Welche Fragen wirft die Erweiterung der europäischen Gemeinschaft für die Kirchen auf?". Dieses Thesenpapier, das für weitere kirchliche und weltliche Kreise bestimmt und auch von den Leitungsebenen der einzelnen Mitgliedskirchen sanktioniert worden war, faßt deren wichtigste Anliegen bezüglich der Erweiterungsfrage definitiv[113] in folgenden Punkten zusammen: 1) Solidarität mit den Ländern Südeuropas, 2) Freizügigkeit aller Arbeitnehmer, 3) Konzeption eines gerechteren Wirtschaftssystems, 4) Berücksichtigung der weiterhin außenstehenden (Mittelmeer-) Länder, 5) Nicht-Vernachlässigung der Ost-West-Beziehungen, 6) Überprüfung der Ziele der EG, 7) Aufforderung zur Reflexion und Aktion an die einzelnen Kirchenmitglieder.

Zu weiteren Prioritäten wurden nach einem längeren Entscheidungsprozeß die Bereiche "Frieden und Sicherheit" sowie "Arbeitslosigkeit".[114]

---

einen möglichen EG-Beitritt der Türkei gesprochen.
[112] Gemeinsamer Herausgeber dieses im Herbst 1980 erschienenen zusammenfassenden Heftes waren ECCSEC und der niederländische ERE.
[113] Mit der Veröffentlichung dieses Textes war die Diskussion der EG-Erweiterung innerhalb der ECCSEC praktisch beendet; das Thema wurde später nicht mehr als Priorität eingestuft.
[114] Nachdem man zunächst eine längere Vorschlagsliste hatte, wurden Ende 1981 vier prioritäre Bereiche ausgewählt. (Ecumenical Commission for Church and Society in the European Community, Minutes of the Meeting of the Ecumenical Commission for Church and Society in the European Community, Brussels, December 3 / 4, 1981 [auch: EZA], S. 2) Neben den beiden oben genannten gehörten das Erweiterungs-Thema sowie die Probleme bzgl. "Neuer Technologien" dazu. Letztere wurden v.a. während der Vollversammlung der ECCSEC vom 11. - 12.06.1981 unter dem Stichwort "Micro-Processing" behandelt und diskutiert. (Ecumenical Commission for Church and Society in the European Community, Minutes of the Meeting of the Ecumenical Commission for Church and Society in the European Community, Brussels, June 11th and 12th 1981 [auch: EZA], S. 7 - 9). Wohl auch aus finanziellen Erwägungen wurde aber 1982 entschieden sich auf zwei Schwerpunktthemen zu beschränken. (Ecumenical Commission for Church and Society in the European Community, Minutes of the Meeting of the Ecumenical Commission for Church and Society in the European Community - 10th / 11th June, 1982 [auch: EZA], S. 1 sowie Ecumenical Commission for Church and Society in the European Community, Report

Der gesellschaftlichen Diskussion zur Friedenspolitik konnten und wollten sich auch die kirchlichen Repräsentanten auf der Europaebene nicht entziehen. Nachdem man sich zunächst über die Position der Europäischen Gemeinschaft und ihre Konzeption einer "Europäischen Politischen Zusammenarbeit" (EPZ)[115] ausführlich informiert hatte[116] und auch die Beiträge der protestantischen Kirchen einzelner Länder zu dieser Frage[117] studiert hatte, wurde in einer Arbeitsgruppe der ECCSEC, die sich aus Kirchendelegierten, NATO-Vertretern und Mitarbeitern der EG-Kommission zusammensetzte,[118] das Dokument "Frieden und Sicherheit in Europa" erarbeitet.[119] Folgend einer ausführlichen Erörterung bei der Versammlung der Ökumenischen Kommission für Kirche und Gesellschaft am 16. und 17. Juni 1983 wurde dieses (in der deutschsprachigen Version) 55 Seiten umfassende Paper als offizielles Statement angenommen.[120] Nach einer allgemeinen Einführung und der Vorstellung der politischen Friedensarbeit mehrerer europabezogener Organisationen (EPZ, Euro-

---

of the Chairman, June 1982, S. 1).
[115] Diese hatte sich 1969 konstituiert und seitdem immer mehr Einfluß gewonnen; hauptsächlich beruhte sie auf regelmäßigen Konsultationen der EG-Außenminister, wodurch eine gemeinsame Linie in der Außenpolitik erreicht werden sollte (vgl. Gasteyger, Curt: Europa zwischen Spaltung und Einigung 1945 - 1990, Bonn 1990, S. 296 ff).
[116] Ecumenical Commission for Church and Society in the European Community, Minutes of the Meeting of the Ecumenical Commission for Church and Society in the European Community, Brussels, June 11th and 12th 1981 [auch: EZA], S. 12 - 13 sowie Ecumenical Commission for Church and Society in the European Community, Minutes of the Meeting of the Ecumenical Commission for Church and Society in the European Community - 10th / 11th June, 1982 [auch: EZA], S. 4 - 5.
[117] Ecumenical Commission for Church and Society in the European Community, Minutes of the Meeting of the Ecumenical Commission for Church and Society in the European Community, Brussels, December 3 / 4, 1981 [auch: EZA], S. 5 - 6; hier werden die Positionen französischer, britischer, niederländischer und westdeutscher Kirchen dargelegt.
[118] Ecumenical Commission for Church and Society in the European Community, Minutes of the Meeting of the Ecumenical Commission for Church and Society in the European Community, Brussels, 16 / 17th June 1983 [auch: EZA], S. 5.
[119] Veröffentlicht u. a. als EKD-Texte Nr. 6.
[120] Im Protokoll dieser Sitzung wird ein solcher Beschluß nicht explizit erwähnt; im Protokoll der Sitzung vom 19. - 20.01.1984 (Ecumenical Commission for Church and Society in the European Community, Minutes of the Meeting of the European Ecumenical Commission for Church and Society in the European Community, Brussels, January 19th / 20th, 1984 [auch: EZA], S. 10) finden sich jedoch konkrete Hinweise auf diese Entscheidung.

47

Group der NATO, KSZE)[121] stellt die ECCSEC-Arbeitsgruppe in diesem Memorandum mögliche ethische Gründe für ein christliches Engagement zugunsten von Gerechtigkeit und Frieden vor.[122] Zudem wird die Frage der christlichen Verantwortung thematisiert. Diesen Betrachtungen und Diskussionen folgen einige Anregungen[123] zum weiteren Vorgehen. Neben der Fortführung der Friedensforschung wird eine gemeinsame Erklärung der Kirchen und Friedensbewegungen (West-) Europas vorgeschlagen, die man eventuell auf einer großen Konferenz erarbeiten könnte. Außerdem sollten die Kontakte zwischen den Kirchen West- und Osteuropas auf allen Ebenen verstärkt werden. In einem Nachwort wurden einige Aspekte der Diskussion innerhalb der ECCSEC angefügt. Hier wird nochmals die besondere Verantwortung der Kirchen in Friedens- und Sicherheitsfragen betont. Weiterhin forderten einige Diskussionsteilnehmer "Eine Theologie für die heutige Zeit". Als "Follow-up" der Diskussionen und der erfolgreichen Veröffentlichung "Frieden und Sicherheit in Europa" planten die protestantischen Delegierten der Kirchen der Europäischen Gemeinschaft weitere Konsultationen und Konferenzen.[124] Und in Einklang mit den "Vorschlägen und Anregungen" aus Kapitel 7 des Dokumentes entschloß man sich zu einer verstärkten Zusammenarbeit mit dem ERE, um die Forschung in diesem Bereich voranzutreiben.[125]

Auch der Themenkomplex "Arbeitslosigkeit und die Zukunft der Arbeit" war den ECCSEC-Delegierten - angesichts des rapiden Ansteigens der Beschäftigungslosigkeit[126] - besonders wichtig. Ebenso wie beim

---

[121] Vgl. Kapitel 2 bis 5 des Dokumentes.
[122] Vgl. Kapitel 6 des Dokumentes.
[123] Vgl. Kapitel 7 des Dokumentes.
[124] Ecumenical Commission for Church and Society in the European Community, Minutes of the Meeting of the European Ecumenical Commission for Church and Society in the European Community, Brussels, January 19th / 20th, 1984 [auch: EZA], S. 10 - 11.
[125] European Ecumenical Commission for Church and Society, Minutes of the Meeting of the European Ecumenical Commission, Brussels, 21 / 22 June, 1984 [auch: EZA], S. 1 - 2.
[126] 1979: 4,9 %; 1982: 9,4 %; vgl. Ecumenical Commission for Church and Society in

Bereich "Frieden und Sicherheit" befaßte man sich mit den kirchlichen Statements aus einzelnen EG-Mitgliedsstaaten[127] und ließ sich von einem Mitarbeiter der EG-Kommission umfassend informieren, bevor man eine eigene Arbeitsgruppe ins Leben rief.[128] Durch diese Herangehensweise konnte recht schnell ein Textentwurf produziert werden,[129] auf dessen Grundlage man dieses Paper weiterentwickelte. Bis zum Frühjahr 1985[130] hatten sich alle Beteiligten auf eine offizielle Version des Dokumentes geeinigt, welche in den folgenden Monaten zur Veröffentlichung kam.[131] Das mehr als 50 Seiten umfassende Werk ist folgendermaßen strukturiert: Allgemeine Einführung, Beschreibung und Analyse der Situation von Arbeitslosen in der EG, politische Optionen zur Bekämpfung der Arbeitslosigkeit, Diskussion gesellschaftlicher Bewertungen der Berufstätigkeit (Arbeit ist mehr als ein reiner Produktionsfaktor), theologisch-ethische Aspekte, konkrete Vorschläge zur Bekämpfung der Arbeitslosigkeit und für eine neue Arbeitsethik.

---

the European Community, Working Group on the Unemployment Issue [Report], Bruxelles, 1/1983 [H.v.V.].
[127] "Reports were presented from the United Kingdom, Belgium, France, the Federal Republic of Germany, Italy and the Netherlands"; Ecumenical Commission for Church and Society in the European Community, Minutes of the Meeting of the Ecumenical Commission for Church and Society in the European Community, Brussels, December 3 / 4, 1981 [auch: EZA], S. 4.
[128] Ecumenical Commission for Church and Society in the European Community, Minutes of the Meeting of the Ecumenical Commission for Church and Society in the European Community - 10th / 11th June, 1982 [auch: EZA], S. 4.
[129] "Jan van Veen introduced the document on 'Unemployment and the future of work' produced by a small working group which had been nominated in January 1983"; Ecumenical Commission for Church and Society in the European Community, Minutes of the Meeting of the European Ecumenical Commission for Church and Society in the European Community, Brussels, January 19th / 20th, 1984 [auch: EZA], S. 4.
[130] Vgl. Datierung des Textes; in der französischen Version "LE CHOMAGE ET L'AVENIR DU TRAVAIL DANS LA COMMUNAUTE EUROPEENE" findet man (S. 53) das Fertigstelldatum "mars 1985".
[131] Obwohl bei der ECCSEC-Sitzung im Herbst 1985 (European Ecumenical Commission for Church and Society, Minutes of the Meeting of the European Ecumenical Commission for Church and Society - Brussels - 25 / 26 September 1985 [auch: EZA], S. 13) schon von der Publikation des Dokumentes berichtet wurde, erfolgte diese für die deutsche Version erst im Januar des folgenden Jahres, als epd-Dokumentation Nr. 1 / 86.

Desweiteren spielte die Erweiterung des **eigenen** Aufgabenbereiches eine gewichtige Rolle in den ECCSEC-Diskussionen der frühen 1980er Jahre. Die Kirchen bemühten sich, ihre Präsenz bei den europäischen Institutionen in Straßburg (Europäisches Parlament, Europarat) zu verstärken. Einerseits wurde in Zusammenarbeit mit der katholischen Organisation OCIPE versucht, ökumenische Begegnungen für bzw. mit Abgeordneten des - neuerdings direkt gewählten - Europaparlaments zu organisieren.[132] Andererseits wollten die nicht-katholischen Kirchen einen offiziellen Status als Nichtregierungsorganisation (NGO) beim Europarat, in Form eines "Sekretariates der Protestantischen Kirchen", erreichen. Die Konferenz der Kirchen am Rhein hatte dieses Projekt Ende der 1970er Jahre initiiert und suchte dafür eine breitere Unterstützung. Deshalb appellierte sie an die in der ECCSEC organisierten protestantischen Kirchen die Bedeutung des Europarates nicht länger zu unterschätzen[133] und "die Arbeit in Brüssel, Luxemburg und Straßburg in einer Gesamtkonzeption zu sehen."[134] Um sich über weitere Aktivitäten klar zu werden, beschloß man ein Treffen von kirchlichen, nicht-katholischen Delegierten aus den Mitgliedsstaaten des Europarates zu organisieren.[135] Bei dieser am 23. August 1980 in Genf abgehaltenen Konsultation einigten sich die Teilnehmer u. a. darauf, ein noch größeres Meeting zu veranstalten, "to enable the churches to become aware of the different European institutions in existence and to define their common responsibilities in this matter."[136] Nach längeren Vorbereitungen konnte die "Conference of Western European Churches" vom 08. bis 12. Oktober 1982 in Interlaken stattfinden.

---

[132] Ökumenische Kommission für Kirche und Gesellschaft in der Europäischen Gemeinschaft (ÖKKGEG), Protokoll der Sitzung die am 29. und 30. November 1979 in Brüssel stattgefunden hat [auch: EZA], S. 11.
[133] A.a.O., S. 11 - 12.
[134] Ökumenische Kommission für Kirche und Gesellschaft in der Europäischen Gemeinschaft, Protokoll der am 13. Juni 1980 in Brüssel abgehaltenen Sitzung [auch: EZA], S. 6.
[135] Ebenda.
[136] Ecumenical Commission for Church and Society in the European Community (ECCSEC), Brief Minutes of the meeting held on 13 - 14 November 1980 in Brussels [auch: EZA], S. 1.

Dort wurde ein auf den gesamten Europarat erweitertes Mandat der ECCSEC beschlossen; und gleichzeitig billigte man den einzelnen protestantischen Kirchen aus den Mitgliedsstaaten des Europarates die Möglichkeit einer ECCSEC-Vollmitgliedschaft zu.[137] Im Juni 1983 wurden die für die Erweiterung der Ökumenischen Kommission auf ganz Westeuropa notwendigen Änderungen der Verfassung beschlossen,[138] wobei man sehr darauf achtete, einen Affront gegenüber der Konferenz Europäischer Kirchen und insbesondere ihrer osteuropäischen Mitgliedkirchen zu vermeiden. "The President [of ECCSEC; H.-U. R.] referred to the very specific significance of the Conference of European Churches, something about which there could be no doubt since Europe was larger than Western Europe alone. He pointed out that the Ecumenical Commission had no wish whatsoever to alter either its status as ecclesiastical commission nor its limitation to the issues of Church and Society."[139]

Nachdem diese Irritationen schließlich ausgeräumt worden waren, konnte die "Ökumenische Kommission für Kirche und Gesellschaft **in der Europäischen Gemeinschaft**" (ECCSEC) - offiziell ab 1985 - in die "**Europäische** Ökumenische Kommission für Kirche und Gesellschaft" (EECCS) umgewandelt werden.[140] Die Vertretung der nichtkatholischen Kirchen in Straßburg sollte sich nun endgültig etablieren.[141]

---

[137] Ecumenical Commission for Church and Society in the European Community, Minutes of the Meeting of the Ecumenical Commission for Church and Society in the European Community - Brussels, January 20 / 21, 1983 [auch: EZA], S. 1.
[138] Ecumenical Commission for Church and Society in the European Community, Minutes of the Meeting of the Ecumenical Commission for Church and Society in the European Community, Brussels, 16 / 17th June 1983 [auch: EZA], S. 4.
[139] A.a.O., S. 2.
[140] Beschluß dieses neuen Namens bei der Sitzung am 21. - 22.06.1984; vgl. European Ecumenical Commission for Church and Society, Minutes of the Meeting of the European Ecumenical Commission, Brussels, 21 / 22 June, 1984 [auch: EZA], S. 10.
[141] Vorbehalte gab es zwar zunächst noch bzgl. der Finanzierbarkeit (vgl. Ecumenical Commission for Church and Society in the European Community, Minutes of the Meeting of the European Ecumenical Commission for Church and Society in the European Community, Brussels, January 19th / 20th, 1984 [auch: EZA], S. 8); diese konnten aber bis 1986 ausgeräumt werden (European Ecumenical Commission for Church and Society, Minutes of the Meeting of the European Ecumenical Commission for Church and Society, Brussels, 11 - 12 - 13 June 1986, S. 5).

3.4. Die Europäische Ökumenische Kommission für Kirche und Gesellschaft (EECCS, 1985 - 1998)

Trotz der Umstrukturierungen infolge der Erweiterung des Aufgabenfeldes war auch die Arbeit dieser neugegründeten ganz Westeuropa betreffenden Organisation der protestantischen Kirchen zunächst von Kontinuität bestimmt. Verschiedene Fragestellungen der ECCSEC wurden in Arbeitsgruppen der EECCS weitergeführt.[142] Hinzu kamen als neue Schwerpunkte: Neue Medien, Gemeinschaftliche Landwirtschaftspolitik, Südafrika, Multinationale Konzerne sowie die Einheitliche Europäische Akte.[143] Deren Behandlung wird nun präsentiert:

Der Bereich "Neue Medien" kam zum ersten Mal bei der EECCS-Vollversammlung im Januar 1985 zur Sprache. Im Protokoll dieser Sitzung wird erwähnt, daß das Exekutivkomitee die Gründung einer neuen Arbeitsgruppe zu diesem Thema vorgeschlagen habe.[144] Im Verlauf der übernächsten Vollversammlung im Juni 1986 wurde ausführlicher darüber gesprochen. Während eines ökumenischen Treffens im April 1986 war die von der EECCS vorgeschlagene Arbeitsgruppe "European Ecumenical Satellite Conference" (EESC) formell

---

[142] Z. B. wurden die Themenbereiche "Frieden und Sicherheit" sowie "Arbeitslosigkeit" noch über die Mitte der 1980er Jahre hinaus diskutiert (vgl. European Ecumenical Commission for Church and Society, Minutes of the Meeting of the European Ecumenical Commission for Church and Society held in Brussels, June 10, 11 & 12, 1987, Annex 1, President's Report on EECCS Activities 1986 - 87, S. 1); wobei der letztere Bereich sogar bis in die 1990er Jahre hinein akut blieb (vgl. z. B.: Europäische Ökumenische Kommission für Kirche und Gesellschaft, Vollversammlung - 20. / 22. September 1994, Protokoll der Vollversammlung 1994, S. 8).
[143] "Four issues are at the centre of staff work: 1) Transnational Corporations, 2) Unemployment, 3) Common Agricultural Policy, 4) New Medias [sic!]" (European Ecumenical Commission for Church and Society, Minutes of the Meeting of the European Ecumenical Commission for Church and Society held in Brussels, June 10, 11 & 12, 1987, Annex 1, President's Report on EECCS Activities 1986 - 87, S. 1); das Thema Südafrika erlangte schon ab 1984 große Wichtigkeit (European Ecumenical Commission for Church and Society, Minutes of the Meeting of the European Ecumenical Commission, Brussels, 21 / 22 June, 1984 [auch: EZA], S. 11); die Einheitliche Europäische Akte wurde ab 1987 prioritär behandelt (European Ecumenical Commission for Church and Society, Minutes of the meeting of the European Ecumenical Commission for Church and Society held in Brussels, June 10, 11 & 12, 1987, S. 10
[144] European Ecumenical Commission for Church and Society, Minutes of the Meeting of the European Ecumenical Commission for Church and Society, Brussels, 24 / 25 January 1985 [auch: EZA], S. 1.

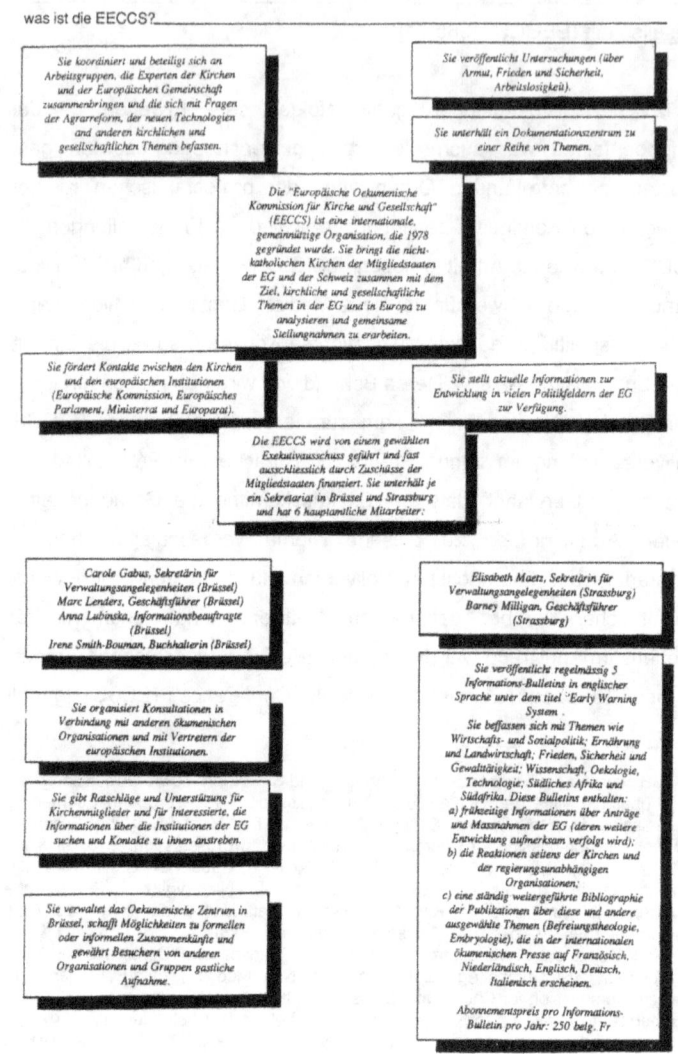

Quelle: europäische oekumenische kommission für kirche und gesellschaft, jahresüberblick 1986, Brüssel 1987 [H.v.V.], S. 2 - 3.

ins Leben gerufen worden. Ihr Schirmherr, Hans-Wolfgang Hessler vom Gemeinschaftswerk der Evangelischen Publizistik (mit Sitz in Frankfurt / Main), berichtete über die Arbeit der EESC und betonte die "pastoral responsibility of the Churches."[145] Weiterhin merkte er an, daß diese neue "Europeanisation of the media" neben technischen auch politische und programmatische Aspekte beinhalte.[146] Schließlich machte er den Vorschlag, die Arbeitsgruppe in die EECCS zu integrieren und einen speziellen Mitarbeiter für Medienfragen einzustellen. Der EECCS-Schatzmeister Klaus Kremkau stand dieser Idee jedoch vor allem aus finanziellen Beweggründen kritisch gegenüber und bezweifelte, ob sie bei den Mitgliedskirchen durchzusetzen sein werde.[147] Das Exekutivkomitee, welches mit den weiteren diesbezüglichen Entscheidungen betraut worden war,[148] entschied anscheinend auch gegen Hesslers Vorschlag. Und in den nächsten Jahren war nur noch von "working relationships" zur EESC die Rede; man wollte wohl ein Ausufern der eigenen Aufgabenbereiche vermeiden und sich vor allem mit denjenigen Fragen (auch im Bereich der Medienpolitik) befassen, die die europäischen Institutionen direkt betrafen.[149] Die Europäische Ökumenische Konferenz zum Satellitenfernsehen existierte zwar noch weiter, für die EECCS spielte sie aber keine sehr große Rolle mehr.[150]

Eine landwirtschaftliche Arbeitsgruppe, die zunächst von AOES eingerichtet worden war,[151] aber schon bald auch im EECCS-Kontext

---

[145] European Ecumenical Commission for Church and Society, Minutes of the Meeting of the European Ecumenical Commission for Church and Society, Brussels, 11 - 12 - 13 June 1986, S. 15.
[146] Ebenda.
[147] A.a.O., S. 17.
[148] A.a.O., S. 35.
[149] European Ecumenical Commission for Church and Society, Minutes of the meeting of the European Ecumenical Commission for Church and Society held in Brussels, June 10, 11 & 12, 1987, S. 6.
[150] Zuletzt wurde die EESC in den Minutes von 1988 erwähnt (Minutes of the General Assembly Meeting of the European Ecumenical Commission for Church and Society, Strasbourg, June 2 - 4, 1988, S. 11).
[151] Vgl. europäische oekumenische kommission für kirche und gesellschaft, jahresüberblick 1986, Brüssel 1987 [H.v.V.], S. 27.

aktiv wurde,[152] gab es schon seit 1984. Dieses Expertengremium setzte sich zunächst mit der Frage der "Zukunft der ländlichen Regionen in unserer Gesellschaft"[153] und weitergehend mit einer Reform der Gemeinsamen Europäischen Agrarpolitik auseinander. Da der damalige AOES-Vorsitzende, Dr. Helmut von Verschuer, ebenfalls stellvertretender Generaldirektor im Bereich Landwirtschaft (DG VI) der Kommission der Europäischen Gemeinschaft war, verfügte er über sehr gute Kontakte. Durch seinen persönlichen Einsatz konnte der EG-Landwirtschaftskommissar Andriessen für die EECCS-Vollversammlung am 25. September 1985 als Gastredner gewonnen werden. Es zeigte sich während dieser Sitzung, daß AOES und EECCS bedeutende und einflußreiche Pionierarbeit zu Fragen der Zukunft der Landwirtschaft geleistet hatten. Andriessen war von dem Engagement der Kirchenvertreter merklich beeindruckt und bezog sie in den offiziellen Meinungsbildungsprozeß der EG-Kommission ein: "The Commission of the European Commission [sic!] itself has started a series of consultations which should lead to the formulation of proposals for a C.A.P. [Common Agricultural Policy; H.-U. R.] reform. It is for this reason that the members of EECCS received a copy of the European Commission's Green Paper together with the document of the Association. The European Commission has decided to use this paper in the framework of a series of consultations with the various social partners. This shows the importance of today's meeting, importance which is underlined by the presence of the EEC's Farm Commissioner. The Ecumenical Commission sees this presence as an aknowledgement by the Commission of the European Communities, of

---

[152] Bei der EECCS-Vollversammlung im Herbst 1985 wurde beschlossen, "that the financing of this group will be covered by the churches." (European Ecumenical Commission for Church and Society, Minutes of the Meeting of the European Ecumenical Commission for Church and Society - Brussels - 25 / 26 September 1985 [auch: EZA], S. 12).
[153] "Arbeitsdokument für die Europäische Ökumenische Kommission für Kirche und Gesellschaft" (= Untertitelung des 15 Seiten umfassenden Dokumentes) erstellt von der Ökumenischen Vereinigung für Kirche und Gesellschaft (AOES) im Juli 1985. [H.v.V.; auch: EZA].

the ethical dimension of problems arising in the framework of the C.A.P. reorientation."[154] Schließlich ermutigte der EG-Landwirtschaftskommissar die EECCS und die AOES, auch zum "Grünbuch" über die "Perspektiven für die gemeinsame Agrarpolitik" Stellung zu nehmen.[155] Diesem Angebot folgte man u. a. mit einem 24 Punkte umfassenden Positionspapier.[156] Vor allen Dingen trat man für eine andere Ausrichtung der EG-Agrarpolitik ein: "(...) we can, as Churches, agree with (...) a new emphasis in EEC agricultural policy - because our committment is consciously to the weaker people, weaker areas, and the preservation of the environment (...)."[157] Die wichtigsten Fragen der Kirchen hat man weiterhin im Meinungsaustausch mit anderen verantwortlichen Europabeamten diskutiert. "Darüberhinaus wurden im Mai [1986; H.-U. R] in einem offenen Brief an Andriessen drei herausragende Anliegen der Mitgliedskirchen herausgestellt:

- die Notwendigkeit einer sozialen Strukturpolitik, die die Situation der kleinen bäuerlichen Betriebe berücksichtigt. (...)

- Erhalt der Umwelt. An die Stelle des blinden Fortschrittsglaubens muss die Berücksichtigung der Folgen des technologischen Wandels für Landwirtschaft und Oekologie [sic!] treten.

- Die Auswirkungen der europäischen Agrarpolitik auf die Landwirtschaft und die Oekonomie [sic!] der Entwicklungsländer.

Um diesen letzten Punkt näher zu beleuchten, entsandte die Arbeitsgruppe 'Gemeinsame Agrarpolitik' der Oekumenischen [sic!] Kommission einen Vertreter zum Treffen regierungsunabhängiger

---

[154] European Ecumenical Commission for Church and Society, Minutes of the Meeting of the European Ecumenical Commission for Church and Society - Brussels - 25 / 26 September 1985 [auch: EZA], S. 5.

[155] Grünbuch: = Entwurfsdokument; in diesem Falle wurde der Text (Dokument der Kommission der Europäischen Gemeinschaften KOM (85) 333 endg. vom 15.07.1985) aber nur inoffiziell so bezeichnet, obwohl dazu eine weitere Version ("Weißbuch") nach längeren Diskussionen und Konsultationen 1988 erschien. Laut Andriessens Vorwort der - zusätzlichen - Veröffentlichung in der Reihe "Im Brennpunkt - Grünes Europa" (Heft 33, Juli 1985) wurde jenes "konsultative Dokument (...) den Organen der Gemeinschaft und den berufsständischen Organisationen auf europäischer Ebene übermittelt." - Die Kirchen wurden also nicht explizit als Adressaten genannt.

[156] European Ecumenical Commission for Church and Society, Position Paper on the 'Perspectives for the Common Agricultural Policy', Brussels, December 1985 [H.v.V.].

Organisationen mit Kommissar Andriessen im Oktober 1986."[158] Diese und weitere Aktivitäten führten dazu, daß die Arbeit von EECCS und AOES zum landwirtschaftlichen Themenbereich als "success story"[159] zu bezeichnen war, die auch nach Veröffentlichung des EG-Dokuments "Die Zukunft des ländlichen Raums"[160] noch nicht beendet wurde.[161]

Nachdem sich die Kommission von Kirchen in den 1970er Jahren noch allgemeiner mit Entwicklungspolitik und den Ländern der sogenannten "Dritten Welt" befaßt hatte,[162] richtete sich das Engagement der ECCSEC bzw. der EECCS ab Mitte der 1980er Jahre immer konkreter auf das südliche Afrika. Anfangs ging es den Kirchen um eine Stellungnahme zur Namibiafrage. Aber sehr schnell betrafen die Diskussionen die gesamte Südafrika-Kontroverse.[163] Im Januar 1985

---

[157] A.a.O., S. 4.
[158] europäische oekumenische kommission für kirche und gesellschaft, jahresüberblick 1986, Brüssel 1987 [H.v.V.], S. 23 [Hervorhebung durch Absatzmarkierungen wie im Originaltext].
[159] Interview mit Marc Lenders, Brüssel, 18.09.1997.
[160] Mitteilung der EG-Kommission, Kom (88) 501 endg., Brüssel, den 6. Oktober 1988.
[161] Die Arbeitsgruppe Landwirtschaft wurde erst 1995 aufgelöst; vgl. Protokoll der Vollversammlung der Europäischen Ökumenischen Kommission für Kirche und Gesellschaft Europäische Kommission für Kirche und Gesellschaft, Protokoll der Vollversammlung 1995 [04. - 06.09.1995], S. 16.
[162] Vgl. Kapitel 3.2. dieser Arbeit bzgl. des Memorandums zur "Verantwortung der EG gegenüber den Entwicklungsländern und die Rolle der Kirchen in Wahrnehmung dieser Verantwortung". Nur in akuten Situationen, wie der im folgenden beschriebenen, sah man sich früher veranlaßt, ganz gezielt Stellung zu beziehen: "Die Kommission beschließt einstimmig die Verabschiedung einer Botschaft an die Botschaft von Südafrika in Brüssel, in welcher gegen die Verhaftung des [südafrikanischen; H.-U. R.] Pastors Beyers Naudé protestiert wird." (Bericht über die Sitzung der Kommission von Kirchen bei den Europäischen Gemeinschaften am 29. Oktober 1976 in Brüssel [auch: EZA], S. 4). Weiterhin sprach man im November 1979 über einen Erdöl-Embargoaufruf gegen Südafrika (Ökumenische Kommission für Kirche und Gesellschaft in der Europäischen Gemeinschaft (ÖKKGEG), Protokoll der Sitzung die am 29. und 30. November 1979 in Brüssel stattgefunden hat [auch: EZA], S. 12 - 13). Und im Juni 1981 gab es einen allgemeinen Vortrag über das südliche Afrika (Ecumenical Commission for Church and Society in the European Community, Minutes of the Meeting of the Ecumenical Commission for Church and Society in the European Community, Brussels, June 11th and 12th 1981 [auch: EZA], S. 9 - 12). Beide Veranstaltungen hatten aber eher einen singulären Charakter, d. h. es folgten keine weiteren Diskussionen in den nächsten Vollversammlungen der ECCSEC.
[163] Auf Veranlassung der niederländischen Kirchen, die die Problematik bereits spontan im Januar 1983 auf die Tagesordnung setzen wollten (vgl. Ecumenical Commission for Church and Society in the European Community, Minutes of the Meeting of the Ecumenical Commission for Church and Society in the European Community - Brussels, January 20 / 21, 1983 [auch: EZA], S. 3 - 4), wurde erstmals

wurde von den protestantischen Kirchenvertretern Westeuropas zunächst ein Aktionsprogramm[164] beschlossen, das - neben der Abhaltung eines Treffens von kirchlichen Experten, europäischen Parlamentariern, Fachleuten der Nichtregierungsorganisationen sowie kompetenten Mitarbeitern der Kommission der Europäischen Gemeinschaft und der Ausarbeitung eines Memorandums - die Vorbereitung von Handlungsempfehlungen für das Europäische Parlament, die Europäische Kommission, die Mitgliedsstaaten und die Mitgliedskirchen der EECCS zum weiteren Umgehen mit der südafrikanischen Regierung vorsah. Letztere sollte vor allem durch Handelsembargos von ihrem unrechtmäßigen und unchristlichen Verhalten[165] gegenüber der Mehrheit der eigenen Bevölkerung sowie gegen Namibia abgebracht werden. In der Folgezeit versuchte EECCS, bestärkt durch eine Bitte des südafrikanischen Kirchenrates,[166] mit

---

im Juni 1984 bei einer EECCS-Vollversammlung ausführlicher über die Beziehungen zwischen der EG und Südafrika gesprochen (European Ecumenical Commission for Church and Society, Minutes of the Meeting of the European Ecumenical Commission, Brussels, 21 / 22 June, 1984 [auch: EZA], S. 10 ff.). Und obwohl noch fünf Monate vorher dieses nicht als absolut wichtig eingestuft worden war (Ecumenical Commission for Church and Society in the European Community, Minutes of the Meeting of the European Ecumenical Commission for Church and Society in the European Community, Brussels, January 19th / 20th, 1984 [auch: EZA], S. 8 - 9), kam man nun zu der Entscheidung, "that the priority issue on the agenda of the next Commission meeting would be the questions raised by the specific relationships which exist between the European Community and South Africa and Namibia" (European Ecumenical Commission for Church and Society, Minutes of the Meeting of the European Ecumenical Commission, Brussels, 21 / 22 June, 1984 [auch: EZA], S. 11).
[164] European Ecumenical Commission for Church and Society, Minutes of the Meeting of the European Ecumenical Commission for Church and Society, Brussels, 24 / 25 January 1985 [auch: EZA], S. 12 - 13.
[165] Der Delegierte David Brown vom British Council of Churches meinte beispielsweise: "Apartheid is not only a heresy, it is also illegal. The question then raises: how can the European Community deal with an outlaw country?" (a.a.O., S. 11). Zum Begriff der "ethischen Häresie", durch den eigentlich eine Verbindung zwischen Theologie und Sozialethik ermöglicht werden sollte, siehe: Boyens, Armin: Ökumenischer Rat der Kirchen und Evangelische Kirche in Deutschland zwischen West und Ost, S. 142 f., in: Besier, Gerhard / Boyens, Armin / Lindemann, Gerhard: Nationaler Protestantismus und ökumenische Bewegung - mit einer Nachschrift von Horst-Klaus Hofmann, Berlin 1999, S. 27 - 321 sowie Käßmann, Margot: Die eucharistische Vision, München 1992, S. 15 f. und S. 117 f.
[166] Resolution No. 5 of the South African Council of Churches, 28 June 1985; erwähnt in den Minutes vom September 1985 (European Ecumenical Commission for Church and Society, Minutes of the Meeting of the European Ecumenical Commission for Church and Society - Brussels - 25 / 26 September 1985 [auch: EZA], S. 10), im EECCS-Jahresüberblick 1986 (europäische oekumenische kommission für kirche und

verschiedenen Resolutionen bzw. Erklärungen, Dokumenten und weiteren Briefen das Handeln der westeuropäischen Politiker entsprechend zu beeinflussen.[167] All diese Texte und die Südafrikadebatten in den Vollversammlungen der Jahre 1985 bis 1989 waren von folgenden Forderungen an die südafrikanische Regierung geprägt: Aufhebung des Ausnahmezustandes und Einstellung der systematischen politischen Unterdrückung der Apartheidgegner, bedingungslose Freilassung Nelson Mandelas und aller anderen politischen Gefangenen, Aufnahme politischer Gespräche mit **allen** Gruppen der südafrikanischen Gesellschaft und wirkliche Beteiligung der Mehrheit der Bevölkerung am politischen Leben, Beendigung der illegalen Besetzung Namibias.[168] Weiterhin appellierte EECCS an die europäischen Kirchen und die Gesellschaften Europas und ihre Regierungen und forderte eine breite Diskussion der Südafrikafrage sowie Wirtschaftssanktionen, ein Einkaufs- und Handelsboykott und die aktive Unterstützung der Apartheidgegner, insbesondere der südafrikanischen Kriegsdienstverweigerer. Von der EG-Kommission und dem EG-Ministerrat erwartete man vor allem die Ausübung politischen Drucks auf die Regierung Südafrikas. Obwohl noch bei der EECCS-Vollversammlung 1989 das Schwerpunktthema "Südafrika" lautete, sind in den 1990er Jahren keine weiteren Aktivitäten der Vertretung der protestantischen Kirchen Westeuropas bzgl. dieser

---

gesellschaft, jahresüberblick 1986, Brüssel 1987 [H.v.V.], S. 16) sowie in EECCS's Resolution on South Africa (Ecumenical Commission for Church and Society in the European Commission, Press Release, EECCS's Resolution on South Africa, September 26th, Bruxelles 1985 [EZA]).

[167] EECCS's Resolution on South Africa (a.a.O.), Erklärung vom 13.06.1986 (europäische oekumenische kommission für kirche und gesellschaft, jahresüberblick 1986, Brüssel 1987 [H.v.V.], S. 17), Brief an EG-Kommission 1987 (vgl. EECCS-Jahresüberblick 1986, a.a.O., S. 15 - 16 sowie Minutes of the General Assembly Meeting of the European Ecumenical Commission for Church and Society, Strasbourg, June 2 - 4, 1988, S. 3), Resolution 1988 (Minutes of the General Assembly Meeting of the European Ecumenical Commission for Church and Society, Strasbourg, June 2 - 4, 1988, Annex 5), Resolution 1989 (Minutes of the General Assembly [of EECCS; H.-U. R.] held in Brussels, 27 - 28 September 1989, S. 8 - 9).

[168] Letztere Forderung wurde nach einem stufenweisen Rückzug der südafrikanischen Truppen bis Ende 1989 erfüllt; gleich darauf folgten freie Wahlen zu einer verfassungsgebenden Versammlung und schließlich die Unabhängigkeitserklärung Namibias am 21.03.1990.

Fragestellung zu verzeichnen. Das Ende des "Kalten Krieges" ermöglichte einerseits eine Verbesserung der politischen Situation in Südafrika.[169] Andererseits rückten mit dem Fall des "Eisernen Vorhanges" gerade für die Europäische Ökumenische Kommission für Kirche und Gesellschaft die Europafrage und die weitere gesamteuropäische Entwicklung in den Mittelpunkt des Interesses.

Mit der Thematik der multinationalen Konzerne befasste sich das EECCS-Exekutivkomitee erstmals intensiver im Juni 1985.[170] Man beschloß, die Aktionen und Recherchetätigkeiten einzelner Mitgliedskirchen zu einem gemeinsamen Standpunkt zusammenzufassen.[171] Seit seiner Vollversammlung 1975 in Nairobi hatte sich der Ökumenische Rat der Kirchen (ÖRK) mit der gesellschaftlichen Rolle solcher internationaler Firmen auseinandergesetzt und dazu eigene kirchliche Positionen gesucht. Als "Follow-up" dieses kirchlichen Programmes auf internationaler Ebene, welches offiziell im Jahr 1981 zum Abschluß gebracht wurde, hatten verschiedene ÖRK-Mitgliedskirchen die spezifische soziale Stellung der "Multis" in ihren jeweiligen Ländern diskutiert. In Europa sind hier besonders die Aktivitäten und Statements deutscher, niederländischer, britischer und

---

[169] Am 11. Februar 1990 wurde der Führer des Afrikanischen Nationalkongresses, Nelson Mandela, nach beinahe 28 Jahren aus der politischen Haft entlassen. Dieses war ein wichtiger Wendepunkt in der südafrikanischen Geschichte und der Anfangspunkt einer großen Gesellschaftsreform, welche u. a. die Abschaffung der Rassentrennung zur Folge hatte. Am 10. Mai 1994 wurde Mandela schließlich zum Präsidenten Südafrikas gewählt.
[170] Vgl. European Ecumenical Commission for Church and Society, Memorandum, The Dialogue between the Churches and the TNCs, Brussels, June 1985 [H.v.V.]. Vor diesem Engagement war man mit dem Thema eher indirekt beschäftigt. Beispielsweise hatte ECCSEC vom 26. bis 30. April 1981 für die "West European Consultation on Transnational Corporations" [= Multinationale Konzerne; Englische Kurzform: TNCs] ihre Räumlichkeiten, sozusagen als Ko-Sponsor, zur Verfügung gestellt (vgl. Draft Report of the West European Consultation on Transnational Corporation, Bruxelles, April 1981 [H.v.V.], S. 1).
[171] Dieses wurde auch als Aufgabe der "European lobby" bezeichnet, die das nationale Engagement der einzelnen Kirchen ergänzen sollte; vgl. European Ecumenical Commission for Church and Society, Minutes of the Meeting of the European Ecu-menical Commission for Church and Society, Brussels, 11 - 12 - 13 June 1986, S. 33.

auch schweizer Kirchen zu nennen.[172] Während ihrer Jahresvollversammlung 1986 diskutierten die EECCS-Delegierten mit Spezialisten des ÖRK, der Europäischen Kommission und der EKD-Kammer für Entwicklungsdienst über diesen Themenkomplex. Außerdem legten sie das weitere Vorgehen der Anfang 1986 gegründeten Arbeitsgruppe fest. Diese sollte sich vor allen Dingen mit den Verantwortlichkeiten der europäischen Institutionen im Kontext der fortschreitenden Transnationalisierung der nationalen Ökonomien auseinandersetzen und möglichst bald ein genaueres Aktionsprogramm vorlegen.[173] Letzteres konnte dem EECCS-Exekutivausschuß im September 1986 präsentiert werden; es beinhaltete u. a. Treffen mit anderen Spezialisten, z. B. von der International Union of Christian Business Executives (UNIAPAC)[174] sowie die Erstellung eines "working paper".[175] Ein solches, auch als Memorandum bezeichnetes, Arbeitspapier präsentierte der niederländische EECCS-Delegierte Harry de Lange im Auftrag der Arbeitsgruppe im Dezember desselben Jahres. Als wichtigste zu diskutierende Punkte wurden darin der wirtschaftliche und soziale Zusammenhalt innerhalb der Europäischen Gemeinschaft,[176] die bisher gescheiterte Vereinheitlichung des europäischen Gesellschaftsrechtes und der Mitbestimmung für Arbeitnehmer, das Engagement internationaler Firmen in der

---

[172] Vgl. European Ecumenical Commission for Church and Society, Programme proposal for the working group "Churches-TNCs", Brussels, 14 February 1986 [H.v.V.], S. 1 - 2.
[173] Vgl. European Ecumenical Commission for Church and Society, Minutes of the Meeting of the European Ecumenical Commission for Church and Society, Brussels, 11 - 12 - 13 June 1986, S. 26 - 34 (Dialogue Churches-Transnational Corporations) sowie S. 36 - 37 (Conclusions).
[174] Diese Organisation veranstaltete vom 8. bis 10. April 1987 das europäische Symposium "Churches and Transnational Corporations" in dem schweizer Stadt Ermatingen am Untersee an dem auch EECCS-Delegierte beteiligt waren.
[175] Vgl. European Ecumenical Commission for Church and Society, Action Programme Proposal submitted to the Executive Committee by the working group on TNCs, EECCS, September 1986 [H.v.V.].
[176] Dieser Aspekt spielt eine große Rolle in der Einheitlichen Europäischen Akte (Artikel 130 A); vgl. European Ecumenical Commission for Church and Society, Working Group on TNCs, Memorandum by Harry de Lange, December 1986 [H.v.V.], S. 5.

sogenannten Dritten Welt und in Südafrika, umweltpolitische Aspekte, die Rüstungsproduktion sowie Fragen zum Wert der Arbeit genannt.[177] Während der EECCS-Vollversammlung im Juni 1987 wurde abschließend[178] über die Analyse der multinationalen Konzerne berichtet. Das weitere Engagement der Kirchenvertreter hinsichtlich dieses Themenkomplexes wurde in die Aktivitäten bzgl. der Einheitlichen Europäischen Akte und des Gemeinsamen Europäischen Binnenmarktes eingegliedert.[179]

Im Rahmen der EECCS wurde über das Vertragswerk der Einheitlichen Europäischen Akte, welches den Prozeß der europäischen Integration vorantreiben sollte und am 1. Juli 1987 in Kraft treten konnte, erstmals im Jahresüberblick für das Jahr 1986 berichtet. Demzufolge hatte die Europäische Ökumenische Kommission für Kirche und Gesellschaft ihre Partnerorganisation AOES mit der Analyse des Textes der Akte beauftragt und sie gebeten, bis zur EECCS-Vollversammlung im Juni 1987 Ergebnisse vorzulegen.[180] Bei letzterer Sitzung der Kirchendelegierten kam es zu einem Meinungsaustausch mit Mitarbeitern der Europäischen Kommission über die Ergänzungen der Römischen Verträge - die die Einheitliche Europäische Akte beinhaltete - und ihre

---

[177] Vgl. a.a.O., S. 5 - 6 sowie EECCS-Jahresüberblick 1986 (europäische oekumenische kommission für kirche und gesellschaft, jahresüberblick 1986, Brüssel 1987 [H.v.V.]), S. 18 - 19.
[178] Schon im EECCS-Jahresüberblick 1986, a.a.O., S. 19 wurde ein solcher Abschlußbericht angekündigt.
[179] European Ecumenical Commission for Church and Society, Minutes of the meeting of the European Ecumenical Commission for Church and Society held in Brussels, June 10, 11 & 12, 1987, S. 15 sowie European Ecumenical Commission for Church and Society, Annual Meeting of EECCS, 10 - 12 June 1987, As it is now the tradition we send you this summary of the main decisions taken during the annual meeting of EECCS, S. 1 - 2. Eine ursprünglich nur auf die multinationalen Konzerne bezogene Konsultation wurde z. B. so erweitert, daß die Einheitliche Europäische Akte schließlich im Zentrum der Diskussion stand (siehe weiter unten). In dem EECCS-Dokumentationsheft "Die Einheitliche Europäische Akte" (Europäische Ökumenische Kommission für Kirche und Gesellschaft, Die Einheitliche Europäische Akte, Ed. resp.:Eliza d'Amore, Brussels, April 1988 [H.v.V.]) werden die internationalen Konzerne unter dem Stichwort "Das Verhältnis zwischen Politik und Wirtschaft" (a.a.O., S. 5) jedoch nur kurz erwähnt.
[180] europäische oekumenische kommission für kirche und gesellschaft, jahresüberblick 1986, Brüssel 1987 [H.v.V.], S. 32.

Konsequenzen einerseits bzgl. der Kompetenzerweiterungen für die europäischen Institutionen und das Europäische Parlament und andererseits hinsichtlich der schrittweisen Einführung eines europäischen Binnenmarktes bis zum Jahr 1992.[181] Die EECCS-Delegierten interessierten dabei insbesondere die sozio-ökonomischen und ethischen Implikationen.[182] Jene Punkte sollten weiter diskutiert werden, u. a. in "a short document on this topic which would be made available to a larger public in the Churches."[183] Das entsprechende Informationsheft erschien im April 1988 in französischer, englischer und deutscher Sprache; nach einer kurzen Einführung wurden darin verschiedene Fragen **für** die Kirchen formuliert: Diese betrafen 1. Das Verhältnis zwischen Politik und Wirtschaft (multinationale Konzerne etc.), 2. Das zukünftige Verhältnis zwischen Wirtschafts- und Sozialpolitik (wirtschaftlicher und sozialer Zusammenhalt), 3. Forschung und technologische Entwicklung und die Unabhängigkeit der EG (der Einfluß neuer Technologien z. B. auf die kulturelle Vielfalt in der EG), 4. Umweltschutz (v. a. seine Umsetzung), 5. Die internationale Verantwortung der EG (Friedens- und Entwicklungspolitik).[184] Während der EECCS-Vollversammlung im Juni 1988 wurde die Thematik mit anderen Mitarbeitern der EG-Kommission weiter diskutiert; außerdem entschied man sich für eine Verstärkung des eigenen Engagements: "The General Assembly (...) therefore proposes the formation of a group responsible for creating a specific agenda to identify what relevant matters the churches should be addressing in relation to the Single Market of 1993. (...) this group should gather before the end of 1988"[185]

---

[181] European Ecumenical Commission for Church and Society, Minutes of the meeting of the European Ecumenical Commission for Church and Society held in Brussels, June 10, 11 & 12, 1987, S. 10 - 14.
[182] A.a.O., S. 16.
[183] European Ecumenical Commission for Church and Society, Annual Meeting of EECCS, 10 - 12 June 1987, As it is now the tradition we send you this summary of the main decisions taken during the annual meeting of EECCS, S. 3.
[184] Europäische Ökumenische Kommission für Kirche und Gesellschaft, Die Einheitliche Europäische Akte, Ed. resp.:Eliza d'Amore, Brussels, April 1988 [H.v.V.].
[185] Minutes of the General Assembly Meeting of the European Ecumenical Commission for Church and Society, Strasbourg, June 2 - 4, 1988, Annex 3,

Diesen Empfehlungen folgte die sogenannte "Core Group 1992",[186] durch deren Arbeit man sich erhoffte "to teach the Churches to think 'European'". Zu diesem Zweck wurde eine große europäische Konsultation für das Jahr 1991 avisiert, deren Organisation zum Hauptanliegen jener speziellen "working and coordination group" wurde.[187] Die folgenden Planungen beinhalteten u. a. eine genaue Fixierung des Themas und die Erstellung von einführenden Texten für die Zusammenkunft, die nicht nur kirchlichen Repräsentanten sondern auch einem weiteren Teilnehmer- und Expertenkreis, z. B. aus anderen Bewegungen und Mitgliedern der europäischen Institutionen offenstehen sollte.[188] Aufgrund der neuen politischen Situation und der Perspektive der Errichtung einer - ökonomischen und politischen - Europäischen Union und der Etablierung einer europäischen Sozialcharta wurde die Thematik der Konsultation "Die neuen Herausforderungen für die Europäische Gemeinschaft" recht kurzfristig festgelegt. Die Aufteilung der einzelnen Themenbereiche wurde erstmals in der fünfzig Seiten umfassenden Sammlung der Vorbereitungsdokumente vom Juni 1991 angedeutet: "The themes would cover the political evolution of the Community, its economic and social development, environmental problems, women's issues, the Third World and East West relationships."[189] 100 Teilnehmer/innen trafen schließlich vom 3. bis 9. September 1991 bei dieser Veranstaltung in

---

Resolution: Single European Act.
[186] Bis zur EECCS-Vollversammlung 1989 tagte die Gruppe zwei Mal; Minutes of the General Assembly [of EECCS; H.-U. R.] held in Brussels, 27 - 28 September 1989, Annexe 1, Report of the President, S. 1 - 2.
[187] Minutes of the General Assembly [of EECCS; H.-U. R.] held in Brussels, 27 - 28 September 1989, S. 2 - 4.
[188] Noch bei der EECCS-Vollversammlung 1990 begnügte man sich mit eher vagen Vorgaben. Allerdings wurde das Datum der Konsultation insofern festgelegt, als sie direkt auf die nächste Vollversammlung folgen und zwei bis drei Tage umfassen sollte. Vgl. General Assembly of EECCS held in Brussels on 27 and 28 June 1990, Minutes, Chapter II., The Core Group 92, S. 1 - 2.
[189] European Ecumenical Commission for Church and Society, The new challenges of the European community, Questions from the Churches, Papers for the EECCS Consultation, Brussels, 3 - 6 September 1991 [herausgegeben im Juni 1991] [H.v.V.], S. 1 (Introduction).

Räumlichkeiten der EG-Kommission aufeinander,[190] um o. g. Fragestellungen zu erörtern. Und möglicherweise empfanden sie, wie es der Eröffnungsredner andeutete, "that we are somehow close to history itself - and not only as observers, but also as participants."[191]

Das hier erwähnte verstärkte Wirken der EECCS zeichnete sich seit Ende der 1980er Jahre ab. Während noch 1986 über die relativ geringen Möglichkeiten als "european lobby" geklagt wurde,[192] konnte zwei Jahre später behauptet werden, daß die christliche Repräsentanz im Kontext der europäischen Einrichtungen immer wichtiger werde.[193] Im Jahr 1989 konstatierte man "the sudden interest shown by the churches in 'what´s happening' in Brussels."[194] Um solchen Nachfragesituationen besser gerecht werden zu können, entschied man sich die Intensivierung der EECCS-Arbeit - auch in finanzieller und personeller Hinsicht - voranzutreiben.[195] Schließlich stieg tatsächlich das Interesse der europäischen Institutionen an der kirchlichen Arbeit, und am 5. November 1990 traf der EG-Kommissionspräsident Jacques Delors erstmals mit protestantischen Kirchenführern aus neun westeuropäischen Ländern zu einem intensiven Gedankenaustausch zusammen. Dieses auf Initiative der Kirchen von EECCS organisierte Treffen verlief sehr positiv: Delors würdigte das kirchliche Engagement

---

[190] Kurzbericht im Newsletter No. 1, February 1992, S. 3 - 4 [Informationsmedium von EECCS und den Partnerorganisationen EECOD (European Ecumenical Organisation for Development) und CEME (Churches Committee for Migrants in Europe)].
[191] Goudzwaard, Bob: Concept Key-note speech Consultation, EECCS Consultation, Brussels, September 1991 [H.v.V.], S. 1.
[192] Vgl. European Ecumenical Commission for Church and Society, Report of the chairman on the activities of the Ecumenical Commission to the meeting of EECCS, Brussels, June 11, 12, 13, 1986, S. 1 - 2 sowie European Ecumenical Commission for Church and Society, Minutes of the meeting of the European Ecumenical Commission for Church and Society, Brussels, 11 - 12 - 13 June 1986, S. 33.
[193] Minutes of the General Assembly Meeting of the European Ecumenical Commission for Church and Society, Strasbourg, June 2 - 4, 1988, Annex 1, Report of the President, S. 3.
[194] Minutes of the General Assembly [of EECCS; H.-U. R.] held in Brussels, 27 - 28 September 1989, Annexe 2, Activities Report for the period March - September 1989, S. 2.
[195] Minutes of the General Assembly [of EECCS; H.-U. R.] held in Brussels, 27 - 28 September 1989, S. 10 - 14.

und meinte u. a., "the EC lacks a heart and soul." Als Fortsetzung dieser Zusammenkunft wurden, auf seine Anregung hin, regelmäßige Treffen zwischen Vertretern der Kirchen und der EG-Kommission vereinbart.[196] Ein entsprechendes Dialogprogramm wurde schon im Frühjahr 1991 initiiert und seitdem mit halbjährlichen Treffen zu jeweils aktuellen politischen, wirtschaftlichen und sozialen Fragestellungen weitergeführt.[197] Außerdem wurde die Europäische Ökumenische Kommission für Kirche und Gesellschaft in den 1990er Jahren als Nichtregierungs-Organisation anerkannt, und ihre Mitarbeiter bekamen vermehrt die Möglichkeit, sich in Ausschüssen des Europarates und des Europäischen Parlamentes zu engagieren.[198] So konnte der damalige EECCS-Präsident, Klaus Kremkau, im Juni 1992 nicht ohne Stolz feststellen: "Den europäischen Kirchen steht jetzt mit der EECCS und den anderen ökumenischen Organisationen bei den europäischen Institutionen in Brüssel und Strassburg ein qualifiziertes und arbeitsfähiges Instrumentarium zur Verfügung. Der Bekanntheitsgrad und die Anerkennung unserer Kommission in der europäischen Ökumene und bei den europäischen Institutionen sind spürbar gewachsen."[199]

Die Wichtigkeit der Informationsarbeit steigerte sich entsprechend des Bedeutungszuwachses der Europäischen Ökumenischen Kommission für Kirche und Gesellschaft. Nach einer zeitweisen Stagnation gegen

---

[196] Draft Minutes of the meeting between church leaders and members of the Commission of the European Communities, Brussels, 5 November 1990 [H.v.V.] sowie Europäische Ökumenische Kommission für Kirche und Gesellschaft, Presseerklärung, Ein erster gemeinsamer Besuch von protestantischen und anglikanischen Kirchenführern aus 9 westeuropäischen Ländern bei der E.G.-Kommission in Brüssel fand am 5. November 1990 statt., Brüssel, November 1990 [H.v.V.].
[197] Europäische Ökumenische Kommission für Kirche und Gesellschaft, Vollversammlung - 23. / 24. September 1993, Protokoll, S. 4.
[198] European Ecumenical Commission for Church and Society, General Assembly - 24 / 26 June 1992, Minutes, S. 7 sowie Europäische Ökumenische Kommission für Kirche und Gesellschaft, Vollversammlung - 23. / 24. September 1993, Protokoll, S. 3, 12 und 13.
[199] Europäische Ökumenische Kommission für Kirche und Gesellschaft, Vollversammlung - 24. - 26. Juni 1992, Protokoll, Annexe C, Bericht des Präsidenten, S. 4.

Ende der 1980er Jahre[200] war in den 1990er Jahren durch die Schaffung des neuen Postens eines Exekutivsekretärs auch in diesem Bereich mehr Aktivität zu verzeichnen.[201] Mit den "Newsletters" konnte ab Februar 1992 ein regelmäßig erscheinendes Informationsmedium etabliert werden, welches nach und nach in größerer Auflage sowie Häufigkeit publiziert wurde. Aufgrund der verbesserten Finanzsituation war es zudem möglich mehr Dokumente und Publikationen herauszugeben als in früheren Jahren. Zudem engagierte sich der sehr aktive Exekutivsekretär Alastair Hulbert über die Informationsarbeit hinaus in anderen Bereichen der Europäischen Ökumenischen Kommission für Kirche und Gesellschaft.[202]

Weiterhin wurde seit Oktober 1993 von Mitarbeitern der EECCS im Auftrag der Europäischen Kommission eine Vielfalt von inter-religiösen Projekten koordiniert.[203] "Das Programm ist die Antwort auf die Aufforderung von Jacques Delors: Europa eine Seele geben."[204] Bei dem entsprechenden Koordinationsausschuß der Kommission der Europäischen Gemeinschaft konnte - im Rahmen des Budgets von einer Million ECU - die finanzielle Unterstützung von Projekten

---

[200] Die Informationsmitarbeiterin Anna Lubinska verließ ihren Halbzeit-Posten bei EECCS Ende 1987; die regelmäßigen Informationen des Early Warning Systems erschienen nur bis 1987; European Ecumenical Commission for Church and Society, Minutes of the meeting of the European Ecumenical Commission for Church and Society held in Brussels, June 10, 11 & 12, 1987, S. 7 - 8. Der Jahresüberblick 1987 war der letzte von insgesamt drei erschienenen Jahrgängen. Lubinskas Posten blieb bis 1991 vakant. Die einzige wirkliche Kontinuität in der Informationspolitik von EECCS und ihren Vorgängerorganisationen seit Ende der 1970er Jahre war die der Herausgabe von Broschüren zu den Europawahlen (1979, 1984, 1989, 1994).
[201] Diese Position, die von der Church of Scotland mitfinanziert war, wurde zum 01.09.1991 mit Alastair Hulbert besetzt; European Ecumenical Commission for Church and Society, General Assembly - 2 / 3 September 1991, Minutes, S. 4. Seine Vollzeit-Stelle war "that of an policies officer, charged with the task of producing material of quality, suitable for dissemination amongst the member churches on issues relating to the European Community institutions." Minutes of the General Assembly [of EECCS; H.-U. R.] held in Brussels, 27 - 28 September 1989, S. 14 (Resolution "Future prospects of EECCS").
[202] U. a. befasste er sich auch mit dem Projekt "Europa eine Seele geben" (siehe weiter unten).
[203] Europäische Ökumenische Kommission für Kirche und Gesellschaft, Vollversammlung - 20. / 22. September 1994, Bericht des Generalsekretärs, S. 9.
[204] Europäische Ökumenische Kommission für Kirche und Gesellschaft, Vollver-

beantragt werden. Die direkte Mitarbeit in diesem Gremium bedeutete für EECCS auch eine neue Form des Dialogs. Einzigartig an dem Konzept war bzw. ist jedoch die sozusagen 'supra-ökumenische' Zusammenarbeit von Christen, Juden, Muslimen und Humanisten.[205] Dieses Engagement führte zu weiteren inter-religiösen Aktivitäten: Am 21.12.1994 veranstaltete EU-Kommissionpräsident Delors kurz vor seinem Ausscheiden aus dem Amt ein Treffen mit Repräsentanten unterschiedlicher religiöser Gemeinschaften.[206] Und im Nachgang dazu organisierte der Arbeitsstab für prospektive Analysen der EU-Kommission mit Unterstützung von EECCS und der katholischen COMECE[207] eine Dialogveranstaltung mit christlichen, jüdischen und muslimischen Repräsentanten zum Thema 'Die mediterrane Gesellschaft: Auch heute eine Herausforderung für die drei Kulturen', zu der sich 41 Personen vom 4. bis 7. November 1995 in Toledo zusammenfanden.[208]

Anhand der bislang aufgezeigten Themen- und Arbeitsbereiche der Europäischen Ökumenischen Kommission für Kirche und Gesellschaft[209] läßt sich ihr relativ größerer Erfolg und ihre

---

sammlung - 4. / 6. September 1995, Bericht des Generalsekretärs, S. 9.
[205] Ebenda. Später kamen noch Hinduisten hinzu; Europäische Ökumenische Kommission für Kirche und Gesellschaft, Vollversammlung - 28. September / 1. Oktober 1996, Bericht des Generalsekretärs, S. 8. Selbst nach der EECCS-KEK-Integration wurde bzw. wird das Projekt "Europa eine Seele geben" weitergeführt.
[206] Europäische Ökumenische Kommission für Kirche und Gesellschaft, Vollversammlung - 4. / 6. September 1995, Bericht des Generalsekretärs, S. 6.
[207] = Commission des Épiscopates de la Communauté Européene, d. h. Kommission der Bischofskonferenzen der Europäischen Gemeinschaft.
[208] Europäische Ökumenische Kommission für Kirche und Gesellschaft, Vollversammlung - 28. September / 1. Oktober 1996, Bericht des Generalsekretärs, S. 6 sowie Office for Official Publications of the European Communities, Forward Studies Series, The mediterranean society, A challenge for Islam, Judaism and Christianity, Foreword by Jacques Santer, Luxembourg 1998.
[209] Sämtliche Projekte hier zu nennen, würde zu weit führen. Die Prioritäten und Funktionen waren seit 1992 sehr weit gefaßt: "1. EECCS as a go-between (...) on questions concerning: the economic dimension (...), the social dimension, bioethics and human rights (...) 2. EECCS as an analyst (...) Problems of European unity and of political treaties (...) regional disparities (...) Environmental issues (...) 3. EECCS as a communicator (...) Communicate a vision (...) the question of meaning (...) Regularly inform (...) Coordinate and circulate initiatives (...) Enliven its network of contacts.";
European Ecumenical Commission for Church and Society, General Assembly - 24 /

vergleichsweise erhöhte Effektivität, insbesondere in den 1990er Jahren, ablesen. Jedoch tauchte an ihrer Arbeitsweise auch immer wieder Kritik auf. Während der Vollversammlung 1993 äußerte sich z. B. der Repräsentant der Federazione delle Chiese Evangeliche in Italia zum Wachstum der Arbeit der EECCS in den letzten Jahren: "Der Meinungsaustausch und der Informationsfluß zwischen den Kirchen und den Institutionen der Europäischen Gemeinschaft durch die EECCS schiene gut. Wie solle man jedoch der Tatsache begegnen, daß die Kirchen selber an Einfluß zu verlieren schienen? Wie könne die Kommunikation in der Gegenrichtung, von der EECCS zurück an die Kirchen, so erfolgen, daß die Kirchen ihr Mandat in der Gesellschaft wahrnehmen könnten?"[210] Solche Befürchtungen bzgl. einer zu großen Eigenständigkeit gegenüber den Kirchen der jeweiligen Herkunftsländer tauchten immer wieder auf und waren eventuell auch ein Grund für die Umstrukturierungen der EECCS, durch welche sie schließlich als "Kommission Kirche und Gesellschaft" in die Konferenz Europäischer Kirchen übergehen sollte.

3.5. Integration der EECCS in die Konferenz Europäischer Kirchen (KEK)

Bereits bei der Gründung des Beratenden Ausschusses der Kirchen, des ersten Zusammenschlusses von Vertretern nicht-katholischer Kirchen aus Ländern der Europäischen Gemeinschaften, gegen Ende des Jahres 1964, wurde die nahe Beziehung zur Konferenz Europäischer Kirchen (KEK) deutlich.[211] Letztere hatte die Entstehung

---

26 June 1992, Minutes, Annex F, Resolution on the priorities of EECCS approved by the General Assembly of EECCS held in Strasbourg from 24 to 26 June 1992, S. 1 - 2. Außerdem sind einige Teile der EECCS-Arbeit auch nach ihrem Übergang in die Konferenz Europäischer Kirchen (KEK) noch nicht abgeschlossen.
[210] Europäische Ökumenische Kommission für Kirche & Gesellschaft, Vollversammlung - 23. / 24. September 1993, Protokoll, S. 1.
[211] Konferenz Europäischer Kirchen, Nyborg IV, Die Protestantische Ökumenische Gruppe in Brüssel und die weiteren Aussichten für ihre Tätigkeit, Vorlage an die Kirchen in den europäischen Ländern und insbesondere in den Mitgliedsstaaten der europäischen Gemeinschaften und im Vereinigten Königreich, Brüssel, im Juni 1964 sowie Interview mit Dr. Helmut von Verschuer, Nentershausen, 28.08.1997;

einer solchen Organisation in Brüssel gefördert, denn "die protestantischen Kirchen traten bisher im Rahmen der Europäischen Gemeinschaften nicht in Erscheinung."[212] Als eine der Aufgaben des ständigen Beauftragten in Brüssel wurde von Anfang an die Einrichtung und Aufrechterhaltung regulärer Kontakte mit anderen ökumenischen Organisationen definiert,[213] wobei KEK stets von großer Wichtigkeit war.[214] Seit der allmählichen Etablierung des Beratenden Ausschusses gegen Ende der 1960er Jahre ging es dabei auch vermehrt um Kooperation und Koordination der verschiedenen Aufgaben.[215] Vor allem waren die unterschiedlichen Kompetenzen zu beachten: Die Konferenz Europäischer Kirchen war immer gesamt-europäisch ausgerichtet, und auch in der Zeit des Kalten Krieges ist es ihr gelungen die Kirchen Osteuropas zu integrieren. Die Kirchenvertretung in Brüssel befaßte sich hauptsächlich mit der Arbeit der EG-Organe. Überschneidungen der Arbeitsbereiche sollten möglichst vermieden werden, und die inoffiziellen Verbindungen zu osteuropäischen Kirchen, denen man z. B. die eigenen Positionen und Kritikpunkte an der

---

demzufolge hatte die Konferenz Europäischer Kirchen während ihrer IV. Vollversammlung in Nyborg indirekt ihre Unterstützung für obiges Projekt zugesagt.
[212] Entwurf des Ergebnisprotokolls der ersten Zusammenkunft von Vertretern der Räte der protestantischen und anglikanischen Kirchen in den Mitgliedsstaaten der Europäischen Gemeinschaften und in Großbritannien als "Beratender Ausschuß der Kirchen für die Europäischen Gemeinschaften" am 19. November 1964 in Brüssel; Brüssel, Ende November 1964, S. 2; demgegenüber stand der Heilige Stuhl zu diesem Zeitpunkt bereits in Verhandlungen mit den Europäischen Gemeinschaften über die Akkreditierung eines Apostolischen Nuntius (a.a.O., S. 1).
[213] Entwurf des Ergebnisprotokolls der vierten Zusammenkunft des "Beratenden Ausschusses der Kirchen für die Europäischen Gemeinschaften" (Konferenzsaal des Benelux-Generalsekretariats, 39 rue de la Régence) am 26. September 1966, 9.30 Uhr; Brüssel, den 12. Dezember 1966.
[214] In nahezu allen Sitzungsprotokollen der EECCS und ihrer Vorgängerorganisationen wurde die KEK in einem solchen Kontext erwähnt; bereits in seinem ersten Arbeitsbericht aus dem Jahr 1967 spricht Marc Lenders von derartigen Verbindungen; vgl. Eindrücke von einigen Teilgebieten der Arbeit des Ökumenischen Zentrums, Marc Lenders, Mai 1967 [auch: EZA].
[215] Seit 1973 wurde die Koordination der Arbeit mit anderen kirchlichen Organisationen (KEK, WCC, u. a.) als eine der "Orientierungen und Prioritäten" genannt. (Vgl. Entwurf der auf der Sitzung des Exekutivausschusses vom 9. November aufgestellt worden ist, um der Kommission von Kirchen bei den Europäischen Gemeinschaften am 14. und 15. Dezember 1973 vorgestellt zu werden, Ökumenisches Zentrum für Kirche und Gesellschaft, Orientierungen und Prioritäten, S. 3).

Europäischen Gemeinschaft verdeutlichen wollte, wurden durch KEK-Kontakte hergestellt.[216] Mitte der 1970er Jahre wurde es anscheinend immer wichtiger, die jeweiligen Zuständigkeiten genau zu definieren, um Doppelarbeit zu vermeiden. Dabei ging es der Kommission von Kirchen vor allem um die Wahrung der eigenen Positionen und Betätigungsfelder, jedoch hegte sie keine weitergehenden Ambitionen. Gerüchte über die Schaffung eines "Ökumenischen Rates der westeuropäischen Kirchen" - als angebliche Konkurrenz zur KEK oder gar zum WCC - konnten als haltlos zurückgewiesen werden.[217] Man betonte aber, daß die Vertretung in Brüssel keinesfalls eine Untergruppe der KEK sei, sondern eine eigenständige Kommission.[218] Solchen Abgrenzungstendenzen im Kontext der Konstitutierung als "Ökumenische Kommission für Kirche und Gesellschaft in den Europäischen Gemeinschaft" (= ECCSEC, ab Ende 1979) wurde jedoch in der eigenen Satzung ein genau gefaßter Rahmen gesetzt, durch den Passus (Artikel 10, Absatz 2), daß bei einer eventuellen Auflösung dieser Vereinigung das verbleibende Nettovermögen der Konferenz Europäischer Kirchen zu übergeben sei.[219] Zu erneuten Irritationen im Verhältnis zur KEK führten die Vorbereitungen und die schließliche Durchführung der Western European Conference of Churches, welche vom 08. bis 12. Oktober 1982 in Interlaken / Schweiz stattfand, wo nicht-katholische Kirchendelegierte aus Mitgliedsländern des Europarates zusammentrafen. Diese debattierten u. a. die bereits seit

---

[216] Vgl. Sitzung des Exekutivausschusses am 13. September 1973 in Brüssel, Vorschläge, Schlussfolgerungen und Entscheidungen der Sitzung, S. 2; die Kommission von Kirchen sah ihre Berufung in einer kritischen "Überwachung der europäischen Integration" und vertrat demzufolge keineswegs immer pro-westliche Ansichten.
[217] Vgl. Protokoll der Sitzung der Kommission von Kirchen bei den Europäischen Gemeinschaften, die am Freitag, den 06. Februar [1976; Datierung anhand des Kontextes!] in Brüssel abgehalten wurde [auch: EZA].
[218] Vgl. Kommission von Kirchen bei den Europäischen Gemeinschaften, Protokoll der Sitzung vom 14. und 15. Dezember 1978 in Brüssel [auch: EZA].
[219] Siehe Kommission von Kirchen bei den Europäischen Gemeinschaften, Protokoll der Sitzung vom 21. und 22. Juni [1979; Datierung anhand des Kontextes] in Brüssel [auch: EZA].

Ende der 1970er Jahre[220] angeregte Erweiterung des ECCSEC-Mandates auf ganz Westeuropa und bewerteten die entsprechenden Vorschläge schließlich positiv.[221] Die dafür notwendigen Verfassungsänderungen wurden bei der übernächsten Brüsseler Vollversammlung im Juni 1983 beschlossen,[222] wobei man wiederum besonders darauf achtete, einen Affront gegenüber der Konferenz Europäischer Kirchen sowie ihrer osteuropäischen Mitgliedskirchen zu vermeiden. "The President [of ECCSEC; H.-U. R.] referred to the very specific significance of the Conference of European Churches, something about which there could be no doubt since Europe was larger than Western Europe alone. He pointed out that the Ecumenical Commission had no wish whatsoever to alter either its status as ecclesiastical commission nor its limitation to the issues of Church and Society."[223] Und auch während der weiteren Vorbereitungen zur Erweiterung der ECCSEC bzw. der schließlichen Gründung der EECCS (offiziell: 1985) war man um ein gutes Klima gegenüber der gesamt-europäischen Kirchenversammlung bemüht: "There was need for a debate which would take into account the present situation of Europe in general. (...) Moreover, any discussion should take into account the existence of the CEC. He took up the proposal that there should be a meeting between representatives of the ECCSEC and the CEC. Such a discussion would deal with a redefinition of the presence of the churches in the face of the institutional situations which have developed in Europe after the second world war, and would of necessity bring with it structural implications. There was need for greater co-ordination of work and recognition of the specificity of each point of liaison. Moreover

---

[220] Vgl. Kommission von Kirchen bei den Europäischen Gemeinschaften, Protokoll der Sitzung vom 14. und 15. Dezember 1978 in Brüssel [auch: EZA].
[221] Ecumenical Commission for Church and Society in the European Community, Minutes of the Meeting of the Ecumenical Commission for Church and Society in the European Community - Brussels, January 20 / 21, 1983 [auch: EZA], S. 1.
[222] Ecumenical Commission for Church and Society in the European Community, Minutes of the Meeting of the Ecumenical Commission for Church and Society in the European Community, Brussels, 16 / 17th June 1983 [auch: EZA], S. 4.
[223] A.a.O., S. 2.

there was the whole issue of relationships with other organisations. But last not least there were the financial implications."[224] Diese Bemühungen um Offenheit hatten kurzfristig großen Erfolg: "Mr. Black [British Council of Churches; H.-U.R.] wished to know what changes had taken place within the churches of Eastern Europe in the light of the enlargement. Mr. Jornod [Fédération des Eglises Protestantes de la Suisse; H.-U.R.] explained that in the course of the last meeting of the Executive Committee of the CEC he and Bishop Rodger had, at the request of the General Secretary of the CEC, circulated a document. It would seem that this document had help [sic!] calm certain fears."[225] Längerfristig wurde es jedoch als notwendig angesehen die EECCS-KEK-Zusammenarbeit in einem klar bestimmten Rahmen zu etablieren. "We must avoid a double trap: covering the same ground or - just as bad - doing our own thing, acting on our own without being aware of or taking account of what others are doing. We have to plan our route: get to know, trust and be trusted by our travelling companions, be aware of the terrain to be crossed and have a vision to follow."[226]

"The Executive Committee proposes the following motion: (...) EECCS recalls that it has always been open to dialogue and cooperation with the CEC. EECCS feels that this cooperation could be carried out:

1) at the level of structures

1.1. with the participation of the CEC to EECCS plenary meetings;

1.2. with the possible participation of representatives of Churches from Eastern countries to its plenary meetings. (...)

1.3. with the participation of the EECCS to CEC meetings.

---

[224] Zitat von André Appel, Conférence des Eglises Riveraines du Rhin, in: Ecumenical Commission for Church and Society in the European Community, Minutes of the Meeting of the European Ecumenical Commission for Church and Society in the European Community, Brussels, January 19th / 20th, 1984 [auch: EZA], S. 2.

[225] European Ecumenical Commission for Church and Society, Minutes of the Meeting of the European Ecumenical Commission, Brussels, 21 / 22 June, 1984 [auch: EZA], S. 1.

[226] European Ecumenical Commission for Church and Society, Minutes of the Meeting of the European Ecumenical Commission for Church and Society held in Brussels, June 10, 11 & 12, 1987, Annex 1, President's Report on EECCS Activities 1986 - 87, S. 2.

1.4. EECCS expresses the wish that the revision of CEC's constitution will be taken as an opportunity to come to a clear definition of the status such church bodies as EECCS may have within the CEC.

2) at the level of staff
with regular meetings between the staff of both organisations.

3) at the level of programmes

3.1. mutual information and possible coordination of ongoing and planned projects."[227]

Die nun klar geregelten Verhältnisse zwischen EECCS und KEK ermöglichen eine schnelle Reaktion auf die, durch die Umwälzungen in Osteuropa entstandene, neue Situation. Die engere Zusammenarbeit zwischen den Organisationen und der Prozeß der grundsätzlichen Neubewertung der Beziehungen erfolgten nur schneller als zuvor erwartet: "The following resolution was passed unanimously by all voting members of EECCS: (...)

The General Assemby asks the Executive Committee to
- develop further the co-operation with CEC, especially on the staff level;
- ensure that the monitoring by CEC of the developments in the European institutions be done in close co-operation with the EECCS officers in Brussels and Strasbourg
- follow up the developments in the Council of Europe and the European Community within Europe as a whole, in order to explore future possibilities of a structural liaison between CEC and EECCS, and keep the General Assembly informed."[228]

---

[227] European Ecumenical Commission for Church and Society, Minutes of the Meeting of the European Ecumenical Commission for Church and Society held in Brussels, June 10, 11 & 12, 1987, Annex 2, Proposal: Relations with the CEC [Hervorhebungen wie im Originaltext]. Dieser vorgeschlagene Text wurde von der EECCS-Vollversammlung diskutiert und schließlich angenommen; siehe European Ecumenical Commission for Church and Society, Minutes of the Meeting of the European Ecumenical Commission for Church and Society held in Brussels, June 10, 11 & 12, 1987, S. 9.
[228] General Assembly of EECCS held in Brussels on 27 and 28 June 1990, Minutes,

Der bei der EECCS-Vollversammlung im Juni 1990 anwesende KEK-Generalsekretär sprach aufgrund letzterer Resolution bereits von einer 'Verlobung' der beiden Organisationen: "Jean Fischer declared that if we did not know yet if the time was mature to speak of a marriage, the two organisations were 'engaged'. He recalled that the same churches who decided to found EECCS had also decided to found CEC. At some time the question of the relationship between the two organisations would have to be put to the churches."[229] Ende September 1991 wurde eine gemeinsame Arbeitsgruppe von EECCS und KEK eingerichtet, um bzgl. ihrer zukünftigen Zusammenarbeit 'detaillierte organisatorische Optionen' und 'Modelle einer strukturellen Verbindung' zu konzipieren.[230] Die erarbeiteten Vorschläge "EECCS als assoziierte Organisation bei der KEK" und "EECCS als KEK-Kommission mit Sonderstatus"[231] wurden bei der Vollversammlung im Juni 1992 in Straßburg unter dem Motto des WCC-Gründers Visser t'Hooft "The world is too strong for a divided church" ausführlich diskutiert; und schließlich entschied man sich für das Assoziierungs-Modell, wobei einige Delegierte dieses als ersten Schritt in Richtung einer noch weitergehenden Annäherung begriffen.[232] Im März 1993 erhielt EECCS die Anerkennung als assoziierte Organisation bei der KEK, als eine der ersten Vereinigungen überhaupt, zumal die dafür notwendigen Verfassungsänderungen erst bei der Vollversammlung der Konferenz Europäischer Kirchen in Herbst 1992 beschlossen worden waren.[233] Ebenso nahm die Europäische Ökumenische Kommission für Kirche und Gesellschaft im September 1993 einige Änderungen in ihrer

---

Chapter IV, S. 3 [Hervorhebungen wie im Originaltext].
[229] A.a.O., S. 2.
[230] Vgl. European Ecumenical Commission for Church and Society, General Assembly - 2 / 3 September 1991, Annex C, Bericht des Präsidenten, S. 22.
[231] Vgl. Verschuer, Helmut von: **Betrifft:** Rollenverteilung und Zusammenarbeit zwischen der Konferenz Europäischer Kirchen (KEK) und der Europäischen Ökumenischen Kommission für Kirche und Gesellschaft (EECCS), Nentershausen, Anfang März 1992 [H.v.V.].
[232] European Ecumenical Commission for Church and Society, General Assembly - 24 / 26 June 1992, Minutes, S. 1 - 4.
[233] Europäische Ökumenische Kommission für Kirche und Gesellschaft,

Satzung und in der Geschäftsordnung für den Straßburger Beirat vor, zu denen sie sich vor allem aufgrund der politischen Umwälzungen in Europa und des - daraus resultierenden - neuen Status in den Beziehungen zur KEK veranlaßt sah.[234] In den nächsten zwei Jahren verlief die Kooperation der beiden Organisationen in den vorgegebenen Bahnen, unter anderem bezüglich des Europaratengagements. So konnte z. B. eine Kontinuität in der kirchlichen Vertretung im Verbindungsausschuß der Nichtregierungsorganisationen beim Europarat dadurch erreicht werden, daß KEK sich erst um die Mitgliedschaft in diesem in Bildungsfragen einflußreichen Gremium erfolgreich bewarb, als das sechsjährige Mandat der EECCS im Januar 1994 abgelaufen war.[235] Auf der Brüsseler Vollversammlung im September 1994 wurde auch über die bisherigen und zukünftigen Arbeitsweisen der Europäischen Ökumenischen Kommission diskutiert: Einige Delegierte meinten eine Überlastung der EECCS konstatieren zu können und wollten vermeiden, daß letztere weiterhin "die ganze Last der Darstellung der Kirchen gegenüber den Institutionen zu tragen hätte." Man fragte sich, ob sie in Zukunft eher die Arbeit koordinieren solle, statt selber zu organisieren. Und es wurde angeregt, daß sie sich "stärker darauf konzentrieren solle, den Kirchen dabei zu helfen, europäischer zu werden." Diese Überlegungen führten dazu, über eine engere Kooperation mit der KEK erneut verstärkt nachzudenken.[236]

Vollversammlung - 23. / 24. September 1993, Bericht des Generalsekretärs, S. 17.
[234] U. a. wurden damit der Konferenz Europäischer Kirchen vier stimmberechtigte Vertreter in der EECCS-Vollversammlung und ein solcher im EECCS-Exekutivausschuß zugestanden. Vgl. Europäische Ökumenische Kommission für Kirche und Gesellschaft, Vollversammlung - 23. / 24. September 1993, Änderungen der Konstitution der EECCS vorgeschlagen durch den Exekutivausschuß sowie Protokoll, S. 5 ff.
[235] Vgl. Europäische Ökumenische Kommission für Kirche und Gesellschaft, Vollversammlung - 20. / 22. September 1994, Bericht des Generalsekretärs, S. 4. Trotz dieser positiven Entwicklung mußte der EECCS-Generalsekretär Keith Jenkins jedoch feststellen, daß weder EECCS noch KEK jemals den gleichen Status gegenüber dem Europarat erreichen könnten wie der Heilige Stuhl bzw. der Vatikan-Staat (ebenda).
[236] Europäische Ökumenische Kommission für Kirche und Gesellschaft, Vollversammlung - 20. / 22. September 1994, Protokoll der Vollversammlung 1994, S. 3 - 4 sowie Bericht des Generalsekretärs, S. 10.

Nach internen Reflexionen u. a. im Exekutivausschuß wurde 1995 "eine kleine Arbeitsgruppe gebildet, die sich mit der zukünftigen Struktur der Arbeit mit der Konferenz Europäischer Kirchen, mit anderen kirchlichen Büros in Brüssel und Straßburg und den anderen ökumenischen Organisationen im Ökumenischen Zentrum kritisch auseinandersetzen soll. Die Gruppe ist auch gebeten worden, sich über eine EECCS-Charta Gedanken zu machen, in der die theologische Grundlage der Arbeit der EECCS und ihre Identität niedergelegt werden soll. (...) Was diese Gruppe erarbeitet, soll dem Exekutivausschuß als Ausgangsbasis für die Vorbereitung anschließender Gespräche mit KEK und anderen Organisationen dienen."[237] Und während der EECCS-Vollversammlung Ende September / Anfang Oktober 1996 wurde der Integrationsprozeß zwischen EECCS und KEK tatsächlich thematisiert. Anders als noch vor vier oder fünf Jahren glaubte man, daß nun der richtige Zeitpunkt dafür gekommen sei. Die Veränderungen der letzten Jahre in der politischen Landschaft, vor allem bezüglich des Europarates,[238] dem jetzt praktisch alle osteuropäischen Länder angehörten und sogar Rußland beitreten wollte, und der damit einhergehende Wandel der Beziehungen zwischen KEK und den politischen Einrichtungen, machten es notwendig, generell über das Verhältnis der Kirchen zu den europäischen Institutionen neu nachzudenken.[239] "In den letzten zwölf Monaten hätten sich die Dinge ziemlich zügig weiterentwickelt. Der Exekutivausschuß der EECCS und der Zentralausschuß der KEK hätten gleichzeitig aber unabhängig voneinander entschieden, daß die Zeit jetzt für eine Wiederaufnahme der Gespräche reif sei. Zu Beginn des Jahres 1996 habe das Präsidium [der KEK; H.-U. R.] eine Delegation der EECCS zu seinem Treffen in Bukarest eingeladen, wo

---

[237] Europäische Ökumenische Kommission für Kirche und Gesellschaft, Vollversammlung - 4. / 6. September 1995, Die Aufgaben der EECCS für den Zeitraum 1996 - 1998, S. 8 sowie Bericht des Generalsekretärs, S. 19.
[238] Durch die Ausweitung des Europarates wurde indirekt auch das Mandat der EECCS auf ganz Europa erweitert.
[239] Europäische Ökumenische Kommission für Kirche und Gesellschaft, Vollversammlung - 28. September / 1. Oktober 1996, Protokoll der Vollversammlung, S. 14 [Einführung des Generalsekretärs Keith Jenkins im Namen des Exekutivkomitees].

die Pläne für den Neubeginn der Gespräche gefaßt worden wären. Eine aus sechs Personen bestehende Gruppe aus beiden Organisationen habe sich im Februar in Paris getroffen, um mit der Arbeit zu beginnen."[240] Bei diesem und weiteren Treffen wurde ein gemeinsames Paper "für den Prozeß der Integration von EECCS und KEK (...) 'zum Aufbau einer neuen Körperschaft sowohl im Dienste der Kirchen als auch einer erfolgreichen Integration Europas'"[241] entworfen, welches der KEK-Zentralausschuß anschließend - nach Rücksprache mit dem EECCS-Exekutivausschuß - nochmals verbesserte. "Auf der Grundlage des überarbeiteten Dokuments ergeht vom Zentralausschuß der KEK das Angebot an EECCS 'zusammen mit den Bereichen von KEK, die sich mit Fragen von Kirche und Gesellschaft beschäftigen, die neue Kommission für Kirche und Gesellschaft der Konferenz Europäischer Kirchen zu bilden.' Das vollständige Dokument wird bei der Vollversammlung zur Diskussion vorliegen. Es ist beabsichtigt, dieses Dokument nach der Vollversammlung den Mitgliedern von EECCS und KEK mit der Bitte um Stellungnahme und Empfehlungen zu übersenden."[242] Neben einer Präambel mit theologischen Anklängen (mit welcher man der Forderung nach einer theologischen Charta entgegenzukommen versuchte) und einem historischen Überblick, der auch die Beschreibung der Integrationsentwicklungen bis zum Sommer 1996 umfaßte, enthielt der Text "KEK und EECCS - Der Integrationsprozeß"[243] folgenden Vorschlag zur Verfahrensweise: "Die Integration von EECCS in die größere Einhheit [sic!], die die KEK darstellt, scheint uns möglich und wünschenswert. Dennoch ist es wesentlich, die Kontinuität, Identität und Besonderheit der Arbeit der EECCS gegenüber den europäischen Institutionen in Brüssel und

---

[240] Ebenda.
[241] Europäische Ökumenische Kommission für Kirche und Gesellschaft, Vollversammlung - 28. September / 1. Oktober 1996, Bericht des Generalsekretärs, S. 21.
[242] Ebenda.
[243] Konferenz Europäischer Kirchen (KEK) / Europäische Ökumenische Kommission für Kirche und Gesellschaft (EECCS), KEK und EECCS - Der Integrationsprozeß [Anlage 7 bei der EECCS-Vollversammlung vom 28. September bis 1. Oktober 1996].

Strassburg und die Kontinuität, Identität und Besonderheit der Arbeit von KEK gegenüber der OSCE und den Vereinten Nationen zu wahren, und die Notwendigkeit zu berücksichtigen, die von der KEK im Bereich von Kirche und Gesellschaft ausgeübte Tätigkeit fortzusetzen."[244] Außerdem umfaßte das Dokument die für EECCS und KEK bei der Integration relevanten Verfassungsfragen und die Aufgaben der neu entstehenden KEK-Kommission: "Das Mandat der Kommission Kirche und Gesellschaft würde drei Elemente enthalten:

(a) die Untersuchung und Prüfung von Problemen in Kirche und Gesellschaft aus der Sicht der Sozialethik, so wie sie von EECCS und KEK bisher behandelt wurden (z. B. Frieden, Gerechtigkeit und Bewahrung der Schöpfung, Versöhnung, Kirche und politische Macht);

(b) die Begleitung der europäischen Institutionen (...) bei der Behandlung von Themen wie: der Prozeß der europäischen Integration, Demokratisierung, Errichtung des Rechtsstaates, Menschenrechte und Fragen der Minderheiten, die europäische Sicherheit, wirtschaftliche und soziale Fragen, Umwelt;

(c) die Übernahme von besonderen Verantwortungen der in den Mitgliedskirchen [sic!] der Europäischen Union etablierten Kirchen bei internen politischen Entscheidungen der Union. Diese Übbernahme [sic!] von Verantwortung würde sich in öffentlichen Stellungnahmen niederschlagen."[245]

Weiterhin wurden in dem Dokument die Strukturen dieser zukünftigen Kommission (Zusammensetzung, Mitglieder, Versammlungshäufigkeit, weitere Aufgaben und Prioritäten), die Zeitplanung der Integration (bis Oktober 1996: grundsätzliche Entscheidungen bzgl. des Prozesses; bis Oktober 1997: endgültiger Beschluß für oder gegen die Integration; Ende 1998 / Anfang 1999: Vollendung der Integration) sowie Finanz-

---

[244] A.a.O., S. 4.
[245] A.a.O., S. 5 sowie Noll, Rüdiger: Europäische Einigung einmal anders, S. 71, in: Una Sancta, Zeitschrift für ökumenische Begegnung, Band 1 / 1999, 54. Jahrgang, Meitingen 1999, S. 68 - 72.

und Verwaltungsfragen abgehandelt.[246] Dieser Text und generelle Fragen zur weiteren EECCS-KEK-Beziehung wurden im Plenum ausführlich diskutiert: Dabei ging es zum Teil um die Frage nach den tatsächlichen Motiven für die geplanten Umstrukturierungen. Daß der europäische Wandel wirklich das Hauptmotiv war, wurde von einigen Delegierten bezweifelt. Ob aber bei denjenigen Mitgliedskirchen von EECCS und KEK, die eine Integration schon seit geraumer Zeit gefordert hatten, finanzielle Gründe eine große Rolle gespielt hatten, war nicht eindeutig zu belegen.[247] Zwar kamen mögliche Spareffekte auch in den Vollversammlungen 1997 und 1998 zur Sprache, jedoch wurde ihnen keine zentrale Bedeutung beigemessen.[248] Eine sehr wichtige Frage war die bezüglich der künftigen Rolle der Kirchenräte, also der Zusammenschlüsse verschiedener Konfessionen und konfessioneller Gruppen der einzelnen Mitgliedsstaaten. Diese kirchlichen Dachverbände, die auch katholische Landeskirchen mit einbeziehen konnten, waren in EECCS als Vollmitglieder vertreten (z. B. Kirchenräte der Niederlande, Großbritanniens und Irlands). In KEK konnten sie sich jedoch nur als beratende oder assoziierte Mitglieder oder als einzelne Mitgliedskirchen registrieren lassen. Und den katholischen Länderkirchen wurde letztere Möglichkeit, vor allem seitens des Vatikans, nicht gewährt. Somit befürchteten die Kirchenräte einen Verlust der ökumenischen Identität bei der Transformation der EECCS in eine Untergruppe der KEK. Durch verschiedene Klauseln und Bedingungen in den Integrationsbeschlüssen, u. a. bzgl. weiterer Mitarbeitsmöglichkeiten in Arbeitsgruppen und der neuen Kommission

---

[246] A.a.O., S. 5 - 6.
[247] Europäische Ökumenische Kommission für Kirche und Gesellschaft, Vollversammlung - 28. September / 1. Oktober 1996, Protokoll der Vollversammlung, S. 18 f.
[248] Europäische Ökumenische Kommission für Kirche und Gesellschaft, Vollversammlung - 13. / 16. September 1997, Protokoll der 1997 Vollversammlung, S. 3 - 4 sowie EECCS-Vollversammlung 1998 [Notizen des Verfassers]. Auch Rüdiger Noll mißt den allgemeinen Synergieeffekten größere Bedeutung zu als der Finanzfrage; Noll, Rüdiger: Europäische Einigung einmal anders, S. 71, in: Una Sancta, Zeitschrift für ökumenische Begegnung, Band 1 / 1999, 54. Jahrgang, Meitingen 1999, S. 68 - 72.

selbst, wurde versucht, diesen Bedenken entgegenzuwirken.[249] Das Problem kam jedoch auch während der Vollversammlungen der EECCS im Herbst 1997 und 1998 erneut zur Sprache, ohne daß man zu einer für alle Seiten befriedigenden Lösung gelangte.[250] Eine weitere Komplikation im Integrationsprozeß war die der künftigen Rechtsform. EECCS mußte "sichergehen, daß durch die Aufgabe ihres Status als internationale Non-Profit-Organisation nach belgischem Recht keine Probleme entstehen würden."[251] Außerdem war es wichtig zu klären, auf welcher Grundlage die Büros in Brüssel und Straßburg weitergeführt werden könnten. Um diese juristischen Fragen und andere Problemstellungen genauer zu klären, wurde vorgeschlagen einen gemeinsamen Verwaltungs-, Rechts- und Finanzausschuß von EECCS und KEK zur weiteren Vorbereitung der Einzelheiten des Prozesses zu bilden.[252]

All diese Diskussionspunkte und Anmerkungen bzgl. des Dokumentes "KEK und EECCS - Der Integrationsprozeß" wurden in einer Resolution zusammengefaßt, welche schließlich ohne Gegenstimmen von der Vollversammlung angenommen wurde.[253] Deren zentrale Aussage war: "Die Vollversammlung der EECCS nimmt das vorliegende Dokument 'KEK und EECCS - Der Integrationsprozeß' entgegen."[254] Dadurch wurde der Prozeß des Zusammenwachsens der beiden Organisationen sanktioniert; eine endgültige Entscheidung wurde jedoch erst ein Jahr

---

[249] Europäische Ökumenische Kommission für Kirche und Gesellschaft, Vollversammlung - 28. September / 1. Oktober 1996, Protokoll der Vollversammlung, S. 15 ff.
[250] Europäische Ökumenische Kommission für Kirche und Gesellschaft, Vollversammlung - 13. / 16. September 1997, Protokoll der 1997 Vollversammlung, S. 3 - 4 sowie EECCS-Vollversammlung 1998 [Notizen des Verfassers]. Mit einer speziellen Resolution, die erst während der Vollversammlung 1998 zusätzlich formuliert wurde, wiesen die EECCS-Delegierten nochmals auf die Problematik hin und wollten die KEK dafür sensibilisieren (European Ecumenical Commission for Church and Society, 11. - 14. September 1998, Draft Resolution on Consultative Members).
[251] Europäische Ökumenische Kommission für Kirche und Gesellschaft, Vollversammlung - 28. September / 1. Oktober 1996, Protokoll der Vollversammlung, S. 19.
[252] A.a.O., S. 22 - 24.
[253] A.a.O., S. 23.
[254] Ebenda sowie Europäische Ökumenische Kommission für Kirche und Gesellschaft, Vollversammlung - 28. September / 1. Oktober 1996, Resolution zum KEK-EECCS Integrationsprozeß verabschiedet von der EECCS-Vollversammlung.

später fällig: "Die Vollversammlung der EECCS (...) äußert seine [sic!] Zustimmung (...) auf der Vollversammlung 1997 förmlich auf die Einladung des Zentralausschusses der KEK, zusammen mit den bei der KEK bestehenden Arbeitseinheiten zu den Fragen von Kirche und Gesellschaft die neue Kommission für Kirche und Gesellschaft der KEK zu werden, zu antworten."[255] Nach einigen Diskussionen während der Zusammenkunft vom 13. bis 16. September 1997 fiel die entsprechende Antwort positiv aus.[256] Die o. g. Schwierigkeiten hatte man - vor allem durch das Engagement der Mitglieder des gemeinsamen Verwaltungs-, Rechts- und Finanzausschusses - aus dem Weg räumen können. Die Europäische Ökumenische Kommission für Kirche und Gesellschaft wurde jedoch schließlich formell nicht aufgelöst, sondern transformiert. Ihre immobilen und finanziellen Mittel sowie ihr legaler Status konnten praktisch unbeschadet fortgeführt werden, da man sich entschlossen hatte, ihre Satzung so zu modifizieren, daß ihre Rechtsfähigkeit auf die Kommission für Kirche und Gesellschaft der Konferenz Europäischer Kirchen unmittelbar übertragen wurde.[257] Selbst die Bezeichnungen wurden direkt transferiert.[258] Und der Beschluß jener Änderungen bei der Vollversammlung 1998 bildete formell den Abschluß der Integration von EECCS und KEK: "Durch eine Vereinbarung zwischen EECCS und der Konferenz Europäischer Kirchen (...) ist beschlossen worden, daß EECCS zusammen mit dem bestehenden Teil der KEK, der sich mit Fragen von Kirche und Gesellschaft befaßt, zur neuen Kommission

---

[255] Europäische Ökumenische Kommission für Kirche und Gesellschaft, Vollversammlung - 28. September / 1. Oktober 1996, Protokoll der Vollversammlung, S. 23 - 24 sowie Resolution zum KEK-EECCS Integrationsprozeß verabschiedet von der EECCS-Vollversammlung.
[256] Europäische Ökumenische Kommission für Kirche und Gesellschaft, Vollversammlung - 13. / 16. September 1997, Protokoll der 1997 Vollversammlung, S. 9.
[257] A.a.O., S. 5 sowie Europäische Ökumenische Kommission für Kirche und Gesellschaft, Vollversammlung, Vaalbeek, 11. - 14. September 1998, Jahresbericht, S. 15 - 16.
[258] Europäische Ökumenische Kommission für Kirche und Gesellschaft, Vollversammlung, Vaalbeek, 11. - 14. September 1998, Entwurf der Änderungen der Verfassung der Europäischen Ökumenischen Kommission für Kirche und Gesellschaft, S. 1 (Artikel 1.1).

Kirche und Gesellschaft der KEK würde. Diese Verfassung verleiht dieser Vereinbarung Gültigkeit."[259] Der 1989 entstandenen neuen europäischen (und globalen) Situation wurde somit von protestantischer Seite relativ schnell Rechnung getragen.[260]

---

[259] Ebenda, S. 1 (Präambel).
[260] Auf europapolitischer Ebene sind die osteuropäischen Länder bis zum heutigen Tage noch nicht in die EU integriert - dieses ist frühestens für das Jahr 2004 geplant.

4. Struktur und Konstitution von ECCSEC und EECCS

Im folgenden sollen Satzung, Organe, Mitarbeiter sowie Arbeitsgruppen der oben genannten europäischen Vereinigungen des Protestantismus vorgestellt werden. Die beiden stehen in sehr engem Zusammenhang, da EECCS aufgrund einer Umstrukturierung der ECCSEC (Erweiterung des Aufgabenbereiches auf ganz Westeuropa) entstanden ist und deren Arbeit ab 1985 weitergeführt hat.

4.1. Satzung

Die 1978 gegründete und ab Ende 1979 aktive Ökumenische Kommission für Kirche und Gesellschaft in der Europäischen Gemeinschaft (ECCSEC), die direkte Vorgängerorganisation der EECCS, war die erste eigenständige[261] Vertretung der protestantischen Kirchen in Brüssel mit eigener Satzung.[262] Jene organisatorisch - strukturelle Festlegung beinhaltete u. a.:

"Sitz und Wirkungskreis
(...) Die vorgenannte internationale Vereinigung mit religiös pädagogischem Zweck (...) hat ihren Sitz in der Agglomeration Brüssel."[263]
"Zweck
(...) Die Kommission, die keinerlei Erwerbszweck verfolgt, ist eine Emanation der Kirchen oder nationalen Räte von Kirchen in den Staaten, die die Europäischen Gemeinschaft bilden oder sich um den Beitritt zu ihr bewerben. (...) Ihr Zweck ist es, die

---

[261] Die davor seit 1964 existierenden Gruppierungen standen alle in einem direkten Abhängigkeitsverhältnis zum Ökumenischen Zentrum. Ihre Organisationsformen sollen hier nicht weiter untersucht werden, obwohl sie denen von ECCSEC bzw. EECCS teilweise ähnelten und letztere sich auch auf erstere bezogen. Vgl. Ökumenische Kommission für Kirche und Gesellschaft in der Europäischen Gemeinschaft, Satzung der Ökumenischen Kommission für Kirche und Gesellschaft in der Europäischen Gemeinschaft, 6 / 1981 [auch: EZA] (Präambel).
[262] Diese Satzung - eine überarbeitete Version eines ersten Satzungsentwurfes vom Juni 1979 - konnte erst im Juni 1981 von allen Mitgliedskirchen ratifiziert werden; man arbeitete vorher aber schon - sozusagen provisorisch - nach ihren Maßgaben.
[263] A.a.O., Artikel 1.1 und 1.2 der Satzung vom Juni 1981.

Mitgliedsorganisationen bei der Wahrnehmung ihrer Verantwortung (...) zu unterstützen und gemeinsam Zeugnis (...) Die Kommission (...) erreicht ihren Zweck, indem sie (...) spezifische Aufgaben erfüllt: (...)

a) den Austausch von Informationen, die Diskussion und die Zusammenarbeit zwischen den Kirchen in der Europäischen Gemeinschaft zu fördern;

b) Kontakte mit den wichtigsten Verantwortlichen und den Mitarbeitern der wichtigsten europäischen Institutionen zu pflegen;

c) (...) Mitgliedsorganisationen der Kommission gegenüber den europäischen Institutionen (...) zu vertreten;

d) Fragen öffentlicher Angelegenheiten zu untersuchen und (...) sich mit Informationen an die Kirchen, die europäischen Institutionen und die Regierungen sowie die öffentliche Meinung zu wenden;

e) die Meinungen der Kirchen in der Europäischen Gemeinschaft zu europäischen Fragen einzuholen und, soweit möglich, in repräsentativen Erklärungen zusammenzufassen;

f) diese Erklärungen den Kirchen und / oder europäischen Institutionen sowie den Regierungen vorzulegen und / oder sie zu veröffentlichen."[264]

"Mitglieder

(...) Die Kommission setzt sich aus vollen, assoziierten und beratenden Mitgliedern zusammen. (...) die nachstehenden Gründungsmitglieder [sind; H.-U.R.] die ersten vollen Mitglieder:

der British Council of Churches
die Church of England
die Evangelische Kirche in Deutschland
die Eglise Protestante Unie de Belgique / de Verenigde Protestantse Kerken in België
die Fédération Protestante de France
die Federazione delle Chiese Evangeliche in Italia
die Gereformeerde Kerken in Nederland
der Irish Council of Churches
der Raad van Kerken in Nederland.

---

[264] A.a.O., Artikel 2.1 bis 2.3 der Satzung vom Juni 1981.

(...) Die Vollmitgliedschaft in der Ökumenischen Kommission für Kirche und Gesellschaft in der Europäischen Gemeinschaft ist offen für Kirchen und Räte von Kirchen in den Mitgliedstaaten der Europäischen Gemeinschaft (...). Die assoziierte Mitgliedschaft ist offen für Kirchen oder Räte von Kirchen in europäischen Ländern (...). Als beratendes Mitglied können der Kommission kirchliche Organisationen, die auf europäischer Ebene arbeiten, beitreten. (...) Aufgrund eines Beschlusses der Generalversammlung können Vertreter der örtlichen Kirchengemeinden, (...) als Beobachter eingeladen werden. (...) Vertreter der römisch-katholischen Kirche, deren Tätigkeiten im Rahmen der Europäischen Gemeinschaft stattfinden, können eingeladen werden, der Kommission anzugehören, (...) nach Modalitäten, die in gegenseitigem Einverständnis festzulegen sind."[265]

"Organe
(...) sind die Generalversammlung und der Exekutivausschuß."[266]

"Sekretariat und Mitarbeiter
(...) Entsprechend (...) lässt sich der Exekutivausschuß bei der praktischen Durchführung seines Auftrags durch ein Sekretariat und geeignete Mitarbeiter unterstützen, (...). Die führenden Mitarbeiter, die, (...) vom Exekutivausschuß ernannt werden, handeln als Kollegium und werden als solches bezeichnet. Sie nehmen in beratender Eigenschaft an der Generalversammlung und den Sitzungen des Exekutivausschusses teil."[267]

"Finanzen
(...) Die Kommission beschafft sich die Mittel (...) durch Beiträge der Mitglieder, Spenden, Zuschüsse, den Verkauf von Publikationen und die Organisation von Veranstaltungen aller Art."[268]

Weiterhin beinhaltete diese erste Satzung der ECCSEC Regelungen hinsichtlich der Beziehungen zur Ökumenischen Vereinigung für Kirche

---

[265] A.a.O., Artikel 3.1 bis 3.7 der Satzung vom Juni 1981.
[266] A.a.O., Artikel 4 der Satzung vom Juni 1981; genaueres bzgl. der Organe der Kommission findet sich in dem entsprechenden Unterkapitel dieser Arbeit.
[267] A.a.O., Artikel 7.1 bis 7.2 der Satzung vom Juni 1981.

und Gesellschaft (Artikel 8), Bedingungen bzgl. einer möglichen Selbstauflösung (Artikel 10) sowie sprachliche Richtlinien (Artikel 11). Jene organisatorisch - strukturelle Festlegung blieb in ihren Grundzügen bis 1998 bestehen. Dennoch wurden im Laufe der Jahre mehrere wichtige Veränderungen vorgenommen. So wurde 1983 eine Erweiterung des Arbeitsbereiches auf ganz Westeuropa beschlossen, inklusive der möglichen Etablierung eines zweiten Büros - in Straßburg:

"Enlargement of the Ecumenical Commission

(...) The proposed amendments to the Constitution covered:
- the inclusion of the Council of Europe in the activities of the Ecumenical Commission;
- the extension of membership of the Ecumenical Commission to all churches in member states of the Council of Europe;
- (...) mention of Finland (...) not a member of the Council of Europe;
- the possibility of setting up a secretariat (...) in Strasbourg."[269]

Als Folge dieser Modifikationen änderte die Ökumenische Kommission für Kirche und Gesellschaft in der Europäischen Gemeinschaft (ECCSEC) ein Jahr später auch ihren Namen in Europäische Ökumenische Kommission für Kirche und Gesellschaft (EECCS).[270]

Weitere Änderungen betrafen die assoziierte Mitgliedschaft, welche man 1985 ersatzlos abschaffte,[271] und das Verhältnis zur Konferenz Europäischer Kirchen, das in den 1990er Jahren intensiviert wurde:

"Präambel: Ändere wie folgt (Veränderungen kursiv)

---

[268] A.a.O., Artikel 9.1 der Satzung vom Juni 1981.
[269] Ecumenical Commission for Church and Society in the European Community, Minutes of the Meeting of the Ecumenical Commission for Church and Society in the European Community, Brussels, 16 / 17th June 1983 [auch: EZA], S. 3 - 4. Diese Satzungsänderungen betreffen die Präambel sowie die Artikel 1.2, 2, 3.4, 3.7; das Straßburg-Sekretariat der EECCS konnte 1986 offiziell eröffnet werden.
[270] European Ecumenical Commission for Church and Society, Minutes of the Meeting of the European Ecumenical Commission, Brussels, 21 / 22 June, 1984 [auch: EZA], S. 10; formell galt dieser Beschluß ab 1985.
[271] Vgl. u. a. European Ecumenical Commission for Church and Society, Minutes of the Meeting of the European Ecumenical Commission for Church and Society - Brussels - 25 / 26 September 1985 [auch: EZA], S. 4 - 5; gestrichen wurde der Artikel 3.4 der Satzung.

Diese Satzung ist Ausdruck der fortdauernden Absicht der Mitglieder der Europäischen Ökumenischen Kommission für Kirche und Gesellschaft in allen Fragen, die das Verhältnis von Kirche und Gesellschaft betreffen und *in Zusammenhang mit den europäischen Institutionen stehen,* in ökumenischem Geiste zusammenzuarbeiten. (...) *Die europäische Ökumenische Kommission für Kirche und Gesellschaft ist bestrebt, eng mit der Konferenz Europäischer Kirchen (KEK) zusammenzuarbeiten, die sie als eine gesamteuropäische ökumenische Gemeinschaft von Kirchen anerkennt mit dem verbindlichen Auftrag, eine allgemeine Strategie (...) zu entwickeln.*"[272] Formell existiert die Satzung der Europäischen Ökumenischen Kommission für Kirche und Gesellschaft - in stark modifizierter Form - sogar bis zum heutigen Tage weiter, da die Integration der EECCS in die KEK nicht durch eine Auflösung der ersteren sondern ausschließlich durch entsprechende Satzungsänderungen erreicht wurde.[273]

4.2. Organe

Die wichtigsten Entscheidungsorgane der ECCSEC bzw. der EECCS werden im folgenden vorgestellt. Zu diesen wird hier neben Generalversammlung und Exekutivausschuß auch der Straßburger Beirat gezählt, obwohl er über mehrere Jahre nur als 'groupe d'accompagnement' angesehen wurde und es sich bei ihm formell erst ab 1993 um einen ständigen Ausschuß der EECCS handelte.

---

[272] Europäische Ökumenische Kommission für Kirche und Gesellschaft, Vollversammlung -23. / 24. September 1993, Änderung der Konstitution der EECCS vorgeschlagen durch den Exekutivausschuß. Die Zuständigkeit der EECCS wurde durch die erstgenannte Änderung in der Präambel klar auf die europäischen Institutionen eingegrenzt, auch wenn ihr Arbeitsbereich nun auf Gesamteuropa erweitert war. Außerdem hat man der KEK ein größeres Stimmrecht in den Vollversammlungen der EECCS eingeräumt; und im Gegenzug erhielt EECCS den Status einer assoziierten Organisation bei der KEK.
[273] Vgl. Europäische Ökumenische Kommission für Kirche und Gesellschaft, Vollversammlung, Vaalbeek, 11.- 14. September 1998, Entwurf der Änderungen der Verfassung der Europäischen Ökumenischen Kommission für Kirche und Gesellschaft; aus EECCS wurde durch den Beschluß dieser Änderungen die Kommission für Kirche und Gesellschaft der Konferenz Europäischer Kirchen.

4.2.1. Generalversammlung

"Die Generalversammlung verfügt zur Verwirklichung ihres Zwecks über allgemeine Vollmachten. (...) tritt mindestens einmal jährlich zusammen. (...) bestimmt die administrative Infrastruktur und die Zahl der Mitarbeiter, während es Sache des Exekutivausschusses ist, diese Mitarbeiter zu dem Zweck, sich bei der (...) Durchführung seines Auftrags assistieren zu lassen, in eigener Verantwortung einzustellen und zu entlassen. (...)"[274] Einige Regelungen bezüglich der General- bzw. Vollversammlungen[275] wurden mehrmals modifiziert, ohne jedoch dabei die Satzungsvorschriften zu verändern. So wurde 1984 diskutiert, ob es nicht effektiver wäre sich nur einmal im Jahr für mehrere Tage zu versammeln anstatt wie bisher zweimal jährlich für einen oder zwei Tage zusammenzukommen.[276] Ab 1986 wurden dann nur noch jährliche Vollversammlungen abgehalten. Im Jahr 1987 wurde beschlossen, den Pastoren der lokalen Gemeinden der jeweiligen Tagungsorte (d. h. zumeist Brüssel) nicht mehr ohne Weiteres die Teilnahme an den Vollversammlungen zu gewähren. Die Beziehungen zu diesen Gemeinden sollten künftig formalisierter vonstatten gehen.[277] 1988 kam die starke Unterrepräsentanz von Frauen (nur 5 Prozent aller Delegierten!) zur Sprache und in einer Resolution versprachen die Vollversammlungsteilnehmer ihre Delegationszusammensetzungen

---

[274] Artikel 5.1 bis 5.3 der Satzung vom Juni 1981 (Ökumenische Kommission für Kirche und Gesellschaft in der Europäischen Gemeinschaft, Satzung der Ökumenischen Kommission für Kirche und Gesellschaft in der Europäischen Gemeinschaft, 6 / 1981 [auch: EZA]).
[275] Die Begriffe "Generalversammlung" und "Vollversammlung" wurden bei ECCSEC bzw. EECCS identisch verwendet.
[276] Ecumenical Commission for Church and Society in the European Community, Minutes of the Meeting of the European Ecumenical Commission for Church and Society in the European Community, Brussels, January 19th / 20th, 1984 [auch: EZA], S. 10; Ecumenical Commission for Church and Society in the European Community, Report on the Activities of the Ecumenical Commission and of its Executive Committee, January 1984, S. 5; European Ecumenical Commission for Church and Society, Minutes of the Meeting of the European Ecumenical Commission, Brussels, 21 / 22 June, 1984 [auch: EZA], S. 8 - 10.
[277] European Ecumenical Commission for Church and Society, Minutes of the meeting of the European Ecumenical Commission for Church and Society held in Brussels, June 10, 11 & 12, 1987, Annex 4, LOCAL PASTORS.

entsprechend zu überprüfen.[278] Dieses wurde noch einmal 1993 zum Thema; Elisabeth Salter, die 1988 EECCS-Präsidentin war und nun als Beobachterin des World Council of Churches anwesend war, mußte feststellen, daß sich der Frauenanteil in den letzten Jahren nur relativ geringfügig erhöht hatte (nun: circa 16 Prozent der Delegierten).[279] Weiterhin wurde 1993 im Rahmen der größeren Zusammenarbeit der Einfluß der Konferenz Europäischer Kirchen in den Vollversammlungen der EECCS vergrößert, wofür man sogar die Satzung änderte.[280] Schließlich wurde bei der Generalversammlung 1995 angeregt, die jährlichen Treffen auch einmal an anderen Orten zu veranstalten und ihnen damit eventuell auch eine andere Ausrichtung oder Struktur zu geben.[281] Bis dahin hatte man sich fast immer in oder bei Brüssel getroffen; nur 1988 und 1992 war man in und 1995 bei Straßburg zusammengekommen. Die letzten drei Vollversammlungen fanden in Sète / Südfrankreich (1996), in Vaalbeek bei Antwerpen (1997) sowie bei Löwen (1998) statt.

4.2.2. Exekutivausschuß

"Die Kommission wird von einem aus mindestens sieben Mitgliedern bestehenden Exekutivausschuß verwaltet. (...) Der Exekutivausschuß setzt sich u. a. zusammen aus einem Präsidenten, einem Vizepräsidenten, einem Schatzmeister und zwei Beisitzern, die von der Generalversammlung (...) gewählt worden sind, sowie aus zwei Delegierten des Verwaltungsrates der Ökumenischen Vereinigung für

---

[278] Minutes of the General Assembly Meeting of the European Ecumenical Commission for Church and Society, Strasbourg, June 2 - 4, 1988, Annex 6, Resolution: Representation of Women in the Delegations of General Assembly of EECCS.
[279] Europäische Ökumenische Kommission für Kirche & Gesellschaft, Vollversammlung - 23. / 24. September 1993, Protokoll, S. 3.
[280] Vgl. Europäische Ökumenische Kommission für Kirche und Gesellschaft, Vollversammlung - 23. / 24. September 1993, Änderungen der Konstitution der EECCS vorgeschlagen durch den Exekutivausschuß.
[281] Vgl. Europäische Ökumenische Kommission für Kirche und Gesellschaft, Vollversammlung - 4. / 6. September 1995, Die zukünftige Struktur der Versammlungen.

Kirche und Gesellschaft in Brüssel. (...) Die Amtsperiode (...) hat eine Dauer von drei Jahren. (...) Der Exekutivausschuß tritt mindestens zweimal jährlich zusammen. (...) Der Exekutivausschuß ist für die Führung der Geschäfte der Kommission sowie für die Ausführung aller Aufgaben, die ihm von der Generalversammlung zugewiesen worden sind, verantwortlich. (...) Der Präsident oder der Vizepräsident und ein weiteres Mitglied (...) vertreten die Kommission nach außen. (...) Der Exekutivausschuß sichert die Kontinuität der Arbeit der Kommission zwischen ihren Generalversammlungen (...) koordiniert die Arbeiten der von der Generalversammlung eingesetzen [sic!] Konferenzen, Ausschüsse und Arbeitsgruppen. (...) beaufsichtigt die Tätigkeit der Mitarbeiter der Kommission und legt ihre Aufgaben fest. (...) erstellt halbjährlich Berichte über die Verwirklichung des Satzungsgemässen [sic!] Zwecks der Kommission und stellt sie jedem Mitglied zu."[282] Die sehr umfangreichen Aufgaben wurden vom EECCS-Präsidenten Klaus Kremkau kurz zusammengefaßt. Er sagte, der Exekutivausschuß solle a) Arrangeur (personelle, organisatorische, finanzielle Voraussetzungen), b) Vermittler (kooperationsbereite Kirchen und kirchlichen Zusammenschlüsse zusammenzuführen), c) Vordenker (Fragestellungen, Themen und Aufgaben formulieren, Impulse geben) sein.[283]

4.2.3. Straßburger Beirat

"When the Strasbourg post was set up, EECCS' executive decided a group should be created to advise and support the work. So as to make clear that it was advisory, not executive, it was called a 'groupe d'accompagnement' or 'Beirat'. EECCS decided on its composition - namely the President of EECCS as President, the Executive secretary

---

[282] Artikel 6.1 bis 6.2, 6.7 bis 6.15 der Satzung vom Juni 1981 (Ökumenische Kommission für Kirche und Gesellschaft in der Europäischen Gemeinschaft, Satzung der Ökumenischen Kommission für Kirche und Gesellschaft in der Europäischen Gemeinschaft, 6 / 1981 [auch: EZA]).
[283] Vgl. General Assembly of EECCS held in Brussels on 27 and 28 June 1990, Minutes, Chapter I, Bericht des Präsidenten, S. 2.

at Brussels, representatives of 5 churches which are members of the Conference of Churches of the Rhine, a member of the European parliament and of the Council of Europe staff and of the Anglican congregation."[284] Obwohl diese 'begleitende Gruppe' bereits 1986 - gleichzeitig mit der Einrichtung des Posten eines Exekutivsekretärs und eines eigenen EECCS-Büros in Straßburg - etabliert worden war,[285] erhielt sie erst 1993 den Status eines ständigen Ausschusses der EECCS[286] und eine entsprechende Geschäftsordnung:

"Der Strassburger Beirat ist ein ständiger Ausschuß der EECCS gemäss Art. 5.11 des Statuts. (...) Der Beirat hat folgende Aufgaben: (a) die Arbeit des Strassburger Büros der EECCS zu begleiten; (b) Empfehlungen für den Exekutivausschuß (...) abzugeben zu Prioritäten der Arbeit in Strassburg und (...) in bezug auf den Europarat; (c) die Ausführung der Aufgaben zu überwachen, die dem Strassburger Büro durch den Exekutivausschuß der EECCS im Rahmen der vom Exekutivausschuß aufgestellten Richtlinien übertragen worden sind. (...) Der Beirat hält regelmässig mindestens zweimal jährlich eine Sitzung ab. (...) Der Exekutiv-Sekretär (Strassburg) nimmt an den Sitzungen des Beirats beratend und als Sekretär des Beirats teil. Solange eine Vereinbarung zwischen der EECCS und der Kirche von England besteht, derzufolge ein anglikanischer Vertreter in Strassburg dem Büro der EECCS angegliedert ist, kann dieses angegliederte Büromitglied ebenfalls beratend an den Sitzungen teilnehmen."[287]

---

[284] European Ecumenical Commission for Church and Society, Minutes of the meeting of the European Ecumenical Commission for Church and Society held in Brussels, June 10, 11 & 12, 1987, Annex 3, EECCS / BEIRAT.
[285] European Ecumenical Commission for Church and Society, Minutes of the Meeting of the European Ecumenical Commission for Church and Society, Brussels, 11 - 12 - 13 June 1986, S. 9.
[286] Artikel 5.11, Satzung der Europäischen Ökumenischen Kommission für Kirche und Gesellschaft vom September 1993: "Entsprechend dem Quorum und mit Zweidrittelmehrheit (...) kann die Vollversammlung Ständige Ausschüsse für bestimmte Zwecke einrichten. In diesem Fall genehmigt sie bei ihrer Einrichtung die Verfahrensregeln, die ihre Zusammensetzung, ihren Auftrag, ihre Arbeitsweise, ihre Beziehung zu den Organen der Kommission und ihre Vertretung in diesen Organen festlegen."
[287] Europäische Ökumenische Kommission für Kirche und Gesellschaft, Generalversammlung - 23. / 24. September 1993, Ordnung des Strassburger Beirats.

4.3. Mitarbeiter in Brüssel und Straßburg

Für die führenden Mitarbeiter der ECCSEC (bzw. später der EECCS), die vom Exekutivausschuß ernannt wurden, als Kollegium agieren und in beratender Eigenschaft an der Generalversammlung und den Sitzungen des Exekutivausschusses teilnehmen sollten,[288] gab es bereits ab 1978 relativ konkrete Vorstellungen hinsichtlich ihrer Aufgaben.[289] Die in Form von Arbeitsplatzbeschreibungen dargestellten Positionen wurden auch tatsächlich geschaffen bzw. weiter aufrechterhalten: "Auf der Grundlage der voraussichtlichen Budgetsituation beschließt die ÖKKGEG, den Posten eines Exekutivsekretärs zu schaffen (...). Die ÖKKGEG erkennt zwei Ganztagsposten an: den des Studienleiters und den des Exekutivsekretärs. Sie bekräftigt ihren Wunsch, den Posten des Information Officer als eine prioritäre Funktion beizubehalten;"[290] Die Aufgabenstellungen der Mitarbeiter waren im Einzelnen folgende:

"The STUDY DIRECTOR
(...) shall cooperate on a permanent basis with the staff and more particularly with the Executive Secretary and the Information Officer, so that there is unity of thought and action within the Collegium; when decisions have to be taken by the Collegium, he shall be responsible, in the last instance, for such decisions. (...) take the initiative in areas

---

[288] Artikel 7.2 der Satzung vom Juni 1981 (Ökumenische Kommission für Kirche und Gesellschaft in der Europäischen Gemeinschaft, Satzung der Ökumenischen Kommission für Kirche und Gesellschaft in der Europäischen Gemeinschaft, 6 / 1981 [auch: EZA]).
[289] JOB DESCRIPTION OF THE THREE SENIOR STAFF MEMBERS acting as a Collegium and forming the secretariat of the Commission, Brussels 1978 [Datierung anhand des Fundortes, d. h. bei Protokoll der Kommission von Kirchen vom Juni 1978 vorgefunden]. Der Text bezieht sich jedoch eindeutig auf die - gerade neu formierte - ECCSEC, bei welcher es erst ab 1981 den Posten eines Exekutivsekretärs gab.
[290] Ökumenische Kommission für Kirche und Gesellschaft in der Europäischen Gemeinschaft, Protokoll der am 13. Juni 1980 abgehaltenen Sitzung [auch: EZA], S. 5. ÖKKGEG ist die deutschsprachige Abkürzung für ECCSEC. Die drei Posten sind somit - trotz finanzieller Schwierigkeiten - zustandegekommen bzw. weitergeführt worden. Als weitere Positionen kamen 1986 die des Exekutivsekretärs des Straßburg-Büros und 1990 die des Generalsekretärs hinzu.

where Christians in the European Community have some social and political ethical responsibilities; (...) run working groups bringing: together members of the European institutions and members of the Churches. (...) prepare consultations on themes with a European subject-matter where Christians and Churches have some responsibility to assume. (...) watch the trends of thought on theological, cultural and ideological currents within the European Community."[291]

Die Position des Studienleiters wurde von dem schon seit 1966 - mit unbefristetem Vertrag - als ständigem Beauftragten des Beratenden Ausschusses (bis 1972) bzw. der Kommission von Kirchen (bis 1979) eingestellten Mitarbeiter Marc Lenders ausgefüllt. Abgesehen von einem Sabbathalbjahr, welches er 1988 im Interfaith Center for Economic Justice in Washington verbrachte,[292] arbeitete Pastor Lenders bis zu seiner Pensionierung 1998 durchgehend für die Europäische Ökumenische Kommission in Brüssel.

"The EXECUTIVE SECRETARY
(...) shall run the secretariat of the Commission of Churches and of the Executive Committee; assure good communication between the Commission of Churches and the Executive Committee. This secretariat involves the preparation of two sessions a year of the Commission, keeping up permanent contacts with the members of the Commission, and writing reports on the Executive Committee's work. (...) contribute towards a strong spirit of collegiality among the Member Churches of the Commission of Churches, by working out models for action that would correspond to the Churches desire to practise transnational solidarity. (...) be prepared to make, inquiries on behalf of the Commission of Churches or the Executive Committee in the European institutions so as to discover their opinion on one problem or issue or

---

[291] JOB DESCRIPTION, a.a.O., S. 1.
[292] Minutes of the General Assembly Meeting of the European Ecumenical Commission for Church and Society, Strasbourg, June 2 - 4, 1988, Annex 1, Report of the President, S. 1.

another that either might wish to raise. (...) shall pass on to the competent people in the European institutions the questions, papers or possible declarations coming from the Commission of Churches."[293] Der Posten des Exekutivsekretärs wurde Anfang 1981 eingerichtet und zunächst für drei Jahre mit dem Soziologen Werner Lichtwark besetzt.[294] Dessen Vertrag wurde jedoch nicht verlängert, und aus finanziellen Gründen konnte zunächst auch kein anderer Mitarbeiter für diese Stelle berufen werden. Stattdessen sollte Marc Lenders vorläufig diese Arbeitsfelder wieder übernehmen.[295] Erst ab September 1991 wurde mit Alastair Hulbert erneut ein Exekutivsekretär für die EECCS in Brüssel angestellt.[296] Dessen Aufgabenstellungen waren jedoch seit 1989 anders definiert: "the second post should be that of a **policies officer**, charged with the task of producing material of quality, suitable for dissemination amongst the member churches on issues relating to the European Community institutions."[297]

"The INFORMATION OFFICER
(...) shall be responsible for editing and circulating the Information Bulletin. (...) be in charge of seeing that information from the Churches or groups of Churches is passed onto other Churches or groups of Churches likely to be interested in it. (...) respond to requests for

---

[293] JOB DESCRIPTION, a.a.O., S. 1 - 2.
[294] Ecumenical Commission for Church and Society in the European Community (ECCSEC), Brief Minutes of the meeting held on 13 - 14 November 1980 in Brussels [auch: EZA], S. 11.
[295] Ecumenical Commission for Church and Society in the European Community, Meeting of Executive Committee, Brussels, April 12 / 13, 1983, STAFFING [EZA] sowie Ecumenical Commission for Church and Society in the European Community, Report of the Activities of the Ecumenical Commission and of its Executive Committee, January 1984, S. 4.
[296] European Ecumenical Commission for Church and Society, General Assembly - 2 / 3 September 1991, Minutes, S. 4 sowie Annex A, Participants in the General Assembly.
[297] Minutes of the General Assembly [of EECCS; H.-U. R.] held in Brussels, 27 - 28 September 1989, S. 14. Die für die ECCSEC beschriebenen Aufgaben des Exekutivsekretärs wurden in den 1990er Jahren zum Teil in den neu geschaffenen Generalsekretärsposten der EECCS integriert, während der Exekutivsekretär nun eher Informationsaufgaben erfüllen sollte, zumal der Posten des Information Officers ab Mitte 1988 nicht mehr besetzt wurde.

specific information from Churches, Church Organisations or the European institutions. (...) keep abreast of movements within the European institutions by attending the press conferences given in the Commission, as an accredited journalist."[298] Die Stelle einer Informationsmitarbeiterin war bereits 1971 beim Büro "Kirche und Gesellschaft" eingerichtet worden.[299] Die erste Person in dieser Position war bis 1974 Dr. Irmgard Kees; ihr folgte ab 1975 Winifred Hagenbuch (ab 1977: = Winifred Burton), die bis Mitte 1984 bei der ECCSEC bzw. ihren Vorgängerorganisationen beschäftigt war. Von Januar 1985 bis 1987 hieß die EECCS-Informationsmitarbeiterin Anna Lubinska, deren Nachfolgerin als PR-Person bis Mitte 1988 Eliza d'Amore war.[300] Danach blieb die Position des Information Officer vakant; ab 1991 wurden die Informationsaufgaben von dem neuen Exekutivsekretär Alastair Hulbert wahrgenommen, der u. a. auch für die EECCS-Veröffentlichungen, beispielsweise des Newletters, zuständig war.

Exekutivsekretär des Straßburg-Büros

Gleichzeitig mit der Eröffnung eines eigenen EECCS-Büros in Straßburg im November 1986 wurde der Posten eines Exekutivsekretärs eingerichtet.[301] Die dortigen Aufgaben wurden

---

[298] JOB DESCRIPTION, a.a.O., S. 2.
[299] Draft Report on the joint meeting of the Consultative Committee of Churches for the European Communities and the European Church Board held in Brussels on 29 March 1971, S. 8.
[300] Vgl. Liste provisoire des participants à la réunion de la Commission d'Eglises auprès des Communautés Européennes à Bruxelles les 19 et 20 juin 1974; Liste provisoire des participants à la réunion de la Commission d'Eglises auprès des Communautés Européennes à Bruxelles les 2 et 3 juin 1975; Ecumenical Commission for Church and Society in the European Community, Report on the Activities of the Ecumenical Commission and of its Executive Committee, January 1984, S. 4; Minutes of the meeting of the European Ecumenical Commission for Church and Society, Brussels 24 / 25 January 1985 [auch: EZA], S. 2; European Ecumenical Commission for Church and Society, Minutes of the meeting of the European Ecumenical Commission for Church and Society held in Brussels, June 10, 11 & 12, 1987, S. 8; european ecumenical commission for church and society, annual review 1987, Brussels, April 1988 [H.v.V.]; Minutes of the General Assembly Meeting of the European Ecumenical Commission for Church and Society, Strasbourg, June 2 - 4, 1988, Annex 1, Report of the President, S. 1.
[301] europäische oekumenische kommission für kirche und gesellschaft, jahresüberblick 1986, Brüssel 1987 [H.v.V.], S. 6.

folgendermaßen umschrieben: "Pierre CHRETIEN [damaliger Präsident der EECCS; H.-U. R.] pointed out that some general guidelines had been established and he summarised them:
1) Direct links between Brussels and Strasbourg Secretariat. 2) Links with the Council of Europe and the European Parliament. (...) to speak to the Council of Europe on these issues on behalf of the Churches and to speak with the Churches about the documents and analyses in the Council of Europe and the European Parliament. 3) Maintain close links with those members of both the European Parliament and the Council of Europe who are members of the Churches established in Western Europe. 4) Liaise with the information service in Brussels, inform the Churches on what is going on in Strasbourg. This implies a redefinition of the work of the information service."[302] Als erster Exekutivsekretär in Straßburg - mit einer Halbzeitstelle - war Canon Barney Milligan bis Ende Juni 1990 tätig. Ab Anfang 1991 übernahm Reverend Gérard Mermimod die - in eine Vollzeitstelle umgewandelte - Position;[303] er amtierte bis Ende August 1995. Seit September 1995 engagierte sich Pfarrer Richard Fischer für die EECCS in Straßburg.[304]

Generalsekretär

Im Rahmen der 1989 beschlossenen und ab 1990 verwirklichten Intensivierung der Arbeit der EECCS wurde u. a. die Etablierung einer weiteren Leitungsposition in Brüssel beschlossen. "One of the Brussels posts should be that of **General Secretary**, not only responsible for over-all management, coordination and information but also maintaining close contact with the institutions based in Brussels and with member churches;"[305] Ab 1. September 1990 wurde dieser neue Posten von

---

[302] European Ecumenical Commission for Church and Society, Minutes of the Meeting of the European Ecumenical Commission for Church and Society, Brussels, 11 - 12 - 13 June 1986, S. 10.
[303] General Assembly of EECCS held in Brussels on 27 and 28 June 1990, Minutes, Chapter I, Bericht des Präsidenten, S. 3.
[304] Europäische Ökumenische Kommission für Kirche und Gesellschaft, Vollversammlung - 4. / 6. September 1995, Bericht des Generalsekretärs, S. 2 - 3.
[305] Minutes of the General Assembly [of EECCS; H.-U. R.] held in Brussels, 27 - 28

Keith Jenkins ausgefüllt.[306] In seinem ersten Arbeitsbericht betonte er besonders die Verstärkung der Kontakte zwischen EECCS und ihren Mitgliedskirchen. Konkret schlug er vor, daß 1) EECCS-Mitarbeiter innerhalb eines Besuchsprogrammes die jeweiligen Kirchenleitungen in ihren Ländern aufsuchen, 2) letztere Kontaktpersonen für die EECCS-Arbeit benennen, 3) regionale Kirchengruppen sich vor Ort über die Arbeit in Brüssel und Straßburg informieren, 4) spezialisierte Gruppen, z. B. mit diakonischer Ausrichtung mehr in die EECCS-Arbeit involviert werden.[307] "He laid emphasis on the stimulation of a two way flow of information between EECCS and its member bodies particularly in relation to the new dialogue process with the European Commission. He remarked that such a flow was important if the vision of Europe and the ideas of EECCS were to be fed into educational processes and if EECCS was to be in a position to reflect the policies of member bodies on matters such as bioethics on which EECCS itself might not have the ressources to carry out specific work."[308]

Administrative Mitarbeiter

Neben den oben genannten führenden Mitarbeitern hatten ECCSEC bzw. EECCS auch für die Verwaltung zuständige Angestellte in ihren Büros in Brüssel und Straßburg. In diesem Bereich herrschte zeitweise eine große Fluktuation. Die genaue Abfolge dieser einzelnen Mitarbeiterinnen und Mitarbeiter ließ sich aus den einsehbaren Unterlagen nicht mehr für den gesamten Untersuchungszeitraum exakt rekonstruieren. Da der Verfasser keinen Zugang zu Personalakten hatte, mussten hauptsächlich die - z. T. unvollständigen - Lists of Participants and Staff der Vollversammlungen benutzt werden. Daraus

---

September 1989, S. 14.
[306] General Assembly of EECCS held in Brussels on 27 and 28 June 1990, Minutes, Chapter I, Bericht des Präsidenten, S. 3.
[307] European Ecumenical Commission for Church and Society, General Assembly - 2 / 3 September 1991, Annex D, Oral Report of the General Secretary, S. 26 - 27.
[308] European Ecumenical Commission for Church and Society, General Assembly - 2 / 3 September 1991, Minutes, S. 4.

ließ sich entnehmen, daß man sich Ende der 1970er Jahre bis Mitte der 1980er Jahre (d.h. vor der Eröffnung des Straßburg-Büros) zeitweise mit nur einer Verwaltungskraft begnügen mußte. Ab Mitte der 1980er Jahre ist jedoch generell von je einer Sekretärin für Verwaltungsangelegenheiten in Brüssel und Straßburg sowie einer Buchhaltungskraft in Brüssel auszugehen.[309] Erst Anfang 1996 konnte noch eine weitere Sekretärin eingestellt werden, die u. a. für das Projekt "Europa eine Seele geben" unterstützend wirken sollte.[310]

Assoziierte Mitarbeiter

Neben den bisher genannten Angehörigen des Stabes von Mitarbeitern wurde für EECCS zusätzlich der Status sogenannter "Associate Staff Members" eingeführt. Dieses betraf ab 1990 das Straßburger und ab 1994 auch das Brüsseler Büro. Es handelte sich hierbei um Repräsentanten einzelner Mitgliedskirchen der EECCS, welche eigene Vertretungen bei den europäischen Institutionen hatten bzw. haben, aber mit EECCS kooperierten. In Straßburg war dieses der Vertreter der anglikanischen Kirche als "Archbishop of Canterbury's representative to the European institutions". Diese bereits seit 1980 bestehende und auch als "Diocese in Europe" bezeichnete anglikanische Niederlassung arbeitete seit Mitte 1990 mit EECCS zusammen. Der erste Associate Secretary in Straßburg war Canon Barney Milligan, der vorher mehr als drei Jahre lang der Exekutivsekretär des Straßburg-Büros gewesen war. Seit Juli 1995 hat Reverend James Barnett dessen Aufgaben übernommen.[311] In Brüssel

---

[309] Vgl. u. a. european ecumenical commission for church and society, annual review 1987, Brussels, April 1988 [H.v.V.].
[310] Europäische Ökumenische Kommission für Kirche und Gesellschaft, Vollversammlung - 28. September / 1. Oktober 1996, Bericht des Generalsekretärs, S. 3.
[311] General Assembly of EECCS held in Brussels on 27 and 28 June 1990, Minutes, Chapter I, Bericht des Präsidenten, S. 3 sowie Europäische Ökumenische Kommission für Kirche und Gesellschaft, Vollversammlung - 4. / 6. September 1995, Bericht des Generalsekretärs, S. 3. Weitere Informationen zum Europa-Engagement der Anglikaner siehe: Williamson, Roger: The Church of England and Europe, in: Informationes Theologiae Europae, Internationales ökumenisches Jahrbuch für Theologie, 4. Jahrgang, Frankfurt am Main 1995, S. 265 - 278.

hatte die Direktorin des Europa-Büros der Evangelischen Kirche in Deutschland, ebenfalls für mehrere Jahre, den Status eines Associate Secretary der EECCS. Das Brüsseler Büro der EKD war 1990 nach längeren Planungen eröffnet worden, um das wachsende Interesse der deutschen Kirchen an Europa gebührend zu würdigen.[312] Den Befürchtungen der EECCS nun von deutscher Seite weniger unterstützt zu werden, begegnete man bereits im Vorfeld durch eine Bekräftigung der weiteren Zusammenarbeit.[313] Und als Ausdruck dieser Kooperation wurde die Leiterin der EKD-Niederlassung in Brüssel, Heidrun Tempel, ab 1994 bei EECCS als Associate Secretary akkreditiert.[314]

4.4. Arbeitsgruppen

Neben den genannten Organen und den Mitarbeitern in Brüssel und Straßburg hatten die Arbeitsgruppen ebenfalls einen gewichtigen Anteil an der Aufgabenbewältigung der ECCSEC bzw. EECCS. Sie wurden gemäß der Satzung von der Generalversammlung eingesetzt, während der Exekutivausschuß ihre Arbeit koordinieren sollte.[315] Die Initiative zur Einrichtung neuer Arbeitsgruppen ging deshalb in den meisten Fällen von der Vollversammlung aus, welche alle 3 bis 4 Jahre erneut die Handlungsprioritäten debattierte und definierte. In einigen Fällen wurden aber auch die Vor-Arbeiten der Ökumenischen Vereinigung für Kirche und Gesellschaft (AOES) zur Grundlage einer weiteren Arbeit in eigener Regie.[316] Die Mandate dieser Gruppen waren in den achtziger

---

[312] Vgl. "Kiderlen in Brüsseler Außenstelle des EKD-Bevollmächtigten", epd-Zentralausgabe vom 12. Juli 1990, Frankfurt am Main 1990.
[313] Minutes of the General Assembly [of EECCS; H.-U. R.] held in Brussels, 27 - 28 September 1989, S. 12.
[314] Vgl. die jeweiligen "Lists of Participants and Staff" der Vollversammlungen ab 1994.
[315] Artikel 6.12 der Satzung vom Juni 1981: " Der Exekutivausschuß koordiniert die Arbeiten der von der Generalversammlung eingesetzten [sic!] Konferenzen, Ausschüsse und Arbeitsgruppen." (Ökumenische Kommission für Kirche und Gesellschaft in der Europäischen Gemeinschaft, Satzung der Ökumenischen Kommission für Kirche und Gesellschaft in der Europäischen Gemeinschaft, 6 / 1981 [auch: EZA]).
[316] European Ecumenical Commission for Church and Society, Minutes of the Meeting of the European Ecumenical Commission for Church and Society - Brussels - 25 / 26

Jahren noch nicht so präzise formuliert wie in den neunziger Jahren,[317] und die Mandatsdauer wurde erst in den letzten Jahren der EECCS genau auf 3 Jahre festgelegt.[318] Die Arbeits- und Forschungsaufträge konnten jedoch verlängert werden. Die meisten Arbeitsgruppen bestanden länger als 4 Jahre, diejenige zum Thema 'Landwirtschaft und die Zukunft der ländlichen Bevölkerung' war sogar 11 Jahre lang aktiv.[319] Die bearbeiteten Themen umfaßten die gesamte Bandbreite von Fragestellungen, welche sich im Rahmen der europäischen Einigung in den letzten dreißig Jahren politisch und gesellschaftlich ergeben hatten.[320] Die personelle Besetzung der Gruppen erfolgte durch Beschluß des Exekutivausschusses nach Vorschlägen der einzelnen Mitgliedskirchen.[321] Daß letztere auch möglichst alle berücksichtigt wurden, war anscheinend das einzige bindende Kriterium für die Zusammensetzung der Arbeitsgruppen.[322] Andere, z. B. gesellschaftliche Proporzfragen waren bei der Aufstellung offenbar nicht zu berücksichtigen. Man konnte also wirklich kompetente Spezialisten berufen und die Gruppen möglichst vielfältig besetzen: "European Security Policy (...) Jaap Houtman described the composition of the Working Group (three members from NATO, three members of the

---

September 1985 [auch: EZA], S. 5 - 10 + 12 (bzgl. 'Landwirtschaft'); europäische oekumenische kommission für kirche und gesellschaft, jahresüberblick 1986, Brüssel 1987 [H.v.V.], S. 32 (bzgl. 'Einheitliche Europäische Akte').
[317] Europäische Ökumenische Kommission für Kirche und Gesellschaft, Vollversammlung - 28. September / 1. Oktober 1996, Anlage B, Die Mandate der Arbeitsgruppen für 1996 - 1998.
[318] Europäische Ökumenische Kommission für Kirche und Gesellschaft, Vollversammlung - 4. / 6. September 1995, Die Aufgaben der EECCS für den Zeitraum 1996 - 1998, S. 10.
[319] Anfang: 01 / 1985: European Ecumenical Commission for Church and Society, Minutes of the Meeting of the European Ecumenical Commission for Church and Society, Brussels, 24 / 25 January 1985 [auch: EZA], S. 14; Ende: 11 / 1995: Europäische Ökumenische Kommission für Kirche und Gesellschaft, Protokoll der Vollversammlung 1995 [04. - 06. September 1995], S. 16.
[320] Siehe auch die Auflistung der einzelnen Themen und Veröffentlichungen im Anhang.
[321] Europäische Ökumenische Kommission für Kirche und Gesellschaft, Vollversammlung - 28. September / 1. Oktober 1996, Bericht des Generalsekretärs, S. 9.
[322] Dieses läßt sich für die Jahre 1993 bis 1998 in den - den Protokollen der Vollversammlungen beigefügten - Listen über 'Mitglieder der Komitees und Arbeitsgruppen' sehr gut nachvollziehen.

Commission [of the European Community; H.-U.R.], three members of ECCSEC staff and a representative of the Quaker Council for European Affairs). This diverse composition in no way prevented constructive cooperation between the members."[323] Weniger wichtig war anscheinend eine tatsächliche religiöse Bindung; es kam nur auf die Berufung im Namen der jeweiligen Kirche bzw. des Kirchenrates an: "Der Beschluß des Exekutivausschusses, eine Arbeitsgruppe Bioethik zu gründen, ist auf eine sehr zufriedenstellende Weise in die Tat umgesetzt worden (...) und es hat sich herausgestellt, daß zwischen den acht Mitgliedern der Gruppe (vier Wissenschaftler, drei Theologen, ein Rechtsanwalt; drei Frauen, fünf Männer; sechs Universitätsprofessoren; dazu der Exekutivsekretär (Straßburg)) große Übereinstimmung besteht. Dies wurde erreicht, ohne irgendwelche Sensitivitäten zu unterdrücken oder Konzessionen an die jeweiligen Überzeugungen zu machen."[324] Die Gruppenstärken konnten recht unterschiedlich sein; sie bewegten sich zwischen vier (z. B. "Verhältnis von Kirche und Staat") und zwölf (z. B. "Landwirtschaft und die Zukunft der ländlichen Bevölkerung") Teilnehmern. Die Arbeitsgruppen trafen sich in aller Regel zweimal pro Jahr und befaßten sich bei ihren Zusammenkünften nicht nur mit der Formulierung von Dokumenten und Stellungnahmen. Ihre Aufgaben waren u. U. auch die Beobachtung von bestimmten Entwicklungen, die Verfolgung von Gesetzgebungsverfahren und Diskussionen, die Erarbeitung von Aktionsplänen sowie die Unterrichtung des Exekutivausschusses. Sofern es aber doch um die Anfertigung entsprechender Texte ging, ist festzustellen, daß es bei der Erarbeitung unterschiedliche Herangehensweisen gab. Einerseits wurden die Texte

---

[323] Ecumenical Commission for Church and Society in the European Community, Minutes of the Meeting of the Ecumenical Commission for Church and Society in the European Community, Brussels, 16 / 17th June 1983 [auch: EZA], S. 5.
[324] Europäische Ökumenische Kommission für Kirche und Gesellschaft, Vollversammlung - 20. / 22. September 1994, Bericht des Generalsekretärs, S. 17 sowie Anhang 1, Mitglieder der Komitees und Arbeitsgruppen. Die genannten Akademiker werden in dieser Liste (und auch allen anderen deratigen Listen) nicht unter dem Namen ihrer Hochschulen oder der Fakultäten oder Fachgebiete aufgeführt; der jeweilige Name wird nur mit der ihn berufenden Kirche bzw.

anderer - nicht nur kirchlicher - Organisationen gesichtet, um daraus sinnvolle Schlüsse zu ziehen,[325] andererseits führte man eigene Recherchen durch und verfaßte die einzelnen Kapitel einer solchen Studie dann arbeitsteilig mit mehreren Gruppenmitgliedern.[326] Die Veröffentlichung betreffend scheint es genauere Regelungen oder Absprachen gegeben zu haben: Die Arbeiten der einzelnen Gruppen durften von diesen nicht in eigener Regie publiziert werden; sie mußten immer von den Gremien der ECCSEC bzw. EECCS autorisiert sein. Schließlich ist zu bemerken, daß sie alle die gleichen Adressaten hatten, namentlich die Vollversammlung der EECCS und ihre Mitgliedskirchen, sowie andere kirchliche Interessenten und auch die Mitarbeiter und Gremien der Europäischen Institutionen.[327]

Kirchenorganisation in Verbindung gebracht.
[325] Z. B. die Dokumentationen 'Frieden und Sicherheit in Europa' (hrsg. als EKD-Texte Nr. 6, Hannover 1983) und 'Arbeitslosigkeit und die Zukunft der Arbeit in der Europäischen Gemeinschaft' (hrsg. als epd-Dokumentation Nr. 1 / 86, Frankfurt am Main 1986).
[326] Z. B. bei den Studien 'Ist das herrschende Wirtschaftssystem mit nachhaltiger Entwicklung vereinbar?' (hrsg. als epd-Dokumentation Nr. 17 / 96, Frankfurt am Main 1996) und 'Ein Kontinent auf dem Weg der Versöhnung - der Beitrag der erweiterten Europäischen Union' (Europäische Ökumenische Kommission für Kirche und Gesellschaft, Informationsbrief, Brüssel 1997).
[327] Vgl. beispielsweise epd-Dokumentation Nr. 1 / 86 (Frankfurt am Main 1986): Europäische Ökumenische Kommission für Kirche und Gesellschaft (...) Arbeitslosigkeit und die Zukunft der Arbeit in der Europäischen Gemeinschaft.

5. Organisatorische Standortbestimmung der EECCS - Europäische Lobby oder Nichtregierungsorganisation?

Im Laufe der Zeit ist EECCS einerseits immer wieder als Repräsentantin der Anliegen und Belange ihrer Mitgliedskirchen bzw. Kirchenräte aufgetreten, und andererseits setzte sie sich darüber hinaus mit unterschiedlichsten gesellschaftlichen Fragen und Problemstellungen auseinander und äußerte die "Meinung der Kirchen" im politischen Willensbildungsprozeß. Zunächst soll hier aber nochmals festgestellt werden, daß EECCS weder Kirche[328] noch kirchenähnlicher Verband[329] ist. Es handelt sich bei ihr vielmehr um eine von den europäischen protestantischen Kirchen etablierte und autorisierte Organisation[330] mit konkret fixierten Funktionen hinsichtlich der europapolitische Ebene, z. B. der Vertretung der Interessen[331] ihrer Auftraggeber. Inwieweit sich EECCS organisationssoziologisch kategorisieren und verorten läßt, ist im folgenden zu klären.

---

[328] Die Definition von "Kirche als der Ort (...) an dem der Glaube an Jesus Christus sich bildet, und in dem dieser Glaube sich zugleich als sozial und historisch konkretisierte Gestalt und unter veränderten Bedingungen immer wieder neu entwickelt", ist natürlich nur exemplarisch zu sehen; Häring, Hermann: Kirche, in: Drehsen, Volker / Häring, Hermann / Kuschel, Karl-Josef / Siemers, Helge (Hg.), Wörterbuch des Christentums, Gütersloh / Zürich 1988, S. 608 - 612. Zur weiteren Begriffsdefinition siehe z. B.: Kehrer, Günter: Kirche, in: Handbuch religionswissenschaftlicher Grundbegriffe, Band III, Stuttgart / Berlin / Köln 1993, S. 357 - 362.
[329] Kirche wird von Sozialwissenschaftlern u. a. als Verband eigener Prägung gesehen; z. B. Müller-Franke, Waltraud: Die Evangelische Kirche in Deutschland im politischen Meinungsbildungsprozeß am Beispiel ihrer Denkschriften, Bochum 1991.
[330] Dieser Begriff bezeichnet ein "soziales Gebilde, das auf spezifische Ziele ausgerichtet ist. (...) in der Organisationssoziologie die Gesamtheit aller geplanten und ungeplanten sozialen Prozesse, die innerhalb des sozialen Systems bzw. im Rahmen der Außenbeziehungen mit anderen organisatorischen Gebilden ablaufen (institutioneller Organisationsbegriff)." Siehe Zimmermann, Gunter E.: Organisation, in: Schäfers, Bernhard (Hg.), Grundbegriffe der Soziologie, Opladen 1995, S. 234.
[331] "Sammelbegriff für die Intentionalität einer Vielzahl sozialer, rechtlicher, psychischer und ideeller Beziehungen von Personen, Gruppen, aber auch Staaten (Staats-I.), in denen Anteilnahme und Neigung, aber auch Nutzen und Vorteil, Absichten (Motive) und Ziele auf etwas hin (z. B. andere Personen, Gruppen, Materielles und Ideelles) orientiert und strukturiert sind. Im Interesse drückt sich also eine dynamische, intentionale, soziale Beziehung aus, die sich z. T. auf individuelle und kollektive Bedürfnisse zurückführen läßt." Schäfers, Bernhard: Interesse, in: ders. (Hg.), Grundbegriffe der Soziologie, Opladen 1995, S. 143

Aufgrund ihrer satzungsmäßig festgelegten Bestimmung als "Association Internationale sans but lucratif"[332] ist EECCS generell als freiwillige Vereinigung in den sogenannten "Dritten Sektor" zwischen "Markt" / "Wirtschaft" und "Staat" / "Politik" einzuordnen,[333] welcher auch als "Zivilgesellschaft" beschrieben wird.[334] Dieses gleichermaßen als intermediärer d. h. vermittelnder Bereich bezeichnete "Modell sozialer Ordnung" ist im Gegensatz zu den beiden anderen ("Markt" und "Staat") weder von Marktmechanismen noch von hierarchischen Steuerungsprozessen sondern von Solidarität geprägt.[335] "Die typischen Aktivitäten von Organisationen des Dritten Sektors oder allgemein von freiwilligen Vereinigungen folgen damit weitgehend dem Model [sic!] der Solidarität."[336] Es lassen sich, laut Neubert, vier Grundtypen von freiwilligen Vereinigungen im Dritten Sektor unterscheiden:

---

[332] = Internationale Vereinigung ohne Erwerbszweck, laut europäische oekumenische kommission für kirche und gesellschaft, jahresüberblick 1986, Brüssel 1987 [H.v.V.], S. 9 besteht dieser Status seit 1978; siehe auch z. B. Artikel 2.1 der Satzung vom Juni 1981 (Ökumenische Kommission für Kirche und Gesellschaft in der Europäischen Gemeinschaft, Satzung der Ökumenischen Kommission für Kirche und Gesellschaft in der Europäischen Gemeinschaft, 6 / 1981 [auch: EZA]).
[333] Das theoretische Konzept des Dritten Sektors bzw. des intermediären Bereiches kommt hier nicht nur deshalb zum Einsatz weil es das aktuelleste in der Verbändeforschung ist, sondern auch weil es sich vor allem auf sozial- und kulturpolitisch engagierte Organisationen bezieht, zu denen man - im weitesten Sinne - auch kirchlich beauftragte Vereinigungen und sogar Kirchen zählen kann; vgl. Schmid, Josef: Zwischen politischer Macht und Nächstenliebe - Zur Topographie von Wohlfahrtsverbänden im westeuropäischen Vergleich, in: Alemann, Ulrich von / Weßels, Bernhard (Hg.), Verbände in vergleichender Perspektive, Beiträge zu einem vernachlässigten Feld, Berlin 1997, S. 83 - 105 [besonders: S. 87 ff.] sowie Schmid, Josef: Verbände: Interessenvermittlung und Interessenorganisation, Lehr- und Arbeitsbuch, München 1998, S. 51 - 55.
[334] "Was heißt das nun - 'Kirche als Institution der Zivilgesellschaft'? Zivilgesellschaft ist das Agglomerat von Institutionen, die zwischen der Privatsphäre des einzelnen und den Mega-Institutionen der modernen Welt liegen und zwischen ihnen vermitteln. Diese intermediären Institutionen sind weder Staat noch Wirtschaft, obwohl sie natürlich von diesen beiden Mächten dauernd beeinflußt werden." (aus: Berger, Peter L.: Mc Jesus Incorporated, Kirchen als Unternehmer, Die pluralistische Gesellschaft verlangt neue Strategien, in: SZ am Wochenende, Feuilleton-Beilage der Süddeutschen Zeitung, Nr. 54, München, 06. / 07.03.1999, S. I). Generell zu dieser Begrifflichkeit, siehe Melber, Henning: Zivilgesellschaft, in: Albrecht, Ulrich / Volger, Helmut (Hg.): Lexikon der Internationalen Politik, München / Wien 1997, S. 568 - 570.
[335] Neubert, Dieter: Entwicklungspolitische Hoffnungen und gesellschaftliche Wirklichkeit, eine vergleichende Länderfallstudie von Nicht-Regierungsorganisationen in Kenia und Ruanda, Frankfurt / New York 1997, S. 63 ff. [die ersten beiden Kapitel (bis ca. S. 100) dieser Habilitationsarbeit sind allgemeinerer, theoretischer Natur!].

"• (Hilfe-) Leistung für Mitglieder: Selbsthilfeorganisationen und -gruppen (einschließlich Genossenschaften), geprägt durch Reziprozität.

• Artikulation von Interessen der Mitglieder: Interessenverbände (z. B. Gewerkschaften, Berufsverbände, Unternehmerverbände, Bauernverbände), geprägt durch Loyalität, zum Teil mit Elementen der Verhandlung.

• (Hilfe-) Leistung für Nichtmitglieder: Wohlfahrts- und Entwicklungs-NRO [= Nicht-Regierungsorganisationen; H.-U.R.], geprägt durch Altruismus; (...) die 'klassische' Form der NRO (...)

• Artikulation von Interessen von Nichtmitgliedern: anwaltliche NRO (Menschenrechtsorganisationen, Organisationen zur Unterstützung politischer Rechte von Minderheiten, Umweltorganisationen), geprägt durch Altruismus und Loyalität, zum Teil mit Elementen der Verhandlung"[337]

In den Jahresberichten der EECCS taucht vor allem im Zusammenhang mit der Europaratsarbeit immer wieder der Begriff "NGO" auf; er ist die Abkürzung des englischen Begriffes "Non-governmental organisation" und somit analog zu "NRO". EECCS war jahrelang Mitglied im NGO-Liaison-Committee des Europarates und hatte demzufolge den anerkannten Status einer NGO / NRO.[338] Nach obiger Klassifikation wäre sie als anwaltliche NRO / advocatory NGO einzustufen. Meistens

---

[336] A.a.O., S. 65.
[337] A.a.O., S. 72 - 73.
[338] Mindestens seit Anfang 1988 war EECCS beim Europarat in Straßburg als NGO mit Beraterstatus anerkannt; vgl. Europäische Ökumenische Kommission für Kirche und Gesellschaft, Vollversammlung - 20. / 22. September 1994, Bericht des Generalsekretärs, S. 4 sowie Europäische Ökumenische Kommission für Kirche und Gesellschaft, Vollversammlung - 4. / 6. September 1995, Bericht des Generalsekretärs, S. 4. Bei der Europäischen Kommission in Brüssel gab es jedoch keine vergleichbare Akkreditierung; vgl. European Ecumenical Commission for Church and Society, General Assembly - 2 / 3 September 1991, Minutes, S. 10. Dennoch wurde EECCS auch von Anderen als NGO angesehen; z. B. bei Klute, Jürgen (V.i.S.d.P.): Europäische Netzwerke und NGO, Internetseite des Kirchlichen Dienstes in der Arbeitswelt der evangelischen Kirchenkreise im westfälischen Teil des Ruhrgebietes (kda-ruhr): http://www.kda-ruhr.de/EU-NGOs/kek.html.

werden Kirchen und auch die von ihnen beauftragten Organisationen jedoch nicht als NRO sondern als Verbände kategorisiert, insofern als sie sich vornehmlich mit den Anliegen ihrer Mitglieder befassen.[339] Wenn man dieser Definition folgte, wäre EECCS ein Interessenverband, speziell ein Euro-Verband:[340] "Europäische Interessenverbände - auch Dachverbände genannt (»umbrella organisations«) - sind zentral organisierte Vereinigungen von Interessenverbänden, im wesentlichen konföderativer Ausprägung, die jeweils entweder eine Anzahl entsprechender einzelstaatlicher Gruppierungen oder sowohl einzelstaatliche Gruppierungen als auch Gruppierungen von europäischen Fachverbänden zusammenfassen."[341] In einigen Fällen hat sich EECCS auch tatsächlich mit den Angelegenheiten ihrer Mitglieder befaßt, z. B. in der Arbeitsgruppe zum Verhältnis von Kirche und Staat in der EU, und von ihren Vorgängerorganisationen wurden sogar noch Andachten und Gottesdienste für Mitarbeiter europäischer Institutionen organisiert. Da man die Arbeit der Verbände auf europäischer Ebene, also einerseits "der informelle Informationsaustausch mit staatlichen Organen, auf der anderen Seite der Versuch, staatliche Organe informell zu

---

[339] Neubert, a.a.O., S. 79. Allgemein zum Verbandsbegriff: vgl. Schmid, Josef: Verbände, Interessenvermittlung und Interessenorganisation, Lehr- und Arbeitsbuch, München 1998; zur Definition von Kirche als Verband, vgl. Müller-Franke, Waltraud: Die Evangelische Kirche in Deutschland im politischen Meinungsbildungsprozeß am Beispiel ihrer Denkschriften, Bochum 1991.
[340] Vgl. Nollert, Michael: Verbandliche Interessenvertretung in der europäischen Union, Einflußfaktoren und faktische Einflußnahme, in: Schmid, Josef, Verbände, Interessenvermittlung und Interessenorganisation, Lehr- und Arbeitsbuch, München 1998, S. 275 - 291; Schwaiger, Konrad / Kirchner, Emil: Die Rolle der europäischen Interessenverbände, eine Bestandsaufnahme der Europäischen Verbandswirklichkeit, Baden-Baden 1981; Joos, Klemens: Interessenvertretung deutscher Unternehmen bei den Institutionen der Europäischen Union, Berlin 1998.
[341] Schwaiger / Kirchner, a.a.O., S. 29. Der hier verwendete Begriff "Gruppierung" ist gleichbedeutend mit "Gruppe" zu verstehen und insofern ein Oberbegriff für den Zusammenschluß von Menschen in einer Gesellschaft, die gemeinsam handeln und aufeinander einwirken. (Vgl. Kehrer, Günter: Gruppe / Gruppendynamik, in: Handbuch religionswissenschaftlicher Grundbegriffe, Band III, Stuttgart / Berlin / Köln 1993, S. 51 - 63; Zinser, Hartmut: Gruppe, religiöse, in: Metzler Lexikon Religion, Band 1, Stuttgart / Weimar 1999, S. 523 - 529) Im Zusammenhang mit Interessenvertretungen taucht häufiger der Begriff "Interessengruppe" auf, als identische Bezeichnung für interessen-artikulierende Vereinigungen.

beeinflussen,"[342] als Lobbying oder Lobby-Arbeit bezeichnen kann,[343] ist EECCS ebenfalls als europäische Lobby anzusehen. Von ihren Delegierten wurde dieser Begriff z. T. benutzt,[344] und Außenstehende beschrieben sie gelegentlich ebenso: "EECCS är de protestantiska kyrkornas gemensamma lobby-organisation."[345] Ihre Arbeit ging aber in großen Teilen über die ausschließliche Vertretung von Mitgliederbelangen hinaus; man befaßte sich mit politischen, sozialen, ethischen Fragen von allgemeinerem Interesse. Neubert ordnet diejenigen Kirchen (und folglich auch von ihnen ermächtigte Organisationen), die sich nicht nur der eigenen Klientel zuwenden dem Typus der Mitglieder-NRO zu; Dachverbände solcher NRO gehören nach seiner Typisierung zu den Organisations-NRO.[346]

Der sich hier andeutenden Diskrepanz unterschiedlicher Kategorisierungen kann nur dadurch entgegengewirkt werden, daß man die Vertretung der protestantischen Kirchen bei den Institutionen der Europäischen Gemeinschaft und des Europarates als "Organisation eigener Prägung" versteht.[347] Eine solche Synthese der verschiedenen

---

[342] Pfeifer, Georg: Eurolobbyismus, Organisierte Interessen in der Europäischen Union, Frankfurt am Main / New York / Paris / Wien 1995, S. 13.
[343] A.a.O., S. 16 - 20; Pfeifer erläutert die Begriffe 'Verband' und 'Lobby' und daß alle Verbände auf europäischer Ebene als Lobbys anzusehen sind.
[344] Bei ihrer ersten Vorgängerorganisation wurde der Begriff zunächst noch kritisch gesehen; einige Delegierte waren eher von der Idee einer 'eglise universelle' begeistert und betonten das 'spiritual life'; vgl. Projet de compte rendu de la deuxième réunion, tenue à Bruxelles le 10 mars 1965, des représentants des Conseils des Eglises protestantes et anglicane dans les pays membres des Communautés européennes et en Grande-Bretagne, en tant que "Commission consultative d'Eglises pour les Communautés européennes"; Bruxelles, le 16 mars 1965 [auch: EZA], S. 2. Später bezeichnete man sich jedoch selbst als "the European 'lobby'"; vgl. European Ecumenical Commission for Church and Society, Minutes of the Meeting of the European Ecumenical Commission for Church and Society, Brussels, 11 - 12 - 13 June 1986, S. 33.
[345] EECCS ist die gemeinsame Lobbyorganisation der protestantischen Kirchen, [Übersetzung des Verfassers], Zitat aus: Lundqvist, Åke: Dyrt och osäkert att vara påtryckare [Teuer und unsicher, eine Pressure-group zu sein; Übersetzung des Verfassers], in: Dagens Nyheter, Stockholm, 29.09.1996, S. A 2.
[346] Vgl. Neubert, a.a.O., S. 74 ff. [besonders: S. 79]. WeitereTypen: Honoratioren-NRO, Ein-Personen-NRO, Soziale-Bewegungs-NRO, Professionelle-Dienstleistungs-NRO, Staatsnahe-NRO.
[347] Die These Müller-Frankes bzgl. der "Kirche als Verband sui generis" (Müller-Franke, Waltraud: Die Evangelische Kirche in Deutschland im politischen Meinungsbildungsprozeß am Beispiel ihrer Denkschriften, Bochum 1991) findet hier scheinbar eine Bestätigung. Jedoch dürfen die unterschiedlichen Voraussetzungen und

organisatorischen Definitionen erscheint aufgrund der Entwicklungsgeschichte der kirchlichen Repräsentanz in Brüssel und Straßburg durchaus plausibel. **EECCS ist hier zusammenfügend zu kategorisieren als advokatorische sowie teilweise interessen-artikulierende Vereinigung im Dritten Sektor, geprägt durch Altruismus und Loyalität mit Elementen der Verhandlung.**[348] Die Definitionsschwierigkeiten werden in der im Theorieteil dieser Arbeit zu diskutierenden These der Organisationsform der "Säkularisierten Ökumene" aufgegriffen.

Konzepte, z. B. Europa statt Deutschland sowie Euro-Verband / -Organisation statt Kirchenrat / -verbund, nicht außer Acht gelassen werden.

[348] Eine Bestätigung dieser Synthesemöglichkeit findet sich in einer Bezeichnung der NGO / NRO als Lobby der Schwachen; vgl. Japs, Gode (Red.): Hintergrund Politik: Lobby der Schwachen - Die Nichtregierungsorganisationen, Eine Sendung von Heike Helfer, Deutschlandfunk, Köln 1997, Sendezeit: 17.11.1997, 18.40 - 19.00 Uhr.

6. Zwischenresümee I

Mit den beiden Kapiteln zur Entstehung und Entwicklung sowie zur Struktur und Konstitution der protestantischen Repräsentanz auf europäischer Ebene konnten einige der wichtigsten Facetten dieser Gruppierung, einschließlich ihrer chronologisch dargestellten thematischen Schwerpunkte aus dem Bereich "Kirche und Gesellschaft" sowie ihrer Funktions- und Arbeitsweisen, organisations-historisch dokumentiert und charakterisiert werden. Ihre verschiedenen Veränderungen und Umgestaltungsphasen wurden verdeutlicht. Aus dem anfänglichen Bedürfnis, dem katholischen Europa-Engagement eine eigene Konzeption entgegenzustellen, entwickelten sich auf protestantischer Seite trotz einiger Widerstände immer größere, europaweite Gemeinsamkeiten.[349] Bemerkenswert ist dabei jedoch, daß diese Einigkeit sich nur auf die Behandlung sozialethischer Fragestellungen bezog; theologische Probleme wurden bei der EECCS und ihren Vorgängern ausgespart. Der Wandel von einem relativ unbedeutenden Beratenden Ausschuß ohne eigene Satzung bis hin zu der gewichtigeren, eigenständigen, vielfältig engagierten EECCS verlief in gewisser Weise parallel zur politischen Entwicklung auf Europaebene: Ähnlich wie bei der Europäischen Gemeinschaft konnte der Einflußbereich - nicht nur geographisch bzw. hinsichtlich ihrer Mitgliederzahl - erweitert werden; auch ihre formale Verfassung wurde präzisiert. Die Öffnung nach Osteuropa hat für die Kirchen jedoch zu anderen Konsequenzen geführt als für die Politik: Die EECCS wurde nicht einfach erweitert, sondern in die schon während des Kalten Krieges etablierte gesamt-europäische Konferenz Europäischer Kirchen

---

[349] Versuche, etwa der EKD, eine eigenständige Vertretung in Brüssel aufzubauen, konnten zunächst (1969) durch gemeinsame Überzeugungsarbeit verhindert werden. Später entstandene Europa-Büros einzelner Länderkirchen (EKD-Büro in Brüssel, 1990; Anglikanische Vertretung in Straßburg, 1980) wurden nicht als Konkurrenz zur gemeinsamen protestantischen Vertretung in Brüssel und Straßburg sondern als deren Kooperationspartner angesehen. Und auch andersgeartete Zweifel an der Effektivität der Arbeit der europäischen protestantischen Kirchenvertreter konnten bis in die neunziger Jahre immer wieder überwunden bzw. relativiert werden.

integriert. Weiter ergänzt wurden die historisch-dokumentarischen Innenansichten durch eine organisations-soziologische Standortbestimmung. Dadurch konnte die besondere Situation der EECCS auf der europäischen Ebene vorgestellt werden und der Frage nachgegangen werden, wie diese protestantische Vertretung im europäischen Rahmen einzuordnen[350] bzw. zu verorten ist. Die EECCS ließ sich dabei weder klar als Nichtregierungsorganisation noch als Lobby oder Dachverband - und erst recht nicht als Kirche oder kirchenähnlicher Verband - kategorisieren. Vielmehr ist sie integrierend als "Organisation eigener Prägung" anzusehen; u. a. auf dieser definitorischen Grundlage wird im Theorieteil dieser Arbeit die These der "Säkularisierten Ökumene" aufgestellt werden.

---

[350] In dem nachfolgenden Exkurs werden die Aktivitäten anderer kirchlicher Europa-Organisationen präsentiert und gegenübergestellt.

EXKURS: Andere kirchliche Organisationen auf Europaebene

Die folgende Übersicht enthält eine Auflistung von ökumenischen und konfessionellen Einrichtungen auf europäischer Ebene. Es werden hier Gruppierungen der Kirchen vor- und gegenübergestellt, die sich mit der europäischen Einigung und ihren Folgen auseinandersetzen und / oder direkt mit EECCS zusammengearbeitet haben. Andere weltweit operierende kirchliche Institutionen wie der Weltkirchenrat oder solche, die Kirchen oder Kirchenräte eines einzelnen Landes im europäischen Umfeld vertreten (z. B. das EKD-Büro in Brüssel oder die Vertretung der Church of England in Straßburg), finden keine Berücksichtigung. Bis auf eine lassen sich die hier erwähnten Organisationen alle eindeutig dem katholischen oder dem nicht-katholischen "Lager" zuordnen. Die Tatsache, daß ausgerechnet die einzige in dieser Hinsicht wirklich ökumenische Vereinigung, namentlich die Europäische Ökumenische Organisation für Entwicklungsfragen (EECOD), Ende 1995 - nicht nur aus finanziellen Gründen - zum Aufgeben gezwungen war, spricht für sich.

Konferenz Europäischer Kirchen (KEK)[351]

Im Jahr 1959 haben sich die nichtkatholischen Kirchen Europas in Nyborg/Dänemark zur Konferenz Europäischer Kirchen (KEK) zusammengeschlossen. Diese kooperiert sehr eng und in vielen Projekten mit dem Weltkirchenrat. "Als Zweck der Arbeit nennt die Satzung, 'bei regelmäßigen Zusammenkünften Fragen, die die Kirchen in Europa angehen, zu erörtern und sich gegenseitig zu fördern in dem

---

[351] Vgl. Schöpsdau, Walter: Ökumenische Strukturen in Europa, S. 208 - 211, in: Brenner, Beatus (Hg.), Europa und der Protestantismus, Göttingen 1993, S. 208 - 218; Herrmann, Petra: Zum aktuellen Stand: Kirchen in Europa, in: Bernd Lange (Verantwortl.), Perspektive: Solidarisches Europa, Christentum und Europäische Einigung, Brüssel 1995, S. 33 - 37 (Bezugsquelle: Fraktion der Sozialdemokratischen Partei Europas im Europäischen Parlament, 97 - 113, Rue Belliard, B - 1047 Brüssel); Klute, Jürgen (V.i.s.d.P.): Europäische Netzwerke und NGO, Internetseite des Kirchlichen Dienstes in der Arbeitswelt der evangelischen Kirchenkreise im westfälischen Teil des Ruhrgebietes (kda-ruhr): http://www.kda-ruhr.de/EU-NGOs/kek.html.

allen Kirchen aufgetragenen Dienst in der gegenwärtigen europäischen Situation'. Die Formulierung läßt erkennen, daß die KEK die Zeit des 'Kalten Krieges' und der Trennung zwischen Ost- und Westeuropa als eine Herausforderung annahm, über Grenzen hinweg Brücken zu bauen und keine 'Eisernen Vorhänge' zwischen den Kirchen zu akzeptieren."[352] "Im Laufe der Jahre entwickelte sie sich (...) zu der wichtigsten Organisation, wenn es darum ging, den Dialog zwischen ChristInnen aus Ost- und Westeuropa zu ermöglichen. Auf Einladung der KEK konnten viele Vertreterinnen und Vertreter von Kirchen aus dem damaligen Ostblock an Studienkonferenzen, Tagungen und Versammlungen teilnehmen, so daß die Kontakte während den 40 Jahren beschränkter Reisefreiheit in vielen europäischen Ländern nicht abrissen, sondern vertieft werden konnten. Eine weitere wichtige Funktion der KEK war (und ist) es, finanzielle Unterstützung der westeuropäischen Kirchen für die Kirchen in Mittel- und Osteuropa zu koordinieren und abzuwickeln."[353]

Die KEK hat über 100 Mitgliedskirchen aus ganz Europa. Das Sprachrohr der Konferenz Europäischer Kirchen ist der KEK - Monitor, welcher vier Mal jährlich in Form eines drei Sprachen (Englisch, Französisch, Deutsch) kombinierenden Informationsblattes erscheint. Zwischen den alle fünf bis sieben Jahre stattfindenden Vollversammlungen, in denen alle Mitgliedskirchen repräsentiert sind, nimmt ein Zentralausschuß mit 35 Mitgliedern die Geschäftsführung wahr. Dreizehn Stabsmitglieder arbeiten unter der Leitung des Generalsekretärs im sogenannten Sekretariat, das sich in einem Gebäude mit dem Weltkirchenrat in Genf befindet. Während der Vollversammlungen wird neben organisatorischen Fragen auch über ein Schwerpunktthema debattiert. Außerdem werden seit Mitte der sechziger Jahre regelmäßig Konsultationen zu speziellen Fragestellungen durchgeführt. Und Mitte der siebziger Jahre wurden

---

[352] Schöpsdau, a.a.O., S. 208.
[353] Herrmann, a.a.O., S. 35.

zudem Studienprogramme geschaffen, wofür man eigens den Posten eines Studiensekretärs etablierte. Themen der KEK sind u. a.: Ökumene in Europa und das Verhältnis der Kirchen zueinander, insbesondere zu Minderheitskirchen; Menschenrechte und KSZE bzw. OSZE; Interreligiöser Dialog - Islam in Europa, Flüchtlinge und Asylsuchende; der konziliare Prozeß für Gerechtigkeit, Frieden und Bewahrung der Schöpfung; Mission und Evangelisierung im heutigen Europa.[354]

"Die KEK hat sich bis zur politischen Wende im Jahr 1989 mit Rücksicht auf ihre mittel- und osteuropäischen Mitglieder im Blick auf den europäischen Einigungsprozeß zurückhalten müssen."[355] In den neunziger Jahren kam es jedoch zu einer Neudefinition ihrer Politik gegenüber den europäischen Institutionen, welche zunächst die Aufnahme der EECCS als assoziiertes Mitglied und schließlich deren Integration in die KEK als neue 'Kommission Kirche und Gesellschaft' (KKG) zur Folge hatte.[356]

Die wichtigsten Veranstaltungen in der bisherigen Geschichte der KEK waren die Europäischen Ökumenischen Versammlungen in Basel (1989, 'Frieden durch Gerechtigkeit') und Graz (1997, 'Versöhnung - Gabe Gottes und Quelle neuen Lebens'), welche sie gemeinsam mit dem Rat der europäischen Bischofskonferenzen (CCEE) organisieren konnte. "In der Vor- und Nachbereitung (...) hat sich eine gute ökumenische Zusammenarbeit etabliert, die die römisch-katholische Kirche gleichberechtigt einschließt."[357]

---

[354] Siehe Klute, a.a.O., S. 2.
[355] Schöpsdau, a.a.O., S. 213.
[356] Siehe Kapitel 4.5.
[357] Herrmann, a.a.O., S. 35. Weiterhin interessant erscheint die Kooperation mit CCEE und EECOD bzgl. des Studienprojektes 'Umwelt und Entwicklung - Eine Herausforderung an unsere Lebensstile'. Aber selbst durch dieses Unternehmen ließ sich die Auflösung von EECOD Ende 1995 nicht abwenden.

Association Oecuménique pour Eglise et Société (AOES)[358]

In Brüssel kam es auf Initiative von Pfarrern und Beamten der EG-Institutionen Mitte der sechziger Jahre zur Gründung der Ökumenischen Vereinigung für Kirche und Gesellschaft, wodurch der Protestantischen Ökumenischen Gruppe, die sich bereits Ende der fünfziger Jahre locker zusammengefunden hatte, eine festgefügte Form gegeben werden konnte.[359] "The goal was to create religious activities for the European commissioners (bible study and prayer groups) and to discuss the ethical aspects of the Construction of Europe."[360] AOES ist die älteste europäische ökumenische Institution in Brüssel, aber auch immer noch eine der am wenigsten personalintensiven (nur ein Vorsitzender und eine Sekretärin in Brüssel). Sie arbeitet heute vor allem als Vermittlerin zwischen den Kirchenorganisationen und der EU-Kommission und dem Europäischen Parlament. Sie organisiert in Kooperation mit anderen Gruppierungen (beispielsweise der EECCS bzw. ihrer Nachfolgerin, der KKG) Arbeitsgruppen, in welchen über europarelevante Themen von kirchlichem Interesse geforscht und debattiert wird. Die Ergebnisse dieser Untersuchungen werden veröffentlicht und den Kirchen sowie den europäischen Institutionen zur Verfügung bzw. zur weiteren Diskussion gestellt. Weiterhin gehört zu ihrem Aufgabenbereich - gemeinsam mit dem Katholischen Foyer - die Veranstaltung von ökumenischen Zusammenkünften, zu denen Europabeamte eingeladen werden, um über soziale und ethische Themen der heutigen Zeit zu diskutieren. Darüberhinaus fördert die Ökumenische Vereinigung für Kirche und Gesellschaft die pastorale

---

[358] Vgl. europäische oekumenische kommission für kirche und gesellschaft, jahresüberblick 1986, Brüssel 1987 [H.v.V.], S. 10 sowie european ecumenical commission for church and society, annual review 1987, Brussels, April 1988 [H.v.V.], S. 12 [Beitrag von Jacob Houtman über die Ecumenical Association for Church and Society].
[359] Siehe Panhuis, Antoinette (Hg.): RENCONTRES en l'honneur de Helmut von Verschuer, Bruxelles 1991 (S. 21 ff.); Greschat, Martin: Der Protestantismus und die Entstehung der Europäischen Gemeinschaft, S. 84 - 86, in: ders. / Loth, Wilfried (Hg.), Die Christen und die Entstehung der Europäischen Gemeinschaft, Stuttgart 1994, S. 25 - 96.
[360] european ecumenical commission for church and society, annual review 1987,

Arbeit in Form von Gebetsangeboten, Bibelarbeiten und Einkehrwochen.

Churches' Committee for Migrants in Europe (CCME)[361]

Auf Empfehlung des Weltkirchenrates wurde 1964 von nichtkatholischen Kirchen Europas das Komitee der Kirchen für Fragen ausländischer Arbeitnehmer in Europa (CCMWE) gegründet, das 1978 seinen Sitz von Genf nach Brüssel verlegte. Aber erst neun Jahre später wurde das Arbeitsfeld auf alle Migranten erweitert: "In response to the new aspects of migration in Europe, its 9th Assembly, held in Palermo, Sicily, in May 1987, adopted the present name, replacing that of 'Churches' Committee on Migrant Workers in Europe'."[362]

CCME's Aufgabe ist einerseits, die nationale und internationale Gesetzgebung bezüglich Gastarbeiter- und Einwandererfragen zu verfolgen, zum anderen das Studium und die Förderung des Zusammenlebens in multi-kulturellen Gesellschaften, wobei die christlich-islamischen Beziehungen (europäisches Zivilrecht und islamische Sharia) von besonderer Bedeutung sind. CCME arbeitet mit verschiedenen Methoden: 1) Information - Veröffentlichung eines monatlichen Migration News Sheet und Beantwortung von Anfragen zum Thema Migration seiner Mitgliedsorganisationen und anderer Interessenten, 2) Networking - Arbeits- und Expertengruppen u. a. über die politischen Rechte von Einwanderern, Rassismus in Europa, Frauen und Migration, 3) Lobbyarbeit - Das Komitee hat einen Beobachterstatus beim Europarat; außerdem trifft man sich regelmäßig mit Mitarbeitern der Europäischen Kommission und mit Abgeordneten des Europäischen Parlamentes. Durch diese Kontakte entstehen zum

---

Brussels, April 1988 [H.v.V.], S. 12.
[361] Vgl. Schöpsdau, a.a.O., S. 215; europäische oekumenische kommission für kirche und gesellschaft, jahresüberblick 1986, Brüssel 1987 [H.v.V.], S. 11; european ecumenical commission for church and society, annual review 1987, Brussels, April 1988 [H.v.V.], S. 11; The Ecumenical Centre, A Churches Guide to European Institutions, Bruxelles, December 1990 [H.v.V.], S. 57 - 62.
[362] european ecumenical commission for church and society, annual review 1987, Brussels, April 1988 [H.v.V.], S. 11.

Teil auch gemeinsame Stellungnahmen mit den Mandatsträgern zu aktuellen politischen Fragen. Zudem bestehen Verbindungen zu Vertretern internationaler Organisationen, z. B. des Hohen Kommissariats für Flüchtlingsfragen der Vereinten Nationen.

Durch die Delegierten der Mitgliedskirchen (aus folgenden Ländern: Belgien, Finnland, Frankreich, Deutschland, Griechenland, Italien, Niederlande, Norwegen, Portugal, Spanien, Schweden, Schweiz, Großbritannien, Irland, Ex-Jugoslawien) hat das Komitee Gelegenheiten zur Kommunikation mit Kirchen auf regionaler und nationaler Ebene in den einzelnen Ländern sowie mit internationalen Kirchenorganisationen.

"Over the years the Committee has initiated pilot-projects, organised seminars and consultations, published booklets, distributed information, represented the member churches in international organisations and meetings, contacted and co-operated with international political bodies, trade unions and migrants' associations, and co-ordinated action where possible and necessary."[363]

Die Vollversammlung des Komitees der Kirchen für Migrantenfragen tritt nur einmal in drei Jahren zusammen. Sie erstellt dann ein neues Arbeits- und Aktionsprogramm auf dessen Grundlage die Arbeits- und Expertengruppen weiter forschen oder sich ggf. neu konstituieren. Die Mitgliedskirchen entsenden Delegierte in diese Arbeitsgruppen; es können aber auch außerkirchliche Experten als Beobachter oder Berater eingeladen werden.

Die Vollversammlung wählt weiterhin ein Exekutivkomitee. Dieses trifft sich mindestens halbjährlich und soll möglichst zu gleichen Teilen aus Migranten und Nicht-Migranten bestehen und auch Menschen aus möglichst vielen Regionen Europas sowie unterschiedlicher Glaubensrichtungen beinhalten. Zusammen mit dem Generalsekretär sollen die Mitglieder des Exekutivkomitees u. a. die Arbeit der Arbeits- und

---

[363] The Ecumenical Centre, A Churches Guide to European Institutions, Bruxelles, December 1990 [H.v.V.], S. 57 - 62.

Expertengruppen kontrollieren, Beziehungen zu den Kirchen pflegen und das CCME gegenüber den europäischen Institutionen repräsentieren.

Das Büro in Brüssel, welchem neben dem Generalsekretär noch ein Exekutivsekretär und eine administrative Sekretärin angehören, hat schließlich noch allgemeinere Aufgaben: "The Secretariat in Brussels carries out the day to day work."[364]

Association of Protestant Development Organisations in Europe (APRODEV)[365]

Bei dem ersten Treffen europäischer protestantischer Entwicklungshilfeorganisationen in Hamburg im September 1989 kam der Wunsch auf, künftig in einem Dachverband europaweit zusammenzuarbeiten. Aus dieser Idee entstand APRODEV, deren Gründungstagung am 30. März 1990 in den Niederlanden stattfand. Mitglieder sind skandinavische, britische, niederländische, französische und deutsche kirchliche Hilfsverbände, die alle auch beim Weltkirchenrat akkreditiert sein sollen. Der 'Commission on Inter-Church Aid, Refugees and World Service' (CICARWS) des Weltkirchenrates wurde ein Beobachterstatus bei APRODEV eingeräumt. Die Direktoren der Mitgliedsvereinigungen treffen sich einmal jährlich um die weitere Arbeit zu koordinieren. Zwischen diesen Zusammenkünften wird die Verantwortung einem aus drei Personen bestehenden Exekutivkomitee übertragen, das drei bis vier Mal pro Jahr tagt. Dieses hat u. a. die Aufgabe, die Arbeit des Brüsseler Büros (ein Liaison Officer und eine Assistentin) zu beaufsichtigen.

Die Prioritäten der Arbeit von APRODEV sind folgende Themenbereiche:
"- the effects of the Single European Market on the social and economic situations in Third World Countries

---

[364] A.a.O., S. 61.
[365] Vgl. a.a.O., S. 69 - 71.

- EC development policy issues such as the implementation of Lome IV and northern governments funding southern NGOs
- the debt crisis and adjustment policies
- the effects of the harmonisation of legislation, administrative practices and tax structures on NGOs within the EC
- EC policy and practices in channeling resources for emergency aid, development, development education, etc. through NGOs
- public relations, media, and fundraising opportunities
- seeking forms of co-operation and sharing of information with CICARWS, CEC, CIDSE (the association of Catholic development agencies), and other networks such as the Lutheran World Service, the NGO Liaison Committee, Eurostep, etc."[366]

L'Office Catholique d'Information sur les Problèmes Européens (OCIPE)[367]

Bereits 1956 wurde vom Straßburger Bischof Weber auf Anregung von Laien das "Office Catholique d'Information sur les Problèmes Européens" gegründet. Die Aufgaben dieses von Jesuiten geleiteten katholischen Sekretariats für Europafragen (deutsche Abkürzung: KASEF) sind u. a. folgende:

- Veröffentlichung einer eigenen internationalen Zeitschrift, in französischer Sprache mit dem Titel 'Objectif Europe' sowie in deutscher Sprache mit dem Titel 'Projekt Europa'.
- Arbeiten für die Katholische Nachrichtenagentur (KNA).
- Organisation internationaler Studientagungen zu aktuellen Europafragen, deren Ergebnisse mit dem o. g. Organ ebenfalls ein Forum geboten wird. Solche Tagungen finden i.d.R. zweimal jährlich statt, unter der Teilnahme von Mitgliedern des Europäischen Parlaments, der EG-Kommission und anderer europäischer Behörden.

---

[366] A.a.O., S. 69 - 70.
[367] Vgl. Rauch, Andreas Martin: Katholische Kirche und Europäische Einigung, Grundlagen, Entwicklungen und Probleme des katholischen Beitrags für ein geeintes Europa 1946 - 1986, Bonn 1986, S. 49 - 51.

- Mitwirkung als Redner oder Experten bei Zusammenkünften christlicher (u. a.) Verbände, die auf europäischer Ebene, in den verschiedenen europäischen Ländern, vornehmlich in Brüssel oder Straßburg stattfinden.

"Die OCIPE arbeitet eng zusammen mit dem 1968 gegründeten Europäischen Laienforum und dem Ökumenischen Zentrum für Kirche und Gesellschaft. Durch ihre zahlreichen Aktivitäten wird die OCIPE ihrer Zielsetzung gerecht, die Arbeit der europäischen Institutionen aus der katholischen Perspektive von Frieden und Entwicklung zu verfolgen und in diesem Sinne auf gesellschaftliche Probleme der Europäischen Einigung öffentlich einzugehen. (...) OCIPE ist weder ein rein privater Organismus (...) noch eine ausschließlich bischöfliche Informationsstelle."[368]

Consilium Conferentiarum Episcopalium Europae (CCEE)[369]

Aufgrund der guten Erfahrungen der Zusammenarbeit der Bischöfe auf dem Zweiten Vatikanischen Konzil haben sich die katholischen Bischofskonferenzen Europas am 23. / 24. März 1971 in Rom zum Rat der europäischen Bischofskonferenzen (CCEE) zusammengeschlossen. Die geltenden Statuten des CCEE wurden am 10. Januar 1977 durch Papst Paul VI. approbiert. Hinsichtlich ihrer Bestimmung einigten sich die Bischöfe darauf, daß diese Organisation der kollegialen und informativen Zusammenarbeit dienen soll, aber keine rechtlichen Vollmachten über Bischofskonferenzen oder einzelne Bischöfe haben sollte. Oberstes Organ des CCEE, dem gegenwärtig 33 Mitglieder angehören, ist die einmal jährlich zusammentretende Vollversammlung. Deren Delegierte werden von den einzelnen Bischofskonferenzen gewählt bzw. bei Regionen, wo keine Konferenzen bestehen, vom Präsidenten des CCEE zur Teilnahme

---

[368] A.a.O., S. 50.
[369] Vgl. Schöpsdau, a.a.O., S. 211 - 212; Rauch, a.a.O., S. 42 - 46; Christian Thiede, Bischöfe - kollegial für Europa, Der Rat der Europäischen Bischofskonferenzen im Dienste einer sozialethisch konkretisierten Evangelisierung, Münster 1991.

eingeladen. In ihrem Auftrag arbeiten das Präsidium, delegierte Bischöfe oder Kommissionen und das Sekretariat mit Sitz in St. Gallen. Ein Treffen der Sekretäre der einzelnen Bischofskonferenzen findet einmal jährlich, jedesmal in einem anderen Land, statt. Andere wichtige Zusammenkünfte sind die in mehrjährigem Abstand stattfindenden Symposien, an denen jeweils ca. 80 Bischöfe sowie Experten und Vertreter von Laien, Ordensleuten und Priestern teilnehmen. Die Tagesordnung dieser Treffen war anfangs noch von den - nachkonziliaren - Themen der Diözesanstrukturen, des Priester- und Bischofsamtes geprägt, in den achtziger Jahren tauchte das Thema der "Evangelisierung" auf. Und im Zusammenhang damit wandte sich die Studienarbeit und dann 1985 ein Symposium dem Problem der "Säkularisierung" in Europa zu. CCEE organisierte außerdem eine Reihe von Zusammenkünften von Bischöfen und Experten, die mit Europa bzw. der Kirche in Europa zusammenhängen und veröffentlichte "gemeinsame Erklärungen der europäischen Bischöfe, wovon das 'Wort zu Europa' und 'Verantwortung der Christen für das Europa von heute und morgen' die bekanntesten sind. Während das erste Papier im Zuge der Wahlen für das erste Europäische Parlament formuliert wurde, kam das zweite Dokument bei einer europäischen Wallfahrt nach Subiaco zu Ehren des Heiligen BENEDICTUS zustande. Beide Dokumente, in denen sich die Bischöfe positiv gegenüber dem Europäischen Integrationsprozeß aussprechen, waren von politisch geringer Relevanz und wurden von den Massenmedien wenig beachtet."[370]

Neben den Kontakten der CCEE zu einzelnen Bischofskonferenzen in Europa, Verbindungen zur katholischen Weltkirche und anderen kirchlichen Institutionen sind die ökumenischen Kontakte, insbesondere zur Konferenz Europäischer Kirchen (KEK), hervorzuheben. Bereits 1969 nahm der Generalsekretär der KEK am Bischofssymposium in

---

[370] Rauch, a.a.O., S. 45 - 46; das erstgenannte Dokument ist von 1977, das zweite von 1980.

Chur teil. 1971 wurde durch die Vollversammlung der CCEE die Aufnahme eines formellen Kontaktes mit KEK beschlossen, der 1975 zu einem von den nationalen Bischofskonferenzen approbierten Ausschuß als offizielles, von beiden Organisationen beauftragtes Gremium, führte. Allein bis 1982 fanden schon zehn Sitzungen des gemeinsamen Ausschusses statt, denen viele weitere folgen sollten. Im Rahmen dieser Zusammenarbeit von CCEE und KEK wurden auch mehrere ökumenische Begegnungen abgehalten, z. B. über die Neuevangelisierung Europas, Ende November 1991 in Santiago de Compostela, unter dem Titel 'Damit wir Zeugen Christi sind, der uns befreit'.[371] Weiterhin konnten bisher zwei Europäische Ökumenische Versammlungen (EÖV), unter Beteiligung aller christlichen Konfessionen, 1989 in Basel[372] und 1997 in Graz, organisiert werden. "Offenbar kommt bei realistischer Betrachtung allein das gleichberechtigte Miteinander der Kirchen auf der Ebene von CCEE und KEK als ökumenisches Forum in Europa in Frage, wie sich auch beim konziliaren Prozeß (...) gezeigt hat."[373] "In der Zusammenarbeit mit der KEK sieht das CCEE die Chance, die Einheit der Christenheit über die konfessionellen Spaltungen hinweg wiederherzustellen und der wachsenden Säkularisierung in Europa Einhalt zu gebieten. Im Ergebnis darf jedoch nicht übersehen werden, daß die theologischen und pastoralen Fragen und Probleme, mit denen sich CCEE auseinandersetzt, von geringer Bedeutung für den Europäischen Integrationsprozeß sind."[374]

---

[371] Schöpsdau, a.a.O., S. 212.
[372] Vgl. Thiede, a.a.O., S. 164 - 172.
[373] Ebenda.
[374] Rauch, a.a.O., S. 46. Dieser Einschätzung steht auch nicht die sehr interessante Kooperation mit KEK und EECOD bzgl. des Studienprojektes 'Umwelt und Entwicklung - Eine Herausforderung an unsere Lebensstile' entgegen, zumal durch diese auch nicht verhindert werden konnte, daß EECOD Ende 1995 aufgelöst werden mußte.

Commissio Episcopatuum Communitatis Europensis (COMECE)[375]
Die Kommission der Bischofskonferenzen der Europäischen Gemeinschaft wurde am 3. März 1980 in Brüssel konstituiert. Dieses geschah in völliger Übereinstimmung mit den Einrichtungen des Heiligen Stuhles, wobei letzterer diese Gründung auch durch die Bereitstellung eines Hauses in Brüssel erleichterte. COMECE befaßt sich als kirchliche Dienststelle unmittelbar mit Fragen der Europäischen Gemeinschaft bzw. Union. Sie hat "den Charakter eines Informationsbüros, welches die notwendigen Kontakte zu den EG-Instanzen unterhält, sich um die Verbindungen mit und zwischen den Bischofskonferenzen kümmert, Tendenzen und Entwicklungen im europäischen Bereich wie innerhalb der europäischen Institutionen (insbesondere des Europäischen Parlamentes) beobachtet und die Bischofskonferenzen der EG-Länder regelmäßig über Fragen von bischöflichem Interesse unterrichtet."[376] Ihr gehörten bereits im Juni 1985 dreizehn Mitglieder an, da nicht nur von den jeweiligen Bischofskonferenzen der EG-Länder sondern auch von Schottland ein Entsandtenposten beansprucht wurde. Die Kommission tritt einmal jährlich zusammen. Der Exekutivausschuß (Präsident, zwei Vizepräsidenten, Generalsekretär) trifft sich häufiger. Der Generalsekretär und seine Mitarbeiter erledigen die täglichen Aufgaben im Brüsseler Büro. Ersterer ist gleichzeitig Direktor des 1976 gegründeten Katholischen Informationsdienstes für Pastorale Fragen in Europa. Die Kommission ist eine Unterorganisation der Bischofskonferenzen ihrer Mitgliedsländer und von diesen finanziell abhängig sowie an ihre Weisungen gebunden. "Jede Entscheidung, die COMECE in der Kommission oder dem Exekutivausschuß fällt (...), bedarf der Zustimmung der nationalen Bischofskonferenzen, die der jeweilige delegierte Bischof bei seiner Bischofskonferenz einholt."[377] Die inhaltliche Arbeit der COMECE gestaltet sich in enger Kooperation mit

---

[375] Vgl. Rauch, a.a.O., S. 46 - 49 sowie Schöpsdau, a.a.O., S. 213.
[376] Rauch, a.a.O., S. 47 - 48.

dem Rat der Europäischen Bischofskonferenzen (CCEE), von welchem sie jedoch unabhängig ist.[378] Bei den Vollversammlungen beschäftigt man sich mit aktuellen Fragen, die zur Zeit im Europaparlament und Europarat behandelt werden. Als konkrete Ergebnisse entstehen dabei z. B. sogenannte 'Worte der Bischöfe zu den Wahlen zum Europäischen Parlament'.[379] Die Beziehungen zu den Institutionen der Europäischen Gemeinschaft werden außerdem durch Empfänge und Arbeitstreffen gepflegt.

European Ecumenical Organisation for Development (EECOD)[380]

Diese Europäische Ökumenische Organisation für Entwicklungsfragen arbeitete in Brüssel als eine Lobby für die Armen in Europa und vor allem der sogenannten Dritten Welt. Sie wurde 1974 als 'Joint Task Force for development questions' gegründet und erhielt 1986 unter dem obigen neuen Namen ihren rechtlichen Status. Sie war ein gemeinsames Unternehmen der protestantisch geprägten Ökumenischen Vereinigung für Kirche und Gesellschaft (AOES) und des Katholischen Informationsamtes für europäische Fragen (OCIPE) mit folgenden Zielen:

"assist European Churches to acquire a greater awareness of the political and macro-economic problems of development in the Third World, with particular attention to the European Community's role in this sector.

- make the opinions of the Churches known to those in positions of responsibility on a national and European level.

---

[377] A.a.O., S. 47.
[378] Vgl. Schöpsdau, a.a.O., S. 213.
[379] U. a. für die EP-Wahlen 1984. Ein Vorläufer dieses Hirtenwortes ist die Erklärung der Bischofskonferenzen der EG-Länder zu den ersten Wahlen für das Europäische Parlament von 1979; vgl. Rauch, a.a.O., S. 49.
[380] Vgl. Schöpsdau, a.a.O., S. 214 - 215; europäische oekumenische kommission für kirche und gesellschaft, jahresüberblick 1986, Brüssel 1987 [H.v.V.], S. 10 - 11; european ecumenical commission for church and society, annual review 1987, Brussels, April 1988 [H.v.V.], S. 9 - 10; The Ecumenical Centre, A Churches Guide to European Institutions, Bruxelles, December 1990 [H.v.V.], S. 63 - 68.

- be a focal point where exchanges, discussions and circulation of information take place. It aims to establish true solidarity between European ecclesiastical institutions and those of the Third World."[381]

Als Mitglieder hatte sie nicht Kirchen, sondern etwa 30 Einzelpersonen, die katholischerseits im allgemeinen von den nationalen Kommissionen 'Justitia et Pax' der Länder der EG entsandt wurden, protestantischerseits die nationalen Ausschüsse für Entwicklungspolitik der anglikanischen und evangelischen Kirchen vertraten; andere Mitglieder kamen von christlichen Nicht-Regierungsorganisationen (NGOs).

Die Tätigkeit der EECOD konzentrierte sich auf diese Aufgabenbereiche:

"1. Öffentlichkeitsarbeit: die monatlich in englischer und französischer Sprache erscheinende 'Antenna' berichtet über die europäische Entwicklungspolitik und die Aktivitäten der EECOD.

2. Die Auswirkungen der europäischen Agrarpolitik auf die Länder der Dritten Welt, die im Widerspruch zur Entwicklungspolitik der EG stehen können.

3. Der kulturelle Aspekt der Entwicklungspolitik. Hier wurde (...) von der EECOD ein 'North-South Culture und Development Network' eingerichtet.

4. Verschuldung der Dritten Welt: Katholiken und Protestanten erarbeiten gemeinsam ein Papier, das den Kirchen und der EG vorgelegt (...) wird.

5. Bildungsarbeit im Bereich der Entwicklungspolitik: die EECOD beabsichtigt, gemeinsam mit der protestantischen Bildungsorganisation ARENA eine Aktionswoche zur Erziehungsarbeit im Bereich der Entwicklungspolitik zu veranstalten. ARENA organisierte bereits 1986 ein Treffen zwischen EECOD und süd-europäischen, regierungsunabhängigen Organisationen in Figueira da Foz (Portugal).

---

[381] The Ecumenical Centre, A Churches Guide to European Institutions, Bruxelles, December 1990 [H.v.V.], S. 63.

6. Theologische Reflektion: die theologische-geistliche Bewältigung dieser Problematik ergänzt die Tätigkeitsbereiche der EECOD."[382]

Zur Realisierung o. g. Aufgaben suchte man auch Kooperationspartner: "Collaboration with Catholic Religious Orders and Missionary Institutes: On 1 January 1989 an agreement was signed with a network of 21 Catholic institutes working in Africa, the 'Africa Faith and Justice Network / Europe'. The Network is a member of EECOD and its General Secretary a member of the EECOD staff. If missionary congregations working in Africa are to remain true to their mission of evangelisation, they must also work in their home countries to make fellow citizens aware of the problems and make efforts to change policies which are unjust to Africa."[383]

Weiterhin suchte EECOD Kontakte zur Konferenz Europäischer Kirchen (KEK) und dem Rat der Europäischen Bischofkonferenzen (CCEE). Gemeinsam mit diesen kirchlichen Dachorganisationen wurde ein Studienprojekt 'Umwelt und Entwicklung - Eine Herausforderung an unsere Lebensstile' organisiert. Dessen Abschluß bildete eine Ökumenische Konsultation in der Orthodoxen Akademie von Kreta, welche dort vom 19. bis 25. Juni 1995 zu selbigem Thema mit über 50 Repräsentanten von Kirchen und kirchennahen Organisationen aus 22 europäischen Ländern, sowie Beratern aus Kanada, den Philippinen und China, erfolgreich veranstaltet wurde.[384]

Trotz dieser fruchtbaren Betätigungen, welche der Generalsekretär der EECOD mit nur zwei fest angestellten Mitarbeitern zu organisieren in der Lage war, mußte die Europäische Ökumenische Organisation für Entwicklungsfragen Ende 1995 ihre Arbeit einstellen. Neben großen finanziellen Problemen hatte sie mit einer mangelnden Unterstützung

---

[382] europäische oekumenische kommission für kirche und gesellschaft, jahresüberblick 1986, Brüssel 1987 [H.v.V.], S. 10 - 11.
[383] The Ecumenical Centre, A Churches Guide to European Institutions, Bruxelles, December 1990 [H.v.V.], S. 68.
[384] 17 Seiten umfassendes Abschlußdokument, Franz von Assisi Akademie zum Schutz der Erde e. V. (bei der Katholischen Universität Eichstätt) oder: via Internet: http://www.altmuehlnet.baynet.de/~faa/kreta2.htm.

durch ihre Mitgliedsorganisationen zu kämpfen. Die einzigartige und visionäre Zusammenarbeit von katholischen und nicht-katholischen Kirchenverbänden in einer gemeinsamen institutionellen Einheit mußte auch auf Grund von Einzelinteressen anderer konkurrierender Entwicklungshilfevereinigungen aufgegeben werden.[385]

---

[385] Siehe Europäische Ökumenische Kommission für Kirche und Gesellschaft, Vollversammlung - 4. / 6. September 1995, Bericht des Generalsekretärs, S. 22.

7. Konkretionen

In diesem Abschnitt geht es darum, EECCS aus unterschiedlichen Blickwinkeln zu betrachten und zu erforschen. Zunächst erfolgt der Blick von außen - wie wurde sie von den protestantischen Kirchen Europas wahrgenommen? Daran anschließend wird unter sozioökonomischen Aspekten ihre Effektivität und Marktwirkung untersucht. Schließlich werden die internen Ansichten bzgl. ECCSEC und EECCS unter die Lupe genommen - wie wurde die eigene Arbeit begriffen und auf welchem Selbstverständnis beruhte dieses Engagement?

7.1. Aufbereitung einer Frageaktion: Kirchliche Positionen zur Europafrage sowie bzgl. EECCS

Ende 1996 / Anfang 1997 wurde vom Verfasser eine Anfrage zur Europafrage an 51 verschiedene protestantische Landeskirchen (bzw. deren Zentralen)[386] in den 15 EU-Mitgliedsstaaten geschickt.[387] Zu diesem Zeitpunkt war die ausschließliche Festlegung des Forschungsbereiches auf die Arbeit der Europäischen Ökumenischen Kommission für Kirche und Gesellschaft noch nicht erfolgt, da zunächst eine

---

[386] Die benötigten Adressen wurden dem Bericht über die 4. Vollversammlung der Leuenberger - europäischen protestantischen - Kirchengemeinschaft vom 3. bis 10. Mai 1994 in Wien entnommen. (Hüffelmeier, Wilhelm / Müller, Christine-Ruth (Hg.): Wachsende Gemeinschaft in Zeugnis und Dienst, Bericht über die 4. Vollversammlung der Leuenberger Kirchengemeinschaft vom 3. bis 10. Mai 1994 in Wien, Frankfurt am Main 1995)

[387] Mit folgendem Wortlaut "Dear Madam or Sir, I want to ask you if you could send me some information about the position of the [name of church] towards Europe and the European idea. I'm a student of Religious Studies at the University of Hannover and I write a Ph.D.-thesis about Protestantism and Europe. I'm specially looking for official statements and papers and I would be very pleased if you give me some help and information for my doctoral studies."

Bzw. - sofern möglich - in Deutsch: "Sehr geehrte Damen und Herren, hiermit möchte ich Sie fragen, ob Sie mir Informationen zusenden könnten über die Position der [Name der Kirche] zur Europafrage. Ich bin Student der Religionswissenschaft an der Universität Hannover und schreibe meine Doktorarbeit über Europa und den Protestantismus (besonders in der Gegenwart). Ich suche speziell nach offiziellen Äußerungen und Statements aus den letzten Jahren (aber auch früher) und würde mich sehr freuen, wenn Sie mir mit solchen Informationen bei meinen Forschungen helfen könnten."

Untersuchung kirchlicher Äußerungen zum Thema "Europa" geplant war. Diese hatte sich jedoch als zu aufwendig erwiesen, u. a. weil die Stellungnahmen zu unterschiedlich für eine gemeinsame Analyse erschienen. Durch die sehr allgemein gehaltene Fragestellung blieb für die Beantwortung ein recht großer Spielraum, der von den Kirchen auf verschiedene Weise genutzt wurde. Die unstrukturierte Art der Befragung bewirkte die unterschiedlichsten Ergebnisse hinsichtlich Ausführlichkeit und Informationsgehalt und Interpretationsmöglichkeiten. Selbiges wurde als positiver Nebeneffekt angesehen, da nur diese Methode eine wirklich offene Beantwortung erlaubte. Durch eine strukturierte Fragebogenaktion mit vorgegebenen Antworten wären einige Aussagen möglicherweise unterdrückt worden.[388]

Immerhin 66,67 % der angeschriebenen Kirchenleitungen haben - mehr oder weniger ausführlich - geantwortet.[389] Ungefähr 2/5 dieser Antworten fiel recht kurz aus, und sie besagten, daß von der entsprechenden Kirche zu diesem Themenkomplex bisher noch keine kirchenamtlichen Äußerungen abgegeben worden wären. Einige der Antwortenden beriefen sich dabei auf die absolute Meinungsfreiheit ihrer Kirchenmitglieder, welche allgemeine Aussagen der Kirchenoberen nicht zuließe (Priestertum aller Gläubigen). Der andere Teil der Antworten war ausführlicher, und viele der entsprechenden Briefe enthielten kirchenamtliche oder andere Dokumente zur Europafrage. Sie werden hier aber nicht im Einzelnen vorgestellt. Stattdessen sind im Anhang dieser Arbeit die wichtigsten jener Texte zusammengefaßt zu finden. Obwohl der Verfasser sich erst später auf

---

[388] Zu den Vor- und Nachteilen der qualitativen Datenerhebung, siehe: Baumann, Martin: Qualitative Methoden in der Religionswissenschaft, Marburg 1992
[389] Daß 1/3 der Angeschriebenen nicht geantwortet hat, kann nicht an der Beschränkung auf die deutsche und englische Sprache liegen. Nur vier der siebzehn nicht-antwortenden Kirchen kamen aus Ländern in denen romanische Sprachen vorherrschen (1 x Frankreich, 1 x Portugal, 2 x Italien), während acht andere Kirchen aus solchen Ländern die Anfrage beantworteten (3 x Frankreich, 1 x Portugal, 2 x Italien, 2 x Spanien). Von den anderen dreizehn die sich nicht beteiligten, kamen sechs aus Ländern in denen Deutsch oder Englisch eine große Verbreitung haben (1 x Finnland, 1 x Dänemark, 2 x Schweden, 1 x Niederlande, 1 x Luxemburg) sowie sieben aus englischsprachigen Ländern (6 x Großbritannien, 1 x Irland).

diesen Bereich der kirchlichen Europaarbeit spezialisiert hatte, lassen sich anhand der qualitativen Befragung, welche ursprünglich - wie bereits erläutert - einen anderen Zweck verfolgte, interessante quantitative Rückschlüsse[390] hinsichtlich der Wahrnehmung der EECCS durch die protestantischen Kirchenleitungen ziehen. Mit Hilfe der Antwortbriefe kann nämlich festgestellt werden, inwieweit die Europäische Ökumenische Kommission für Kirche und Gesellschaft bei den Befragten bekannt war bzw. ob sie sie im Zusammenhang mit der gestellten Frage erwähnten. Nur in 23,5 % dieser Mitteilungen (d. h. in 8 von 34) erschien der Name EECCS explizit im Text; und nur 14,7 % der antwortenden Mitarbeiter der Kirchenleitungen (5 von 34) gaben an, daß ihre Kirche der EECCS angehört. In weiteren 29,4 % der Schreiben (10 von 34) taucht das so delegierte kirchliche Engagement in Brüssel und Straßburg immerhin implizit, d. h. innerhalb der beigefügten oder erwähnten Dokumente auf. Den Antwortenden der Kirchen von vier Ländern mit protestantischen Minderheiten (Österreich, Italien, Portugal, Spanien) scheint deren EECCS-Mitgliedschaft überhaupt nicht präsent bzw. geläufig gewesen zu sein. Diese Quantifizierungen sprechen nicht gerade für einen hohen Bekanntheitsgrad der Europäischen Ökumenischen Kommission für Kirche und Gesellschaft bei den Befragten. Und deren Arbeit wird anscheinend keine besondere Wertschätzung durch die einzelnen Kirchen entgegengebracht.

7.2. Effektivität der Interessenvertretung durch EECCS

"Die großen Kirchen scheinen die Entwicklung eines Marktes der Religionen zumindest für sich selbst nicht zur Kenntnis nehmen" und sogar zu leugnen.[391] Eine kircheneigene Marktforschung wird auch aus vorgeblich moralischen Gründen (Stichwort "Simonie" = Ämterkauf; vgl. Apostelgeschichte 8,18 ff.) oftmals abgelehnt, wodurch viele Prozesse

---

[390] Zu dieser Arbeitsweise, siehe: Hase, Thomas: Quantitative Methoden in der Religionswissenschaft, Marburg 2000

und deren Aus- und Rückwirkungen offiziell unerklärlich bleiben.[392] Die Bewertung der Effektivität organisierter religiöser Gruppen anhand der marktbezogenen Kriterien von Fowler und Hertzke[393] erfolgt hier in modifizierter Weise, d. h. mit einer Anpassung an europäische Verhältnisse:[394]

"What makes for religious group effectiveness?
We suggest five factors that contribute to success:

Traditions (...)
Historical traditions (...) influence whether a church will enter politics at all, and if so, how strategically it will approach that task. (...)

Internal Strength and Unity
No church group is going to make impact without supportive lay members. Numbers in particular matter in politics. So does unity among members. At the same time, internal factions, disputes among leaders, and resistance among followers all detract from political clout. Equally important is intensity. (...)

Strategic Location
Often overlooked is the strategic location of the group. Does the group or its members enjoy natural access to elites in government? Or does it have to beat down the door just to get a hearing?

---

[391] Zinser, Hartmut: Der Markt der Religionen, München 1997, S. 33.
[392] Ebenda.
[393] Fowler / Hertzke, a.a.O.; speziell: Chapter 3, Politics of Organized Religious Groups, S. 53 - 82
[394] Die Hervorhebung der Theologie im Bereich "Traditions" erscheint dem Verfasser für die Untersuchung der EECCS nicht angebracht; dieses Kriterium wird hier entsprechend modifiziert, durch zweimalige Auslassung von "and theological beliefs" jeweils nach dem Wort "traditions". Im Gegensatz zu den meisten US-amerikanischen kirchlichen Lobbygruppen hat EECCS verschiedene Strömungen unter einem gemeinsamen Dach vereint. Wie in Kapitel 10 dieser Arbeit erläutert wird, ist deshalb gerade ihr säkularisiertes Profil von besonderer Bedeutung.

Constraints and opposition

The power, intensity, and access of a group's opponents matters. Some groups, of course, ignite more opposition than others. Some must struggle more against opposition within their religious constituency (...)

Zeitgeist, or Spirit of the Times

The fortunes of a religious group are governed in part by how well its agenda conforms to the tenor of the times. (...) Religious groups cannot always do much about the prevailing zeitgeist, but they can recognize it and adapt their strategies accordingly."[395]

Nur eines dieser Erfolgskriterien konnte bis in die neunziger Jahren hinein von EECCS voll erfüllt werden. Letzterer war es - zumindest nach eigener Einschätzung - namentlich gelungen, sich gegenüber den europäischen Institutionen strategisch günstig zu verorten (**Strategic Location**) und als Organisation mit kirchlichem Auftrag[396] akzeptiert und ernstgenommen zu werden.[397] So konnte Klaus Kremkau - zu der Zeit der Präsident der EECCS - 1992 feststellen: "Der Bekanntheitsgrad und die Anerkennung der Arbeit unserer Kommission in der europäischen Ökumene und bei den europäischen Institutionen sind spürbar gewachsen."[398] Nichtsdestotrotz muß die Bewertung anhand der anderen Bedingungen - wie nachfolgend jeweils gesondert dargelegt werden wird - negativ ausfallen: In der historisch gesehen

---

[395] A.a.O., S. 61 - 63
[396] Zur Frage, wie EECCS organisationssoziologisch einzuordnen ist, siehe Kapitel 5 dieser Arbeit.
[397] Sogar auf höchster Ebene: "The offer made [by Jacques Delors, President of the Commission of the European Community; H.-U. R.] of regular informal consultations was a welcome surprise and a confirmation of the raison d'être of EECCS - individual churches could not hope to be consulted in the same way." (European Ecumenical Commission for Church and Society, General Assembly - 2 / 3 September 1991, Minutes, S. 10).
[398] Europäische Ökumenische Kommission für Kirche und Gesellschaft, Vollversammlung - 24. - 26. Juni 1992, Annexe C, Bericht des Präsidenten, S. C4. Im Widerspruch zu dieser Feststellung stehen die Ergebnisse der Frageaktion zu kirchlichen Positionen bzgl. "Europa", siehe Kapitel 7.1. dieser Arbeit.

kurzen Zeit ihrer Aktivität hatte sie und auch ihre Vorgängerorganisationen kaum die Gelegenheit gehabt, dauerhaft **Traditionen**[399] aufzubauen. Probleme gab es ebenso mit der mangelnden Einheitlichkeit (**Unity**) der Vorstellungen der verschiedenen Mitglieder der EECCS, welche schon im Vorfeld ihrer Gründung deutlich wurden: "The plurality of European Protestantism (...) did not facilitate the work of ECCSEC and its Executive Committtee."[400] Mit diesen kulturellen und kirchlichen Unterschiedlichkeiten hatte die Europäische Ökumenische Kommission für Kirche und Gesellschaft seit ihren Anfängen zu tun; und sie mußte sich selbst noch Ende der neunziger Jahre mit ähnlichen Fragen befassen: "Hier stellte sich heraus, daß der Begriff 'Kirche und Gesellschaft' in den verschiedenen Teilen Europas und den verschiedenen Traditionen unterschiedlich verstanden wird."[401] Es fehlte EECCS auch an innerer Stärke (**Internal Strength**), denn die kirchliche Unterstützung war generell geringer als erhofft. Auf dieses Problem wurde desöfteren hingewiesen,[402] und man diskutierte es ausführlich, ohne jedoch zu einem substantiellen Ergebnis zu kommen.[403] Weiterhin hatte man mit Beschränkungen (**Constraints**) zu kämpfen, welche nicht nur das finanzielle Gebiet[404] sondern damit im Zusammenhang auch andere Bereiche, z. B. der Kommunikation,

---

[399] Gunther Stephenson erklärt dazu: "Traditionen wirken gemeinschaftsstiftend und -stabilisierend." (Stephenson, Gunther: Saekularisierung als mögliche Form des Untergangs?, in: Zinser, Hartmut (Hg.), Der Untergang von Religionen, Berlin 1986, S. 295 - 308; besonders: S. 302)
[400] Ecumenical Commission for Church and Society in the European Community, Minutes of the Meeting of the Ecumenical Commission for Church and Society in the European Community, Brussels, June 11th and 12th 1981 [auch: EZA], S. 2
[401] Europäische Ökumenische Kommission für Kirche und Gesellschaft, Vollversammlung - 13. / 16. September 1997, Jahresbericht 1996 / 97, S. 2
[402] European Ecumenical Commission for Church and Society, Minutes of the meeting of the European Ecumenical Commission for Church and Society, Brussels, 11 - 12 - 13 June 1986, S. 2; Minutes of the General Assembly [of EECCS; H.-U. R.] held in Brussels, 27 - 28 September 1989, Annexe 1, Report of the President, S. 5; European Ecumenical Commission for Church and Society, General Assembly - 2 / 3 September 1991, Minutes, Annex C, Bericht des Präsidenten, S. 21.
[403] Europäische Ökumenische Kommission für Kirche und Gesellschaft, Vollversammlung - 20. / 22. September 1994, Protokoll der Vollversammlung 1994, S. 3
[404] Minutes of the meeting of the European Ecumenical Commission for Church and

tangierten.⁴⁰⁵ Außerdem gab es tatsächlich Widerstände (**Opposition**) von der kirchlichen Basis gegen die Ideen aus Brüssel. Der vom Generalsekretär vorgeschlagene Two-Way-Flow⁴⁰⁶ zwischen EECCS und ihren Mitgliedern hat nie wirklich in größerem Maße funktioniert; er mußte letztlich einseitig - von Brüssel ausgehend - bleiben. Die Kirchen äußerten allerdings Befürchtungen bzgl. einer zu großen Unabhängigkeit: "Was there a danger of it [= EECCS; H.-U.R.] creating an autonomous line of its own?"⁴⁰⁷ Und im Hinblick auf die zukünftige Entwicklung der europäischen Vertretung der Kirchen des Protestantismus sorgten sie sich eigentlich mehr um ihre eigene Situation: "Wie soll man jedoch der Tatsache begegnen, daß die Kirchen selber an Einflußnahme zu verlieren schienen."⁴⁰⁸

Und schließlich kann auch keine Rede davon sein, daß EECCS sich mit dem **Zeitgeist** bzw. der religiösen "Mode" der neunziger Jahre adäquat auseinanderzusetzen wußte: "The religious institutions are now not only in competition with each other, but with the other meaning and identity-supplying agencies available on the market. Along with these, they must continuously cater to increasingly sophisticated and intrinsically changing consumer demands. That is, they must cope with the dynamics of fashion. To be fashionable and to remain fashionable are the compelling imperatives imposed by this situation."⁴⁰⁹ Das Konzept einer vornehmlich westeuropäisch geprägten Organisation ist seit dem Ende des Kalten Krieges nicht mehr aktuell; und der geographisch-strategische Standortvorteil (**Strategic Location**) wurde dadurch plötzlich nivelliert. Im Gegensatz zur schon immer paneuropäisch und

---

Society - Brussels - 25 - 26 September 1985, S. 4
⁴⁰⁵ Europäische Ökumenische Kommission für Kirche und Gesellschaft, Vollversammlung - 20. / 22 September 1994, Bericht des Generalsekretärs, S. 19
⁴⁰⁶ European Ecumenical Commission for Church and Society, General Assembly - 2 / 3 September 1991, Annex D, Oral Report of the General Secretary, S. 26 - 27
⁴⁰⁷ European Ecumenical Commission for Church and Society, General Assembly - 24 / 26 June 1992, Minutes, S. 7
⁴⁰⁸ Europäische Ökumenische Kommission für Kirche & Gesellschaft, Vollversammlung - 23. / 24 September 1993, Protokoll, S. 1
⁴⁰⁹ Berger, Peter L. / Luckmann, Thomas: Secularization and Pluralism, S. 81 - 82, in: Internationales Jahrbuch für Religionssoziologie, Band 2, 1966, S. 73 - 86

interkonfessionell geprägten Konferenz Europäischer Kirchen gelang es der protestantischen Europäischen Ökumenischen Kommission für Kirche und Gesellschaft nicht, eine neue Rolle im neuen Europa zu finden.[410] Stattdessen paßte letztere sich immer mehr an die europäischen Institutionen an[411] und wurde dadurch zunehmend profilloser und säkularisierter.[412] Diese Anpassungstendenzen gingen schließlich so weit, daß sich auch EECCS-Delegierte darüber Sorgen[413] machten und nach einer Lösung suchten: "Wie könnten wir nicht nur Europa, sondern auch EECCS 'eine Seele geben'? Die Integration [von EECCS und KEK; H.-U. R.] würde sowohl eine Erweiterung als auch eine Vertiefung für die Seele der EECCS bedeuten."[414]

Durch die Anwendung der Kriterien von Fowler und Hertzke auf die Europäische Ökumenische Kommission für Kirche und Gesellschaft konnte dargelegt werden, warum es für letztere nicht auf Dauer möglich war, als eigenständige Organisation weiterzuexistieren. EECCS hatte aufgrund äußerer Umstände (Ende des Kalten Krieges und der Absonderung Osteuropas) ihre "Unique Selling Proposition", d. h. ihren

---

[410] Rusterholz, Heinrich: Fünf Jahre nach dem Umbruch in Europa: Die Konferenz Europäischer Kirchen findet ihre neue Rolle, in: Informationes Theologiae Europae, Internationales ökumenisches Jahrbuch für Theologie, 3. Jahrgang, 1994, S. 67 - 74
[411] So äußerte der EECCS-Generalsekretär beispielsweise, daß man sich bei der "Wahl der Reflexionsthemen (...) in die Tagesordnung der Europäischen Institutionen einfügen" müsste. Vgl. Europäische Ökumenische Kommission für Kirche und Gesellschaft, Protokoll der Vollversammlung 1995 [04. - 06.09.1995], S. 12. Eine solche Subordinierung des Kirchlichen in der modernen Gesellschaft wird auch als "Vergesellschaftung" bezeichnet; vgl. Ebertz, Michael N.: Die "Vergesellschaftung" der Kirchen: Kirchen-interner Pluralismus, in: Forschungsjournal Neue Soziale Bewegungen, 6. Jahrgang, Heft 3 - 4, 1993, S. 37 - 50
[412] Eine solche "Verschmelzung mit der Diesseitigkeitskultur", läßt sich in ähnlicher Weise bzgl. der Deutschen Evangelischen Kirchentage feststellen, wo beispielsweise ebenfalls immer seltener kirchliches Vokabular benutzt wird, da man durch solches ja die Adressaten abschrecken könnte. Siehe Soeffner, Hans-Georg: Der Geist des Überlebens, Darwin und das Programm des 24. Deutschen Evangelischen Kirchentages, in: Bergmann, Jörg / Hahn, Alois / Luckmann, Thomas (Hg.), Religion und Kultur, Sonderheft 33 der Kölner Zeitschrift für Soziologie und Sozialpsychologie, Opladen 1993, S. 191 - 205.
[413] Und das nicht zu unrecht, denn laut Michael Pye (ders.: The Transplantation of Religions, S. 238, in: Numen 16, 1969, S. 234 - 239) kann eine zu große Flexibilität bzw "Ambiguity" zur völligen Auflösung führen.
[414] Europäische Ökumenische Kommission für Kirche und Gesellschaft, Vollversammlung - 28. September / 1. Oktober 1996, Protokoll der Vollversammlung, S. 10

einzigartigen Verkaufsvorteil,[415] verloren; mithin war ihr bisheriger Standortvorteil bzw. ihr West-Europa-Monopol irrelevant geworden. Daß EECCS sich faktisch in die Konferenz Europäischer Kirchen[416] reintegrieren mußte und ihre Strukturen in dieser größeren Einheit - als Untergruppierung - aufgegangen sind, erscheint vor dem Hintergrund der zunehmenden Globalisierung als logische Konsequenz, zumal alle anderen Erfolgsfaktoren für religiöse Gruppen bereits vorher nicht erfüllt werden konnten.

7.3. Selbstverständnis und Profil von ECCSEC und EECCS

Die Frage, wie und wo man sich im Umfeld der europäischen Institutionen verorten könnte und auf welcher Grundlage man arbeiten sollte, beschäftigte die Ökumenische Kommission für Kirche und Gesellschaft in der Europäischen Gemeinschaft (ECCSEC; direkte Vorgängerorganisation der EECCS) schon seit ihrer Gründungszeit. Die eigene Rolle in Brüssel wurde zunächst nur sehr allgemein erklärt: "The role of ECCSEC could eventually be one of <u>co-ordination and stimulation</u>.[417] Und - möglicherweise aufgrund dieser definitorischen Unschärfen - tauchten in den Anfangsjahren immer wieder grundsätzliche Verständigungsschwierigkeiten auf: "Herr Binder [Evangelische Kirche in Deutschland, zu der Zeit ECCSEC-Präsident; H.-U. R.] berichtet u. a.: Eine Schwierigkeit der <u>Zusammenarbeit der Kirchen bei den europäischen Institutionen</u> liegt in der unterschiedlichen Auffassung von Kirche. Während die einen Kirche in erster Linie als Institution ansehen, betonen die Niederländer und Belgier den Charakter der Kirche als Bewegung."[418]

---

[415] Scharf, Andreas / Schubert, Bernd: Marketing, Einführung in Theorie und Praxis, Stuttgart 1995, S. 82
[416] Zum Verhältnis von EECCS und KEK siehe auch Kapitel 3.5. dieser Arbeit.
[417] Ecumenical Commission for Church and Society in the European Community (ECCSEC), Brief Minutes of the meeting held on 13 - 14 November 1980 in Brussels [auch: EZA], S. 6
[418] Auszug aus der Niederschrift über die 34. Sitzung des Rates der EKD am 4. / 5. Juni 1982 in Hannover, XXI: Berichte zur Lage (TOP 21), Hannover 1982 [EZA]

Dennoch konnte die Vertretung der protestantischen Kirchen in Brüssel sich langsam etablieren, und Mitte der achtziger Jahre zum Zeitpunkt der Umstrukturierung zur Europäischen Ökumenischen Kommission für Kirche und Gesellschaft (EECCS) hatte man bereits einige anerkennenswerte Ergebnisse vorzuweisen: "Jan van Veen [Raad van Kerken in Nederland (Delegierter); H.-U.R.] (...) believed that since the Commission had been set up, it had accomplished a number of studies on important issues: the enlargement of the European Community, poverty in Europe, peace and security, unemployment, South Africa. He thought that these studies showed the 'raison d'être' of the Ecumenical Commission. He recalled that, for his part, he would like this commission to be not only a platform of representatives but also a real body able to take decisions and positions."[419] Und auch bzgl. des durch die Mitgliedkirchen erteilten Mandates waren sich Mitarbeiter und Delegierte Mitte der achtziger Jahre recht sicher: "EECCS' mandate entrusted to it by its member Churches is clearly defined: taking up issues belonging to the Church and Society field as they emerge in the context of the European institutions of both the European Community and the Council of Europe"[420] Dennoch mußten bereits zu diesem Zeitpunkt klare Abgrenzungen gegenüber anderen Organisationen (z. B. der Konferenz Europäischer Kirchen) betont werden: "We have to remember the sensitivities (...) of member churches in wider Europe: it is not our role to try to be a Western European Council of Churches."[421]

---

[419] European Ecumenical Commission for Church and Society, Minutes of the Meeting of the European Ecumenical Commission for Church and Society - Brussels - 25 / 26 September 1985 [auch: EZA], S. 12 - 13
[420] European Ecumenical Commission for Church and Society, Minutes of the Meeting of the European Ecumenical Commission for Church and Society held in Brussels, June 10, 11 & 12, 1987, Annex 2, Proposal: Relations with the CEC, S. 1
[421] European Ecumenical Commission for Church and Society, Minutes of the Meeting of the European Ecumenical Commission for Church and Society held in Brussels, June 10, 11 & 12, 1987, Annex 1, President's Report on EECCS Activities 1986 - 87, S. 2. Generell sah sich EECCS als wichtige Zentrale im europäischen Kontext. Dieses läßt sich aus den schematischen Selbstdarstellungen im eeccs jahresrückblick 1986 folgern (europäische oekumenische kommission für kirche und gesellschaft, jahresüberblick 1986, Brüssel 1987 [H.v.V.]), welche auch in Kapitel 3.4. dieser Arbeit sowie in diesem Kapitel weiter unten zu finden sind.

Die neue gesamteuropäische Situation seit Anfang der neunziger Jahre schien zunächst keine größere Belastung oder Veränderung für EECCS zu bedeuten. In dem selbstverfaßten Handbuch "A Churches Guide to European Institutions" stellte man sich der neuen europäischen Öffentlichkeit vor, ohne irgendeinen Aufgabenbereich besonders hervorzuheben: The [European Ecumenical; H.-U. R.] Commission serves as a unique multipurpose instrument. It is a focus for discussion and joint efforts by its member churches as they respond together to the church and society questions posed by the emerging new Europe."[422] Und scheinbar war diese allgemeine Darstellungsweise erfolgversprechend: "The offer made [by Jacques Delors, President of the Commission of the European Community; H.-U. R.] of regular informal consultations was a welcome surprise and a confirmation of the raison d'être of EECCS - individual churches could not hope to be consulted in the same way."[423] Bei der Festlegung der Prioritäten für die nächsten Jahre wurden daraus resultierend recht hochgesteckte, allgemeine Zielvorstellungen beschlossen: "Rev. Jean-Pierre Thévenaz (Federation of Swiss Protestant Churches) (...) indicated that the drafting group had (...) the priorities (...) under three roles of EECCS - as a go-between, as an analyst, as a communicator"[424] Die hohen Ansprüche konnten aber nicht erfüllt werden, denn ab 1994 kam es zu einer kritischen Auseinandersetzung mit den Arbeitsweisen. Innerhalb der Vollversammlungen wurde u. a. diskutiert, "ob sich EECCS nicht darauf konzentrieren solle, den Kirchen dabei zu helfen, europäischer zu werden"[425] und "mehr als Koordinator (...) agieren sollte statt selber Dinge zu organisieren."[426]

---

[422] The Ecumenical Centre, A Churches Guide to European Institutions, Bruxelles, December 1990 [H.v.V.], S. 53 [Abschnitt über EECCS]
[423] European Ecumenical Commission for Church and Society, General Assembly - 2 / 3 September 1991, Minutes, S. 10
[424] European Ecumenical Commission for Church and Society, General Assembly - 24 / 26 June 1992, Minutes, S. 11
[425] Europäische Ökumenische Kommission für Kirche und Gesellschaft, Vollversammlung - 20. / 22. September 1994, Protokoll der Vollversammlung 1994, S. 3
[426] Europäische Ökumenische Kommission für Kirche und Gesellschaft, Vollversammlung - 20. / 22. September 1994, Bericht des Generalsekretärs, S. 10

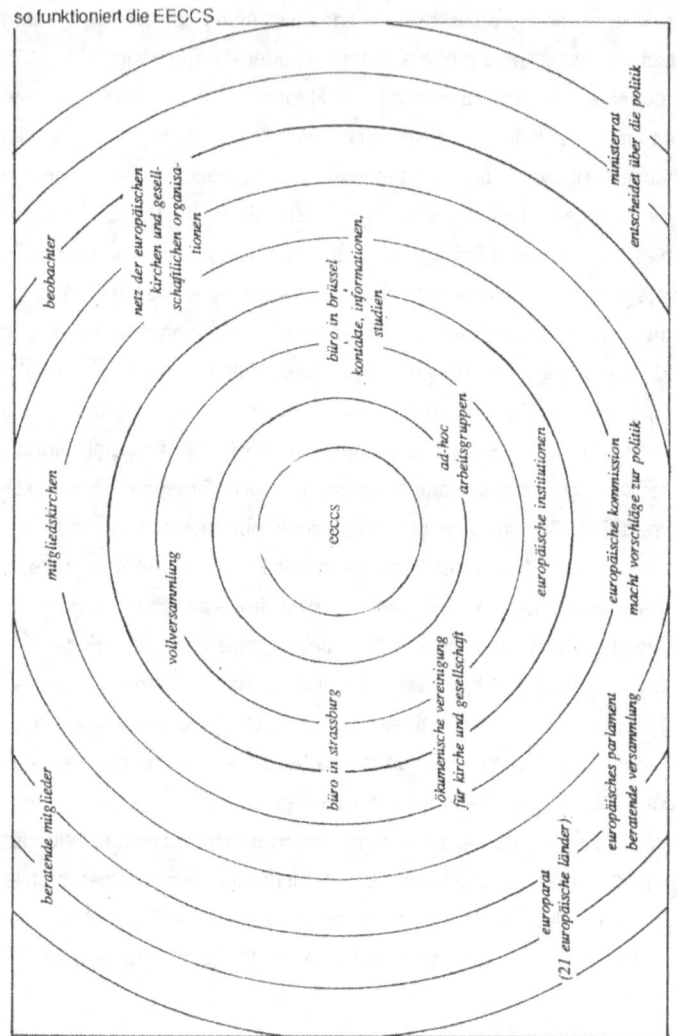

Quelle: europäische oekumenische kommission für kirche und gesellschaft, jahresüberblick 1986, Brüssel 1987 [H.v.V.], 2. Umschlagseite.[427]

---

[427] EECCS' unrealistische Positionierung im Mittelpunkt des Geschehens verdeutlicht die Differenz zwischen ihrem Selbstverständnis und der tatsächlichen Außenwirkung.

Außerdem wurde - auch im Rahmen der größeren Zusammenarbeit mit der Konferenz Europäischer Kirchen (KEK) - "die Formulierung einer Charta erwogen, die die theologische Grundlage der Arbeit der EECCS definiert."[428] "Wie könnten wir nicht nur Europa, sondern auch EECCS 'eine Seele geben'?"[429] Solche Diskussionen führten schließlich zu einer prinzipiellen Infragestellung der bisherigen Arbeit. "Diese Frage [der theologischen Grundlage; H.-U. R.] gilt auch in Bezug auf die wichtigsten internen Angelegenheiten der EECCS - den Integrationsprozeß mit der Konferenz Europäischer Kirchen. Hier stellte sich heraus, daß der Begriff 'Kirche und Gesellschaft' in den verschiedenen Teilen Europas und den verschiedenen Traditionen unterschiedlich verstanden wird."[430] Schließlich muß festgestellt werden, daß Ende der neunziger Jahre das Erscheinungsbild der EECCS nicht mehr eindeutig war. Ihr relativ unklares Auftreten wurde nicht immer positiv gesehen, und ihre Reintegration in die KEK ist anscheinend nicht nur auf Globalisierungseffekte zurückzuführen.

---

[428] Europäische Ökumenische Kommission für Kirche und Gesellschaft, Vollversammlung - 4. / 6. September 1995, Bericht des Generalsekretärs, S. 18
[429] Europäische Ökumenische Kommission für Kirche und Gesellschaft, Vollversammlung - 28. September / 1. Oktober 1996, Protokoll der Vollversammlung, S. 10. Das hier angedeutete säkularisierte Selbstverständnis ist - wie in den folgenden Theorie-Kapiteln dieser Arbeit gezeigt werden wird - für solche kirchliche Organisationen wie EECCS von besonderer Bedeutung.
[430] Europäische Ökumenische Kommission für Kirche und Gesellschaft, Vollversammlung - 13. /16. September 1997, Jahresbericht 1996 / 97, S. 2

8. Konfrontationen

In diesem Kapitel sollen unter Berücksichtigung der Ergebnisse aus vorherigen Abschnitten die Aktivitäten der EECCS unter den spezifischen Aspekten "Europa", "Protestantismus" sowie "Ökumene" noch einmal beleuchtet werden. Eine Auseinandersetzung mit diesen Konnotationen in diesem speziellen Kontext erscheint dem Verfasser - auch im Hinblick auf die theoretische Betrachtung - von besonderer analytischer Relevanz, zumal selbige Begriffe bereits im Titel der Arbeit auftauchen.

8.1. EECCS und Europa

Das Vorhandensein dreier großer europäischer Zusammenschlüsse (Europäische Union, Europarat, OSZE)[431] läßt die Orientierung auf europäischer Ebene für kirchliche u.a. Vereinigungen nicht gerade unkomplizierter erscheinen. Wenn man "von 'Europa' spricht, so ist nicht immer auf Anhieb ganz klar, welches Europa gemeint ist: das Europa der 15, der 40 oder der 51."[432]

Für die hier zu untersuchende Europäische Ökumenische Kommission für Kirche und Gesellschaft lassen sich jedoch genauere Angaben hinsichtlich ihres Europaumfeldes machen: Sie agierte im Auftrag ihrer Mitgliedskirchen, welche mit Ausnahme des Schweizerischen Evangelischen Kirchenbundes und - in den 1990er Jahren - der Nationalen Kirchenräte der tschechischen und der slowakischen Republik und Ungarns aus dem Raum der Europäischen Union

---

[431] OSZE = Organisation für Sicherheit und Zusammenarbeit in Europa, hervorgegangen aus der Konferenz für Sicherheit und Zusammenarbeit in Europa (KSZE). Weiterhin wäre noch die Europäische Freihandelszone (EFTA) zu nennen; sie ist aber in den letzten Jahren immer bedeutungsloser geworden, da mehr als die Hälfte ihrer früheren Teilnehmerstaaten (z. B. Großbritannien, Irland, Dänemark, Portugal, Schweden, Finnland, Österreich) nach und nach der EG bzw. EU beigetreten sind und gleichzeitig EFTA verlassen haben. Verblieben sind nach 1995 nur noch Norwegen, Island, Liechtenstein und die Schweiz.
[432] Noll, Rüdiger: Europäische Einigung einmal anders, in: Una Sancta, Zeitschrift für

stammten. Für diese Mitgliedskirchen bzw. -kirchenräte aus 19 Ländern hatte sie auch gegenüber den europäischen Institutionen (Europarat, Europäisches Parlament, Europäische Kommission) einzutreten, was aber möglicherweise leichter zu bewältigen war, als die Repräsentationsaufgabe der neuen Kommission Kirche und Gesellschaft der Konferenz europäischer Kirchen, welche 125 Mitgliedskirchen umfaßt.[433]

Die europäischen Aufgaben-, Themen- und Fragestellungen mit denen EECCS und ihre Vorgänger sich konfrontiert sahen, wurden in den meisten Fällen nicht aus eigenen Impulsen zur Sprache gebracht; sie ergaben sich vielmehr aus politischen und gesellschaftlichen Entwicklungen in Europa oder bei den europäischen Institutionen, auf welche man dann reagierte.[434] Ebenso kann die gesamte Entstehung dieser kirchlichen Interessenvertretung als eine Reaktion auf europapolitische Entwicklungen sowie entsprechende Aktivitäten anderer Organisationen (z. B. von katholischer Seite) betrachtet werden.[435]

ökumenische Begegnung, Band 1 / 1999, 54. Jahrgang, Meitingen 1999, S. 68 - 72.
[433] A.a.O., S. 68.
[434] So äußerte der EECCS-Generalsekretär beispielsweise, daß man sich bei der "Wahl der Reflexionsthemen (...) in die Tagesordnung der Europäischen Institutionen einfügen" müsste. Vgl. Europäische Ökumenische Kommission für Kirche und Gesellschaft, Protokoll der Vollversammlung 1995 [04. - 06.09.1995], S. 12.
[435] Siehe auch Kapitel 3.1. dieser Arbeit. Weiterführende Europa-Literatur: Foerster, Rolf Hellmut (Hg.): Die Idee Europa, 1300 - 1946, Quellen zur Geschichte der politischen Einigung, München 1963; Gasteyger, Curt: Europa zwischen Spaltung und Einigung 1945 - 1990, Eine Darstellung und Dokumentation über das Europa der Nachkriegszeit, Bonn 1990; Hradil, Stefan: Europa I. Geopolitische Problematik, Begriff und Vorstellung, Sozialstruktur, in: Religion in Geschichte und Gegenwart, 4. Auflage, Band 2, Tübingen 1999, S. 1661 - 1663; Jakobeit, Cord / Yenal, Alparslan (Hg.): Gesamteuropa, Analysen, Probleme und Entwicklungsperspektiven, Bonn 1993; Köpke, Wulf / Schmelz, Bernd (Hg.): Das gemeinsame Haus Europa, Handbuch zur europäischen Kulturgeschichte, München 1999; Köpke, Wulf / Schmelz, Bernd (Hg.): Das gemeinsame Haus - Fundgrube Europa, Bibliographie zur europäischen Kulturgeschichte, Bonn 1999; Koslowski, Peter (Hg.): Europa imaginieren, Der europäische Binnenmarkt als kulturelle und wirtschaftliche Aufgabe, Berlin / Heidelberg / New York 1992; Maier, Hans: Europa, in: Lexikon für Theologie und Kirche, 3. Auflage, Band 3, Freiburg / Basel / Rom / Wien 1995, S. 994 - 1000; Thiede, Christian: Bischöfe kollegial für Europa, Münster 1991; Williams, Glen G.: Europa, in: Evangelisches Kirchenlexikon, 3. Auflage, Band 1, Göttingen 1986, S. 1170 - 1178; Zulehner, Paul M. / Denz, Hermann: Wie Europa lebt und glaubt, Europäische Wertestudie, Düsseldorf 1993.

8.2. EECCS und Protestantismus

Wenn man von einer konfessionellen Prägung der Europäischen Ökumenischen Kommission für Kirche und Gesellschaft sprechen will, so wäre diese als protestantisch zu bezeichnen: "In seinem weitesten Verständnis ist der Begriff Protestantismus zur (nach wie vor unentbehrlichen) Bezeichnung jenes Teils des westlichen Christentums geworden, der sich im Verlauf der Reformation von der römischen Kirche getrennt hat. Zur Geschichte des Protestantismus gehört integral, daß der Begriff gerade im Gegenüber zum Katholizismus immer wieder neu interpretiert und akzentuiert wurde. Die Reichweite erstreckt sich zunächst auf die lutherischen und reformierten Großkirchen und kann seit dem 18. Jahrhundert bis zu den Freikirchen ausgeweitet werden."[436] ECCSEC bzw. EECCS hat sich desöfteren selbst als Organisation des europäischen Protestantismus bezeichnet,[437] und es wurde dazu aufgefordert, "daß man sich darum bemühen sollte, eine spezifisch protestantische Stimme hören zu lassen."[438] Hierbei ist davon auszugehen, daß auch die anglikanische Church of England dazugezählt wurde. Selbst wenn dieses nicht in allen definitorischen Texten der Fall ist und man teilweise auch bei EECCS die Anglikaner gesondert aufgeführt hatte,[439] sind sie in dieser Arbeit - nicht nur aus Gründen der Praktikabilität - als Protestanten subsumiert. Gerade in den letzten Jahren hat schließlich eine Annäherung beispielsweise zwischen Anglikanern und Lutheranern in

---

[436] Brecht, Martin: Protestantismus II. Geschichte, in: Lexikon für Theologie und Kirche, 3. Auflage, Band 8, Freiburg / Basel / Rom / Wien 1999, S. 656 - 661.
[437] Z. B. Ecumenical Commission for Church and Society in the European Community, Minutes of the Meeting of the Ecumenical Commission for Church and Society in the European Community, Brussels, June 11th and 12th 1981 [auch: EZA], S. 2; General Assembly of EECCS held in Brussels on 27 and 28 June 1990, Chapter I, Bericht des Präsidenten, S. 2
[438] Dieser Anspruch wurde u. a. während der Gründungsphase der ECCSEC formuliert. Kommission von Kirchen bei den Europäischen Gemeinschaften, Kurzgefaßtes Protokoll der Sitzung vom 30. Juni und 1. Juli 1977 [auch: EZA], S. 4
[439] Z. B. Europäische Ökumenische Kommission für Kirche und Gesellschaft, Vollversammlung - 20. / 22. September 1994, Bericht des Generalsekretärs, S. 24

Nordeuropa[440] und ebenso mit der Evangelischen Kirche in Deutschland[441] stattgefunden. Außerdem stellt die "anglikanische Kirche (Church of England) (...) den dritten kirchlichen Grundtypus des Protestantismus dar. Als anglikanische Kirche ist sie die englische Staatskirche; als Episkopalkirche ist sie im ganzen Commonwealth und in Missionsgebieten und als Protestant Episcopal Church in Nordamerika verbreitet."[442] Somit kann der Anglikanismus neben Luthertum und Calvinismus als eine der drei großen protestantischen Konfessionen angesehen werden.[443]

Die auf diese Weise gemeinsam zu betrachtenden protestantischen Kirchen befinden sich europaweit in der Minderheit. Im Europa der Fünfzehn leben 369,8 Millionen Menschen von denen 200,3 Millionen (= 54,2 %) Katholiken, 94,5 Millionen (= 25,55 %) Protestanten und 10,2 Millionen (= 2,7 %) Orthodoxe sind.[444] Wenn man das Europa der EECCS (EU + Schweiz, Tschechische Republik, Slowakische Republik, Ungarn) betrachtet, machen die Protestanten sogar etwas weniger als ein Viertel (24,98 %) der Bevölkerung von 402,62 Millionen Menschen aus.[445] "Die multireligiöse Situation in einem von der Säkularisierung geprägten europäischen Kontext ist sicher das markanteste Merkmal für das hochindustrialisierte Europa am Ende des 20. Jahrhunderts. (...) Alle möglichen religiösen Angebote werden auf dem Markt der Religionen feilgeboten und werben um die Gunst der Interessierten. Das Christentum wird u. U. nur noch als ein Angebot unter vielen

---

[440] Die Erklärung von Porvoo; siehe: MD, Materialdienst des Konfessionskundlichen Instituts Bensheim 5 / 96, S. 108.
[441] Kremkau, Klaus (Bearb.): Die Meißener Erklärung, EKD-Texte Nr. 47, Hannover 1993.
[442] Ronchi, Sergio: Protestantismus, Geistlicher Inhalt, Geschichte, Religiöses Leben, Augsburg 1987, S. 85.
[443] Seebaß, Gottfried: Europa III. Christentum, in: Religion in Geschichte und Gegenwart, 4. Auflage, Band 2, Tübingen 1999, S. 1666 - 1673.
[444] Weiterhin leben in der EU ungefähr 6 Millionen (= 1,6 %) Muslime sowie ca. 1 Million (= 0,3 %) Juden. 57,8 Millionen (= 15,63%) der EU-Bewohner sind konfessionslos oder Angehörige anderer Religionsgemeinschaften; vgl. Kirchenmitglieder in der Europäischen Union, in: idea-spektrum 2 / 95, Wetzlar 1995, S. 13
[445] Vgl. Rössler, Andreas (Hg.): Protestantische Kirchen in Europa, Stuttgart 1993

angesehen."[446] In diesem Zusammenhang erscheint es nur konsequent, daß sich die nichtkatholischen Kirchen Europas in der Konferenz Europäischer Kirchen zusammengeschlossen haben und sich schließlich auch die protestantisch geprägte EECCS in diesen paneuropäischen Kirchenverbund als "Kommission Kirche und Gesellschaft" integriert hat.[447]

8.3. EECCS und Ökumene

Die zur Untersuchung ausgewählte kirchliche Organisation EECCS bezeichnet sich nicht nur als 'europäisch' und 'protestantisch' sondern auch als 'ökumenisch'. Diese Namensgebung beinhaltet genaugenommen einen Widerspruch, denn: "Ökumene kennzeichnet alles das, was sich auf die ganze Aufgabe der ganzen Kirche in der Verkündigung des Evangeliums für die ganze Welt bezieht."[448] Mit solchen Ideen befaßt sich beispielsweise der - weltweit agierende - Ökumenische Rat der Kirchen (ÖRK).[449] Letzterem fühlte EECCS sich

---

[446] Vgl. Antes, Peter: Europa II. Nichtchristliche Religionen, S. 1665, in: Religion in Geschichte und Gegenwart, 4. Auflage, Band 2, Tübingen 1999, S. 1664 - 1666
[447] Weiterführende Protestantismus-Literatur: Brecht, a.a.O.; Hoburg, Ralf: Protestantismus und Europa, Erwägungen für eine Kirche der Konfessionen, Geschichte, Modelle, Aufgaben, Berlin 1999; Fischer, Hermann: Protestantismus I. Begriff und Wesen, in: Theologische Realenzyklopädie, Band 27, Berlin 1997, S. 542 - 551; Frieling, Reinhard: Protestantismus I. Begriff, in: Lexikon für Theologie und Kirche, 3. Auflage, Band 8, Freiburg / Basel / Rom / Wien 1999, S. 655 - 656; Krüger, Hanfried: Protestantismus, in: ders. u.a. (Hg.), Ökumene-Lexikon, Frankfurt am Main 1987, S. 999 - 1000; Marty, Martin E.: Protestantism, in: Eliade, Mircea (Editor in Chief), The Encyclopedia of Religion, Band 12, New York / London 1987, S. 23 - 38; Raiser, Konrad: Protestantismus, in: Evangelisches Kirchenlexikon, 3. Auflage, Band 3, Göttingen 1992, S. 1351 - 1357; Ronchi, Sergio: Protestantismus, Geistlicher Inhalt, Geschichte, Religiöses Leben, Augsburg 1987; Rössler, a.a.O.; Seebaß, a.a.O. [Achtung: Leider mit unkorrekter bzw. völlig veralteter Darstellung der nichtkatholischen Arbeit in Brüssel und Straßburg!]; Williame, Jean-Paul: Protestant approaches to European unification, in: Fulton, John / Gee, Peter (Hg.), Religion in contemporary Europe, Lewiston / Queenston / Lampeter 1994, S. 93 - 108. Statistische Erhebungen zum Protestantismus: siehe Anhang dieser Arbeit.
[448] Laut Willem Adolf Visser 't Hooft (vgl. Ökumenisch, in: Religion in Geschichte und Gegenwart, 3. Auflage, Band 4, Tübingen 1960, S. 1569 - 1570), dem ersten Generalsekretär des Ökumenischen Rates der Kirchen verfasste dessen Zentralausschuß diese Defintion im Jahr 1951.
[449] Vgl. Birmelé, André: Ökumene, in: Evangelisches Kirchenlexikon, 3. Auflage, Band 3, Göttingen 1992, S. 825 - 826.

immer verbunden, zumal die Konferenz Europäischer Kirchen (aus welcher ihre Vorläuferorganisation sich ursprünglich in den sechziger Jahren ausgegliedert hatte und in welche man sich Ende 1998 reintegrierte) eine der Teilorganisationen des ÖRK ist. Das Ansinnen, die gesamte Christenheit und alle Kirchen und Konfessionen zu vertreten, konnte jedoch noch nicht verwirklicht werden, da die katholische Kirche bisher einen Beitritt zum ÖRK abgelehnt hat.[450] Vordergründig konnte aber bei EECCS ebensowenig von Ökumene in der so eingeengten Bedeutung die Rede sein; ihr mangelte es nicht nur an katholischer sondern auch an direkter orthodoxer Beteiligung aus den Mitgliedsländern der Europäischen Union.[451] Ihre ökumenischen Ambitionen wurden dennoch immer wieder betont und hervorgehoben; und auf weitverzweigte ökumenische Kontakte und Kooperationen wurde bei EECCS besonderer Wert gelegt.[452] 'Ökumenisch' im Sinne der EECCS bezeichnet daher eher ihren allgemein christlichen Anspruch unter Bezugnahme auf die Arbeit und das Selbstverständnis der ökumenischen Bewegung.[453] Bemerkenswert ist jedoch ebenfalls die besondere Affinität der ökumenischen Bewegung zum protestantischen Denken: "Die gerade auch in Fragen der Gesellschaft unabhängige 'prophetische und kritische Aufgabe' der Kirche, wie die Weltkirchenkonferenz in Uppsala [1968] sie genannt hat, ist zu einer

---

[450] Vgl. Hauth, Rüdiger (Hg.): Kompaktlexikon Religionen, Wuppertal 1998, S. 253 (Ökumene, Ökumenische Bewegung).
[451] Die Teilnahme der Orthodoxen war höchstens indirekt, sofern sie einzelnen nationalen Kirchenräten angehörten, welche z. T. EECCS-Mitglieder waren; vgl. Noll, a.a.O., S. 70. Die Beteiligung der griechisch-orthodoxen Kirche an der Arbeit von ECCSEC bzw. EECCS war nicht von sehr langer Dauer: Nach weniger als sechs Jahren kündigte die "Church of Greece" Ende 1987 ihre Mitgliedschaft in der Ökumenischen Kommission, welche schon seit längerer Zeit als problematisch empfunden worden war; Minutes of the General Assembly of the European Ecumenical Commission for Church and Society, Strasbourg, June 2 - 4, 1988, S. 3 sowie Annex 1, Report of the President, S. 2
[452] Diese erscheinen in den jährlichen Tätigkeitsberichten meist unter dem Stichwort "Zusammenarbeit mit anderen Organisationen"; vgl. Europäische Ökumenische Kommission für Kirche und Gesellschaft, Vollversammlung, Vaalbeek, 11. - 14. September 1998, Jahresbericht, S. 18 - 21, Europäische Ökumenische Kommission für Kirche und Gesellschaft, Vollversammlung - 13. /16. September 1997, Jahresbericht 1996 / 97, S. 20 - 26 [sowie an entsprechender Stelle in den vorherigen Jahresberichten].

zentralen Maxime der ökumenischen Bewegung geworden. Man schließt damit an eine Formulierung an, die Paul Tillich [Liberal-protestantischer Theologe und Religionsphilosoph, 1886 - 1965; H.-U. R.]^454 lange zuvor geprägt hat."^455 Tillich hat der Theologie des 20. Jahrhunderts wesentliche Anstöße vermittelt und dem protestantischen Christentum, dem er angehört, einen Weg in die Zukunft gezeigt. Mit seiner "Methode der Korrelation" erreichte er eine offene Synthese des christlichen Glaubens mit seiner Welt und stellte eine dynamische Verbindung zu philosophischen, soziologischen und politischen Einsichten her. Somit überwand er die Grenze von Theologie und Philosophie, Religion und Kultur, Kirche und Gesellschaft.^456 Angesichts jener Affinität der ökumenischen Bewegung für das - hier dargelegte - protestantische Denken und sozialethische Fragen bzw. prophetisch-kritisches Urteilen im Bereich Kirche und Gesellschaft erscheint der ökumenische Anspruch der EECCS durchaus plausibel. Ihre Arbeitsweise ist sozusagen protestantisch-ökumenisch. Hinsichtlich der spezifischen Aktivitäten der EECCS auf europäischer Ebene wird in der theoretischen Betrachtung (Kapitel 10 dieser Arbeit) von "Säkularisierter Ökumene" die Rede sein.^457

---

[453] Vgl. Birmelé, a.a.O.
[454] Laut Tillich stehen Religion und Kultur in einem engen Zusammenhang. Und die Kirche unterscheidet sich von "anderen soziologischen Gruppen" vor allem durch ihre spezielle gesellschaftliche Aufgabe: "Es gibt drei Arten, auf die die 'Funktion der Kirche nach außen' wirkt: erstens durch stilles Durchdringen, zweitens durch kritisches Urteilen, drittens durch politisches Handeln. (...) Die zweite Beziehung, in der die Funktion der Kirche nach außen zum Ausdruck kommt, ist das kritische Urteilen, (...) so kann der offene Angriff [in Wort und Schrift; H.-U. R.] gegen eine Gesellschaft im Namen des göttlichen Geistes 'prophetisch' genannt werden. Sein Erfolg mag begrenzt sein, aber die Tatsache, daß die Gesellschaft unter ein Urteil gestellt wird und - negativ oder positiv - auf das Urteil reagieren muß, ist schon selbst ein Erfolg." Tillich, Paul: Systematische Theologie, Band III, Stuttgart 1966, S. 246 - 247. [Die Veröffentlichung dieses Hauptwerkes erfolgte posthum.].
[455] Langner, Albrecht: Katholische und evangelische Sozialethik im 19. und 20. Jahrhundert, Paderborn 1998, S. 763. Den großen Einfluß Tillichs auf die ökumenische Bewegung betont auch der ÖRK-Begründer: Visser 't Hooft, Willem Adolf: Die Welt war meine Gemeinde, Autobiographie, München / Zürich 1974, S. 438.
[456] Sein Ziel ist es etwas Drittes zu schaffen, in das die begrenzenden Gegensätze aufgehoben werden können. Vgl. Baumotte, Manfred: Tillich, in: Drehsen, Volker / Häring, Hermann / Kuschel, Karl-Josef / Siemers, Helge (Hg.), Wörterbuch des Christentums, Gütersloh / Zürich 1988, S.1259 - 1261.
[457] Weiterführende Ökumene-Literatur: Baumann, Urs: Ökumenische Bewegung, in: Metzler-Lexikon Religion, Band 2, Stuttgart 1999, S. 594 - 605; Birmelé, a.a.O.; Hauth,

9. Zwischenresümee II

In den drei vorangegangenen Abschnitten (Exkurs, Konkretionen, Konfrontationen) erfolgte eine Beleuchtung der EECCS unter verschiedenen, v. a. äußerlichen, Gesichtspunkten. In einer speziellen Nebenbetrachtung wurden einstweilen ihrer Arbeit die Aktivitäten anderer kirchlicher Europa-Gruppen gegenübergestellt. Anhand der Auswertung der Antworten auf die briefliche Anfrage zur Europafrage an verschiedene protestantische Kirchen konnten diese spezifischen Außenwirkungen und -ansichten überprüft werden. Dabei mußte festgestellt werden, daß die EECCS selbst bei vielen Mitgliedskirchen nicht als europäische Repräsentantin des Protestantismus bekannt war bzw. nicht als erwähnenswert erachtet wurde. Ebenso scheint die Effektivität ihrer Arbeit als Interessenvertretung eher gering gewesen zu sein. Analog zur aktuellen Situation der Europäischen Union war für die protestantische Repräsentanz in Europa neben einer geographischen Erweiterung eine Vertiefung notwendig geworden, um sich günstiger darstellen zu können, besonders da ihr spezieller - westeuropäischer - Standortvorteil durch das Ende des Kalten Krieges obsolet geworden war. Und obwohl sich ihre Kooperation mit den europäischen Institutionen gerade in den neunziger Jahren verbessert hatte, erscheint die Integration der EECCS in die KEK gerade im Kontext einer zunehmenden Europäisierung und Globalisierung als logische Konsequenz.[458] Mit dem Unterkapitel zum Selbstverständnis und Profil der ECCSEC bzw. EECCS wurde u. a. ihre Eigenwahrnehmung

---

a.a.O.; Klein, Aloys: Ökumene I. Begriff - II. Geschichte, in: Lexikon für Theologie und Kirche, 3. Auflage, Band 7, Freiburg / Basel / Rom / Wien 1998, S. 1017 - 1022; Raiser, Konrad: Ökumene, in: Krüger, Hanfried u.a. (Hrsg), Ökumene-Lexikon, Frankfurt am Main 1987, S. 888 - 892; Visser 't Hooft, a.a.O.; Wagner, Harald: Protestantismus IV. Ökumenische Aspekte, in: Lexikon für Theologie und Kirche, 3. Auflage, Band 8, Freiburg / Basel / Rom / Wien 1999, S. 664 - 666.
[458] Im Gegensatz zur KEK hatte die EECCS keine neue Rolle im neuen Europa für sich finden können; vgl. Rusterholz, Heinrich: Fünf Jahre nach dem Umbruch in Europa: Die Konferenz Europäischer Kirchen findet ihre neue Rolle, in: Informationes Theologiae Europae, Internationales ökumenisches Jahrbuch für Theologie, 3. Jahrgang, 1994, S. 67 - 74.

beleuchtet;[459] als Nebenprodukt kamen weitere Aspekte der Fremd-Wahrnehmung durch ihr gesellschaftliches Umfeld - vor allem von Seiten der politischen Institutionen in Brüssel und Straßburg - hinzu. Es stellte sich heraus, daß die Fundierung bzw. Unterstützung der Aktivitäten unterschiedlich groß war. Im Gegensatz beispielsweise zu katholischen Gruppierungen wies die EECCS trotz ihres vielfältigen Engagements kein nennenswertes theologisches Profil auf; ihr Selbstverständnis war tendenziell und zunehmend ein säkularisiertes. Letztere Feststellung ist im Hinblick auf die theoretische Betrachtung ebenso von Belang, wie die danach erfolgte Erörterung von "Europa", "Protestantismus", "Ökumene" jeweils im Zusammenhang mit der Frage nach ihrer Relevanz bzgl. der EECCS. Die Auseinandersetzung mit diesen bereits im Titel der Arbeit erscheinenden Begriffen bedeutete einerseits Klarstellungen, z. B. hinsichtlich des geo- und demographischen Umfanges des Forschungsgebietes. Andererseits konnten Zusammenhänge aufgezeigt werden, etwa derjenige zwischen Ökumene und protestantischen Denkweisen, welcher auch im nachfolgenden Theoriekapitel eine Rolle spielen wird.

---

[459] Die große Diskrepanz zwischen Selbstverständnis und tatsächlicher Außenwirkung wird besonders deutlich anhand ihrer unrealistischen Darstellung als Mittelpunkt des europäischen Geschehens; siehe Abbildung in Kapitel 7.3. dieser Arbeit.

10. Theoretische Betrachtung

10.1. Religionswissenschaftliche Einordnung

Für die Analyse und Reflexion über den Werdegang der EECCS erweist es sich als zweckmäßig, religionswissenschaftliche Theorien und Kategorien auf dieses "historische Gebilde" einer delegierten, ökumenischen Organisation aus dem Bereich Protestantismus ebenso anzuwenden, wie auf Religionen als komplexe Glaubenssysteme oder auf Fragen der Religiösität.[460] Desweiteren ist dem Verfasser deutlich geworden, daß sich diese Interessenvertretung des Protestantismus auf europäischer Ebene aufgrund ihrer spezifischen Entwicklung religionswissenschaftlich in den Kontext der Säkularisierung[461] einordnen läßt. Das menschliche Welt- und Selbstverständnis

---

[460] Laut Hahn (Hahn, Wilhelm: Säkularisation und Religionszerfall, in: Kerygma und Dogma 5, 1959, S. 83 -98) lassen sich historische Gebilde sogar besser untersuchen als Fragen der Religiösität.

[461] Unter diesem Begriff wird im heutigen Sprachgebrauch generell jegliche Form der Verweltlichung verstanden. Einen solchen "Prozeß der Säkularisierung" konstatierte erstmals Max Weber (1864 - 1920; Begründer der Soziologie). Allgemein zur Säkularisierungsfrage: Barth, Ulrich: Säkularisierung I, in: Theologische Realenzyklopädie, Band 29, Berlin / New York 1998, S. 603 - 634; Fürstenberg, Friedrich: Säkularisierung, in: Dunde, Siegfried Rudolf (Hg.), Wörterbuch der Religionssoziologie, Gütersloh 1994, S. 279 - 287; Gabriel, Karl: Religion und Gesellschaft revidiert: Religionssoziologie jenseits des Säkularisierungsparadigmas, in: Fechtner, Kristian u. a. (Hg.), Religion wahrnehmen, Festschrift für Karl-Fritz Daiber zum 65. Geburtstag, Marburg 1996, S. 139 - 145; Hanegraaff, Wouter J.: New age religion and secularisation, in: Numen 3 / 2000, S. 288 - 312; Jaeschke, Walter: Säkularisierung / Säkularismus 1., in: Evangelisches Kirchenlexikon, 3. Auflage, Band 4, Göttingen 1996, S. 37 - 40; Layendecker, Leo: Säkularisierung / Säkularismus 2., in: Evangelisches Kirchenlexikon, 3. Auflage, Band 4, Göttingen 1996, S. 37 - 43; Marramao, Giacomo: Säkularisierung, in: Historisches Wörterbuch der Philosophie, Band 8, Basel 1992, S. 1133 - 1161; Pollack, Detlef / Pickel, Gert: Individualisierung und religiöser Wandel in der Bundesrepublik Deutschland, in: Zeitschrift für Soziologie 6 / 1999, S. 465 - 483; Pollack, Detlef / Pickel, Gert: Religiöse Individualisierung statt Säkularisierung? Eine falsche Alternative, Antwort auf die Replik von Wohlrab-Sahr und Krüggeler, Zeitschrift für Soziologie 3 / 2000, S. 244 - 248; Ruh, Ulrich: Säkularisierung, Säkularisation, Säkularismus I + II, in: Lexikon für Theologie und Kirche, 3. Auflage, Band 8, Freiburg / Basel / Rom / Wien 1999, S. 1467 - 1469; Schrey, Heinz-Horst (Hg.): Säkularisierung, Darmstadt 1981; Schulte, Christian: Säkularisierung, Säkularisation, Säkularismus III, in: Lexikon für Theologie und Kirche, 3. Auflage, Band 8, Freiburg / Basel / Rom / Wien 1999, S. 1469 - 1472; Wilson, Bryan R.: Secularization, in: Eliade, Mircea (Hg.), The Encyclopedia of Religion, Volume 13, New York / London 1986, S. 159 - 165; Wohlrab-Sahr, Monika / Krüggeler, Michael: Strukturelle Individualisierung vs. autonome Menschen oder: Wie individualisiert ist Religion?, Replik zu Pollack / Pickel: Individualisierung und religiöser Wandel in der Bundesrepublik Deutschland, in: Zeitschrift für Soziologie 3 / 2000, S. 240 - 244.

artikulierte sich seit Beginn der Neuzeit mehr und mehr ohne Zuhilfenahme christlicher Interpretationsangebote, wodurch es zu einer Ausdifferenzierung und Autonomisierung in wichtigen Gesellschaftsbereichen (u. a. Bildung, Ausbildung, Wissenschaft, Wirtschaft, Recht, Staat, Sozialpolitik) kommen konnte. Diese sozial- und kulturgeschichtlich erfassbaren Tatbestände führten - so Max Weber - zu einer "Entzauberung der Welt"[462] bzw. zum Prozeß der Säkularisierung.[463] Letztere Begrifflichkeit hat sich trotz zahlreicher anderslautender Meinungen[464] bis zum gegenwärtigen Zeitpunkt als relevante Meßgröße sozial-religiöser Veränderungen bestätigt.[465] Hinsichtlich der hier zu untersuchenden Europäischen Ökumenischen Kommission für Kirche und Gesellschaft handelt es sich um den Spezialfall der religions-internen Säkularisierung: "The application of the concept of secularization to society at large has an analogue in the process (...) occurring within religious institutions *per se*. Not only is the wider society less influenced by religion, but religious institutions and behavior are themselves increasingly influenced by values and standards that prevail in the secular society."[466] Innerhalb der ökumenischen Bewegung, zu welcher die EECCS gezählt werden muß,

---

[462] Weber, Max: Die protestantische Ethik und der Geist des Kapitalismus, S. 94, in: ders., Gesammelte Aufsätze zur Religionssoziologie I, Tübingen 1988, S. 17 - 206.
[463] Weber, Max: Die protestantischen Sekten und der Geist des Kapitalismus, S. 217, in: ders., Gesammelte Aufsätze zur Religionssoziologie I, Tübingen 1988, S. 207 - 236.
[464] Z. B. konstatierte Walter Jaeschke anscheinend voreilig: "Der Säkularisierung genannte Prozeß (...) ist im 20. Jahrhundert weitgehend abgeschlossen" (ders.: Säkularisierung / Säkularismus 1., S. 37, in: Evangelisches Kirchenlexikon, 3. Auflage, Band 4, Göttingen 1996, S. 37 - 40). Und Karl Gabriel sprach bereits 1996 von einem Paradigmenwechsel hin zur Individualisierungsthese (vgl. ders.: Religion und Gesellschaft revidiert: Religionssoziologie jenseits des Säkularisierungsparadigmas, in: Fechtner, Kristian u. a. (Hg.), Religion wahrnehmen, Festschrift für Karl-Fritz Daiber zum 65. Geburtstag, Marburg 1996, S. 139 - 145.
[465] Siehe dazu die aktuelle Debatte in der Zeitschrift für Soziologie (ZfS) zwischen Monika Wohlrab-Sahr / Michael Krüggeler (ZfS 3 / 2000, S. 240 - 244) und Detlef Pollack / Gert Pickel (ZfS 6 / 1999, S. 465 - 483 sowie ZfS 2 / 2000, S. 244 - 248). In dieser neuen Diskussion geht es jedoch nicht mehr um ein totales Verschwinden von Religion aus der Gesellschaft, welches noch vor einigen Jahrzehnten prognostiziert worden war; vielmehr geht es um die Säkularisierung gesellschaftlicher Teilbereiche. Weiterhin befaßte sich in letzter Zeit z. B. Wouter J. Hanegraaff mit dem Thema "New age religion and secularization" (in: Numen 3 / 2000, S. 288 - 312).
[466] Wilson, Bryan R.: Secularization, in: Eliade, Mircea (Hg.), The Encyclopedia of

hatte sich fernerhin schon lange eine Tendenz zur verstärkten Behandlung "weltlicher" Fragen abgezeichnet: "Der Satz 'Die Lehre trennt - aber das Dienen eint' war die Formulierung der Bewegung für praktisches Christentum, 'for life and work', von Stockholm 1925 (auch Nicäa der Ethik genannt). Die Absicht war eine praktische Kircheneinigung unter Ausschluß dogmatischer, konfessioneller Kontroversen."[467] Aus dieser Hinwendung zur Gesellschaft ergaben sich insbesondere nach 1945 (Gründung des ÖRK: 1948)[468] neue Felder der kirchlichen Arbeit; man wandte sich Bereichen des gesellschaftlichen Lebens zu, die bisher vernachlässigt worden waren. Neben der kirchlichen Industrie- und Sozialarbeit ist hier die Arbeit der neu eingerichteten kirchlichen Akademien (u. a. als Foren zur Austragung gesellschaftlicher Konflikte) sowie die Erstellung von Denkschriften, die einen sozialethischen Beitrag zur Bewältigung gesellschaftlicher Probleme bieten sollen, zu nennen.[469] Innerhalb der ökumenischen Bewegung (u. a. des ÖRK und auch der KEK) hat der Bereich "Kirche und Gesellschaft" die Arbeit der "life and work"- Bewegung weitergeführt. Und bereits bei der ersten Vorgängerorganisation der EECCS, in den sechziger Jahren, war ein verstärktes Engagement in dieser Richtung zu verzeichnen.[470] Daher erscheint es kaum verwunderlich, daß sich die europäische protestantische Repräsentanz schließlich nahezu gänzlich

---

Religion, Volume 13, New York / London 1986, S. 159 - 165.
[467] Honecker, Martin: Grundriß der Sozialethik, Berlin / New York 1995, S. 676.
[468] Langner, Albrecht: Katholische und evangelische Sozialethik im 19. und 20. Jahrhundert, Paderborn 1998, S. 746 - 747. Auf der Amsterdamer Weltkirchenkonferenz von 1948 konstituierte sich der ÖRK als Zusammenschluß der sozialethisch geprägten Bewegung für praktisches Christentum ("life and work") mit der theologisch geprägten Bewegung für Glaube und Kirchenverfassung ("faith and order"), welche bis dahin von ihren Ökumeneauffassungen eher konkurriert hatten. Sie wurden dann zu den wichtigsten Arbeitsbereichen innerhalb des ÖRK, Sekretariat für Kirche und Gesellschaft sowie Referat für Glauben und Kirchenverfassung.
[469] Vgl. Lukatis, Ingrid: Kirche und Gesellschaft, in: Drehsen, Volker / Häring, Hermann / Kuschel, Karl-Josef / Siemers, Helge (Hg.), Wörterbuch des Christentums, Gütersloh / Zürich 1988, S. 612 - 614.
[470] Bereits 1967 wurde dort eine Arbeitsgruppe "Kirche und Gesellschaft" gegründet; Bericht über die Tätigkeit des Ökumenischen Zentrums in Brüssel für die Zeit von September 1966 bis Mai 1967, Brüssel, den 11. August 1967 [H.v.V.], S. 2.

säkularisierte, zumal sich eine organisationsinterne Einigung in theologischen Fragen selbst zwischen den einzelnen protestantischen Konfessionen schon in den siebziger Jahren - noch vor der Gründung der ECCSEC - als nicht erreichbar erwiesen hatte.[471] EECCS selbst hat sich immer mehr an ihre europapolitische Umgebung angepaßt und auf ein theologisches Profil nie Wert gelegt.[472] Diese verweltlichte Grundhaltung soll im folgenden weiter untersucht werden, wobei EECCS als exemplarische Organisationsform der "Säkularisierten Ökumene" präsentiert wird, denn in ihr scheint sich eine generelle Entwicklungstendenz für kirchliche Organisationen im 20. Jahrhundert zu manifestieren: "Ortodoksi og ortopraksi er blitt mindre viktige (...) I stedet er etiske spørsmål, sosial samvittighet og internasjonal solidaritet blitt sentrale interessefelter for kirkelig arbeid."[473]

10.2. EECCS: "Säkularisierte Ökumene"

Hinsichtlich der Organisationsform der EECCS erscheint es zweckdienlich, diese als **"Säkularisierte Ökumene"** zu kategorisieren.[474] Dieser neue Begriff, der aus religionswissenschaftlicher Perspektive[475]

---

[471] Kommission von Kirchen bei den Europäischen Gemeinschaften, Protokoll der Sitzung vom 14. und 15. Dezember 1978 in Brüssel [auch: EZA], S. 3 sowie S. 7.
[472] Einige Delegierte fragten deshalb z. B., wie man EECCS eine Seele geben könne; Europäische Ökumenische Kommission für Kirche und Gesellschaft, Vollversammlung - 28. September / 1. Oktober 1996, Protokoll der Vollversammlung, S. 10.
[473] Glaubenslehre und -praxis sind unwichtiger geworden (...) Stattdessen wurden ethische Fragen, soziale Verantwortung und internationale Solidarität zu zentralen Interessenfeldern der kirchlichen Arbeit [Übersetzung des Verfassers]; Rasmussen, Tarald / Thomassen, Einar: Kristendommen - En historisk innføring, Oslo 2000, S. 369.
[474] Diese Begriffsfindung ist nicht im Widerspruch zu der organisationssoziologischen Kategorisierung in Kapitel 5 dieser Arbeit zu sehen, sondern als religionswissenschaftliche Ergänzung und Vertiefung.
[475] Wie bereits erläutert werden religiöse Äußerungen in dieser Arbeit nicht im kirchlich-theologischen Kontext gesehen, sondern nur als faktische Belege für religions-wissenschaftliche Sichtweisen. Der Begriff "Säkularisierte Ökumene" darf auch nicht mit dem innerreligiösen bzw. -ökumenischen Begriff des "Säkularökumenismus" verwechselt werden. Letzterer kennzeichnet den Versuch eines umfassenderen Weges zur Einheit der Christen, wobei man sich nicht mit der Diskussion kirchentrennender Lehrdifferenzen begnügt. Dieses meint aber gerade nicht eine ausschließliche Behandlung des sozialethischen Bereiches (- anscheinend eine Besonderheit der EECCS und ihrer Vorgängerorganisationen). Vgl. Voss,

die protestantische Vertretung gegenüber den europäischen Institutionen bzgl. ihrer Säkularisierung beleuchtet, soll - neben der ökumenischen Komponente[476] - das gemeinsame Vorkommen von drei signifikanten Merkmalen subsumieren:

→ Reaktives Verhalten (Dominanz der Umgebungs-Kultur)
→ Vorherrschaft der Sozialethik (Bereich "Kirche und Gesellschaft")
→ Distanzierung von theologischen Fragestellungen

Die Relevanz dieser drei Kriterien wird im folgenden jeweils dargelegt.

Reaktives Verhalten (Dominanz der Umgebungs-Kultur)

Im Hinblick auf die Entwicklung der EECCS (und ihrer Vorgänger) und ihre Aktivitäten auf europäischer Ebene muß besonders hervorgehoben werden, daß ihre Handlungs- und Verhaltensweisen nicht proaktiv (d. h. vorausschauend) sondern reaktiv waren. Man betonte, "the church organs [are; H.-U. R.] destined to follow the evolution of the European institutions"[477] und hat sich ausschließlich mit Fragestellungen befasst, die sich "in die Tagesordnung der Europäischen Institutionen einfügen."[478] Durch diese Arbeitsweise hoffte man "das Engagement der Kirchen hinsichtlich Fragen, die sich durch die Europäische Gemeinschaft stellen, besser zum Ausdruck bringen zu können."[479] In diesem Zusammenhang kann auch davon gesprochen werden, daß bei der EECCS **Religion unter kultureller Dominanz** stand; dieses Konzept nimmt die "Säkularisierung oder Entchristlichung der

---

Gerhard: Säkularökumenismus, in: Lexikon für Theologie und Kirche, 3. Auflage, Band 8, Freiburg / Basel / Rom / Wien 1999, S. 1473; Käßmann, Margot: Die eucharistische Vision, München 1992, S. 259 f.
[476] Inwiefern EECCS ökumenisch zu nennen ist, wurde bereits in Kapitel 8.3. dieser Arbeit diskutiert.
[477] Draft Report on the joint meeting of the Consultative Committee of Churches for the European Communities and the European Church Board held in Brussels on 29 March 1971, S. 8.
[478] Europäische Ökumenische Kommission für Kirche und Gesellschaft, Protokoll der Vollversammlung 1995 [04. - 06.09.1995], S. 12. Siehe auch European Ecumenical Commission for Church and Society, Minutes of the Meeting of the European Ecumenical Commission for Church and Society held in Brussels, June 10, 11 & 12, 1987, Annex 1, President's Report on EECCS Activities 1986 - 87, S. 2.
[479] Kommission von Kirchen bei den Europäischen Gemeinschaften, Protokoll der Sitzung vom 14. und 15. Dezember 1978 in Brüssel [auch: EZA], S. 8.

Gesellschaft als ein Faktum hin und sucht nach einer Einheit, einer Versöhnung von Religion und Kultur, unter stillschweigend hingenommenem Vorzeichen der dominanten profanen Kultur."[480] Die Entstehung dieses Konzeptes geht auf den deutsch-amerikanischen Theologen Paul Tillich zurück. Er vertrat die These, daß *Religion die Substanz der Kultur, die Kultur aber die Form der Religion* sei.[481] Ihm stehen Religionssoziologen liberal protestantischer Prägung, wie etwa Peter L. Berger und Thomas Luckmann sehr nahe:[482] "Was sie auszeichnet, ist durchaus Sinn für Religion als auf Transzendenz verweisendes gesellschaftliches Normengefüge. (...) in dieser ganzen kulturreligiösen und religionssoziologischen Strömung haben wir Einheit von Religion und Kultur unter dem dominierenden Vorzeichen der Kultur."[483]

Von besonderer Signifikanz war bei der EECCS, "that the Ecumenical Commission was orientated towards the institutions and activities of the European Community."[484] Aufgrund dieser säkularen, europäischen Orientierung bzw. Dominanz und ihrer reaktiven Arbeits- und Verhaltensweise wurde sie auch explizit als **EG-bezogene** kirchliche Einrichtung bezeichnet.[485]

---

[480] Heinrichs, Johannes: Sprung aus dem Teufelskreis, Wien 1997, S. 239 - 244.
[481] U. a. in seiner "Religionsphilosophie" von 1923 (Tillich, Paul: Gesammelte Werke, Band I, Frühe Hauptwerke, Stuttgart 1959, S. 295 - 364).
[482] Vgl. Heinrichs, a.a.O., S. 243; der Autor bezieht sich dabei anscheinend weniger auf deren Konfessionszugehörigkeit (nur Berger ist Protestant, wenn auch aus einer jüdischen Familie; Luckmann ist katholisch sozialisiert) als auf deren Forschungsarbeiten zum Protestantismus.
[483] Heinrichs, a.a.O., S. 243 - 244 sowie Luckmann, Thomas: The Invisible Religion, New York 1967 [erweiterte amerikanische Ausgabe des Buches das in deutscher Sprache zunächst nur unter dem Titel 'Das Problem der Religion in der modernen Gesellschaft' (Freiburg 1963) erschienen ist]; Berger, Peter L.: Der Zwang zur Häresie. Religion in der pluralistischen Gesellschaft, Frankfurt 1980; ders.: Zur Dialektik von Religion und Gesellschaft, Frankfurt 1988.
[484] Ecumenical Commission for Church and Society in the European Community, Minutes of the Meeting of the Ecumenical Commission for Church and Society in the European Community, Brussels, 16 / 17th June 1983 [auch: EZA], S. 2.
[485] Walter Schöpsdau: Ökumenische Strukturen in Europa, in: MD, Materialdienst des Konfessionskundlichen Instituts Bensheim 1 / 92 (Themenheft: Europa und die

Vorherrschaft der Sozialethik[486] **(Bereich "Kirche und Gesellschaft")**
Während bei anderen ökumenischen Organisationen die gleichzeitige Diskussion theologischer und sozialethischer Fragen positiv gesehen wurde,[487] betrachtete man bei der EECCS (und ihren Vorgängern) Sozialethik und Theologie als Gegensatzpaar.[488] Eine Abgrenzung zwischen diesen beiden möglichen Bereichen der protestantisch-ökumenischen Arbeit in Brüssel erfolgte schon recht früh, durch eine genaue Aufteilung der Zuständigkeiten zwischen Ökumenischem Zentrum und Beratendem Ausschuß.[489] Wichtiger als die Erörterung theologischer, dogmatischer oder ekklesiologischer Probleme[490] war den protestantischen Vertretern das "prophetisch-kritische" Urteilen, somit der Appell an eine Umsetzung des christlichen Glaubens in Taten.[491] Diese exklusive Behandlung des sozialethischen

---

Kirchen), S. 4 - 6.
[486] "**Sozialethik,** Begriff für alle Bemühungen und Lehren, die die Urgierung [= nachdrückliches Betreiben; H.-U. R.] und Explikation von Normen des gesellschaftlichen Zusammenlebens zum Gegenstand haben." Kaufmann, Franz-Xaver: Sozialethik, in: Fuchs-Heinritz, Werner / Lautmann, Rüdiger / Rammstedt, Otthein / Wienold, Hanns (Hg.), Lexikon zur Soziologie, Opladen 1994, S. 612 [Hervorhebung wie im Originaltext].
[487] Z. B. beim ÖRK; dieser konstituierte sich 1948 als Zusammenschluß der sozialethisch geprägten Bewegung für praktisches Christentum ("life and work") mit der theologisch geprägten Bewegung für Glaube und Kirchenverfassung ("faith and order"). Und eine gleichwertige Zusammenarbeit zwischen diesen Bereichen wurde lange Zeit nicht in Frage gestellt. Langner, Albrecht: Katholische und evangelische Sozialethik im 19. und 20. Jahrhundert, Paderborn 1998, S. 747 - 748 sowie S. 768.
[488] Entwurf des Ergebnisprotokolls der fünften Zusammenkunft des "Beratenden Ausschusses der Kirchen für die Europäischen Gemeinschaften" (Konferenzsaal der Kommission der EWG, 224 rue de la Loi) am 31. Mai 1967, 14 Uhr; Brüssel, den 10. September 1967 [auch: EZA], S. 2.
[489] Draft Report on the joint meeting of the Consultative Committee of Churches for the European Communities and the European Church Board held in Brussels on 29 March 1971, S. 8. "If during the past two years the work had concentrated on the subject of 'Church and Society', it was however, clearly agreed at the last general assembly of the Ecumenical Centre that both aspects - the social-ethical as well as the theological (the latter represented by the Ecumenical Centre) - should be pursued together." Gerade durch die so festgelegte Zusammenarbeit der zwei Organisationen wurde die Ausdifferenzierung zwischen ihren Arbeitsbereichen zementiert.
[490] Dogmatik = Glaubenslehre, Ekklesiologie = Kirchenlehre.
[491] "Dieser Bewußtseinsprozeß der Kirchen leitet sich aus ihrem prophetischen Amt her, (...) Nie zuvor in der Geschichte der Menschheit bedurften die Visionen des Evangeliums wohl so dringend einer Übersetzung in Taten," Memorandum für die Mitgliedkirchen der Kommission von Kirchen bei den Europäischen Gemeinschaften im Hinblick auf eine Erklärung zur Verantwortung der Europäischen Gemeinschaft gegenüber den Entwicklungsländern und zur Rolle der Kirchen bei der Wahrnehmung dieser Verantwortung, Datum des Textes: 1. Februar 1975 [auch: EZA], S. 9.

Engagements kam schließlich in der Namensgebung zum Ausdruck: Ökumenische Kommission für Kirche und Gesellschaft in der Europäischen Gemeinschaft (ab 1979) bzw. Europäische Ökumenische Kommission für Kirche und Gesellschaft (ab 1984). "Kirche und Gesellschaft" ist hier als synonymer Begriff für den sozial-ethischen Interessenbereich zu verstehen,[492] mit dem man sich speziell und ausschließlich befasste: "the Ecumenical Commission had no wish whatsoever to alter (...) its limitation to the issues of Church and Society."[493]

Distanzierung von theologischen Fragestellungen
Obwohl anfangs noch darauf hingewiesen wurde, daß die Sozialethik theologisch begründet ist,[494] wandte man sich bei der protestantischen Vertretung in Brüssel immer mehr von der Theologie ab, d. h. säkularisierte sich. Diese Ausdifferenzierung begann bereits in den sechziger Jahren[495] und setzte sich in den nächsten Jahrzehnten fort.[496] Verweise auf den religiösen Hintergrund des menschlichen Tuns

---

[492] Jene Definition entstammt der ökumenischen Bewegung; bei anderen Organisationen ist "Kirche und Gesellschaft" jedoch nur einer von mehreren Arbeits- und Aufgabenbereichen. Vgl. Boyens, Armin: Ökumenischer Rat der Kirchen und Evangelische Kirche in Deutschland zwischen West und Ost, S.123, in: Besier, Gerhard / Boyens, Armin / Lindemann, Gerhard: Nationaler Protestantismus und ökumenische Bewegung - mit einer Nachschrift von Horst-Klaus Hofmann, Berlin 1999, S. 27 - 321.
[493] Ecumenical Commission for Church and Society in the European Community, Minutes of the Meeting of the Ecumenical Commission for Church and Society in the European Community, Brussels, 16 / 17th June 1983 [auch: EZA], S. 2 [Hervorhebung wie im Originaltext].
[494] "Es ist gut und notwendig, sich um grösseres Verständnis der wirtschaftlichen, politischen und sozialen Tatbestände zu bemühen, doch ist es ebenso notwendig, daraus die Konsequenzen zu ziehen und den Versuch einer christlichen Ethik zu wagen. Wir erwarten diese Antwort der Kirche, die sie uns geben möge aus der freien Verantwortung vor dem Evangelium und frei von allen anderen Bindungen ausser denen des Evangeliums." Kirche und Gesellschaft [Bericht der Arbeitsgruppe zur Vorbereitung der WCC-Konferenz in Uppsala], Brüssel, Juni 1968, S. 1.
[495] Wie oben erläutert, war die klare Aufgabenteilung zwischen Ökumenischem Zentrum (zuständig für Theologie und Seelsorge) und dem ersten Vorläufer der EECCS (Beratender Ausschuß, zuständig für "Kirche und Gesellschaft") schon ab 1969 etabliert. Vgl. Draft Report on the joint meeting of the Consultative Committee of Churches for the European Communities and the European Church Board held in Brussels on 29 March 1971, S. 8.
[496] Die Zuständigkeit für Theologie und Seelsorge setzte sich auch bei der Nachfolgeorganisation des Ökumenischen Zentrums, - trotz des leicht irreführenden

innerhalb dieser kirchlich beauftragten Organisation wurden in mehreren Fällen explizit aus dem Weg geräumt: Während der Gründungsphase der "Kommission von Kirchen bei den Europäischen Gemeinschaften" war es bzgl. ihrer theologischen Dimension zu Auseinandersetzungen gekommen. Im April 1972 wurde in einem Satzungsvorschlag die ökumenische Arbeit in Brüssel noch als "Sonderseelsorgeamt" bezeichnet, während im Entwurf von Entscheidungen, den man im November 1972 verabschiedete, davon keine Rede mehr ist.[497] Nachdem ein letzter Versuch, theologische und sozialethische Aspekte in einem Dokument (bzgl. der ersten Wahlen zum Europäischen Parlament) zu verbinden, aufgrund fehlender Kompromissfähigkeit Ende der siebziger Jahre als gescheitert angesehen werden mußte,[498] kam die Bevorzugung des Bereiches "Kirche und Gesellschaft" ab 1979 auch bei der Namensgebung der Vertretung des europäischen Protestantismus (ECCSEC, bzw. ab 1984 EECCS) zum Ausdruck.[499] Die Distanzierung von theologischen Fragestellungen erschien auch weiterhin plausibel: "The plurality of European Protestantism, the diverse theological traditions, did not

---

Namens (Ökumenische Vereinigung für Kirche und Gesellschaft, seit 1979) - fort: Diese war bzw. ist "eine Organisation, die weitgehend aus Beamten in den europäischen Institutionen besteht. Sie hat die Arbeit der EECCS wesentlich unterstützt (...). Dies ist häufig in Zusammenarbeit mit dem Europäischen Katholischen Zentrum geschehen, mit dem die Vereinigung gemeinsam für den 'Ort der Sammlung' ('Lieu de Receuillement') verantwortlich ist, der den Beamten der Europäischen Kommission zur Verfügung steht." Gemeinsame Sitzung des KEK-Zentralausschusses und der EECCS-Vollversammlung, Vaalbeek (bei Brüssel), Belgien, 12. und 13. September 1998, Vorschlag für das Arbeitsprogramm der Kommission Kirche und Gesellschaft (KKG), Addendum 1, Hintergrunddokument 'Auf dem Weg zu einem Arbeitsprogramm der Kommission Kirche und Gesellschaft', S. 21.
[497] Vgl. Vorschlag Ökumenisches Zentrum für Kirche und Gesellschaft, Brüssel, Vorschlag aufgrund der Richtlinien, die anläßlich der Sitzung des Provisorischen Exekutivausschusses der Kirchen am 24.4.1972 festgelegt wurden; Brüssel, Juli 1972, S. 1 mit Entwurf von Entscheidungen der auf der gemeinsamen Sitzung des Beratenden Ausschusses der Kirchen und des Europäischen Kirchenkollegiums in Brüssel, am 3. und 4. November 1972, einstimmig angenommen wurde; Brüssel, den 22. Mai 1973, S. 1 b.
[498] Kommission von Kirchen bei den Europäischen Gemeinschaften, Protokoll der Sitzung vom 14. und 15. Dezember 1978 in Brüssel [auch: EZA], S. 3 - 7.
[499] Anders als im westdeutschen Protestantismus kam es auf europäischer Ebene nicht zu einem Richtungsstreit zwischen konservativen und liberalen Theologen. Statt dessen betonte man lieber die - sozialethischen - Gemeinsamkeiten und verzichtete auf theologische Statements.

facilitate the work of ECCSEC and its Executive Committtee."⁵⁰⁰ Später wurde z. B. beschlossen, die örtlichen Gemeindepastoren, welche möglicherweise zu viele unbequeme - theologische - Fragen stellten, nur noch in Ausnahmefällen zu den Vollversammlungen zuzulassen.⁵⁰¹ Und in den neunziger Jahren erfuhren sogar die Arbeitsrichtlinien eine exklusiv säkulare, d. h. politisch-sozialethische, Ausrichtung:⁵⁰² Nachdem das Wort "divine" aus der Einleitung der "Resolution on the priorities of EECCS" von 1992 gestrichen worden war, gab es darin nur noch einen beiläufigen Hinweis auf "theological questions";⁵⁰³ ganz ähnlich verhielt es sich mit den schriftlich fixierten "Aufgaben der EECCS für den Zeitraum 1996 - 98", wo nur an einer einzigen Stelle von theologischer Reflexion die Rede war.⁵⁰⁴ Desgleichen wurde der Mitte der neunziger Jahre kurzfristig erörterte Gedanke, EECCS eine theologische Charta zu geben, um so ihre Identität zu definieren, schnell wieder ad Acta gelegt.⁵⁰⁵

Die Untersuchung der drei o. g. Kriterien für die Organisationsform der "Säkularisierten Ökumene" lässt sich wie folgt zusammenfassen: → Die auch als "Vergesellschaftung" bezeichnet Subordinierung des

---

⁵⁰⁰ Ecumenical Commission for Church and Society in the European Community, Minutes of the Meeting of the Ecumenical Commission for Church and Society in the European Community, Brussels, June 11th and 12th 1981 [auch: EZA], S. 2.
⁵⁰¹ Vgl. European Ecumenical Commission for Church and Society, Minutes of the meeting of the European Ecumenical Commission for Church and Society held in Brussels, June 10, 11 & 12, 1987, Annex 4, LOCAL PASTORS.
⁵⁰² "EECCS - as a go-between, as an analyst and as a communicator"; vgl. European Ecumenical Commission for Church and Society, General Assembly - 24 / 26 June 1992, Minutes, S. 11 sowie Annex F, Resolution on the priorities of EECCS approved by the General Assembly of EECCS held in Strasbourg from 24 to 26 June 1992.
⁵⁰³ Vgl. European Ecumenical Commission for Church and Society, General Assembly - 24 / 26 June 1992, Minutes, S. 12.
⁵⁰⁴ Vgl. Europäische Ökumenische Kommission für Kirche und Gesellschaft, Protokoll der Vollversammlung 1995 [04. - 06.09.1995], S. 12.
⁵⁰⁵ 1994 / 1995 war diese Idee im Exekutivausschuß erwogen und bei der Vollversammlung 1995 diskutiert worden (Europäische Ökumenische Kommission für Kirche und Gesellschaft, Vollversammlung - 4. / 6. September 1995, Bericht des Generalsekretärs, S. 18 sowie Europäische Ökumenische Kommission für Kirche und Gesellschaft, Protokoll der Vollversammlung 1995 [04. - 06.09.1995], S. 11 f.). Aber schon 1996 wurde diese Sache nicht weiter verfolgt. (Europäische Ökumenische Kommission für Kirche und Gesellschaft, Vollversammlung - 28. September / 1. Oktober 1996, Protokoll der Vollversammlung, S. 20).

Kirchlichen in der modernen Gesellschaft[506] war bei der hier zu untersuchenden europäischen protestantischen Vertretung schon sehr weit fortgeschritten. Die EECCS adaptierte sich immer mehr bzgl. der europapolitischen Umgebung, fügte sich in die "Tagesordnung der Europäischen Institutionen"[507] ein und wurde somit zunehmend säkularisierter.[508]

→ Die als Sorge formulierte Einschätzung des ÖRK-Begründers Visser 't Hooft, daß irgendwann weltliche Fragen - des sozialethisch geprägten Bereiches "Kirche und Gesellschaft" - die Präferenz der ökumenischen Arbeit bilden würden, hat sich zumindest bzgl. EECCS bewahrheitet.[509]

→ "Der theologische Ansatz erwies sich (...) als diskussionsbedürftig und zu eng, vor allem der ekklesiologische Fragepunkt,"[510] also derjenige des gegenseitigen kirchlichen Verständnisses, blieb problematisch.[511] Anstatt nach einer Lösung aus dieser Zwangslage zu suchen, wurde bei der EECCS (und ihren Vorgängern) Theologie

---

[506] Vgl. Ebertz, Michael N.: Die "Vergesellschaftung" der Kirchen: Kirchen-interner Pluralismus, in: Forschungsjournal Neue Soziale Bewegungen, 6. Jahrgang, Heft 3 - 4, 1993, S. 37 - 50.
[507] Vgl. Europäische Ökumenische Kommission für Kirche und Gesellschaft, Protokoll der Vollversammlung 1995 [04. - 06.09.1995], S. 12.
[508] Eine solche "Verschmelzung mit der Diesseitigkeitskultur", läßt sich in ähnlicher Weise bzgl. der Deutschen Evangelischen Kirchentage feststellen, wo beispielsweise ebenfalls immer seltener kirchliches Vokabular benutzt wird, da man durch solches ja die Adressaten abschrecken könnte. Siehe Soeffner, Hans-Georg: Der Geist des Überlebens, Darwin und das Programm des 24. Deutschen Evangelischen Kirchentages, in: Bergmann, Jörg / Hahn, Alois / Luckmann, Thomas (Hg.), Religion und Kultur, Sonderheft 33 der Kölner Zeitschrift für Soziologie und Sozialpsychologie, Opladen 1993, S. 191 - 205.
[509] "Ich glaube nicht, daß wir die Welt in der Weise 'ernst nehmen' sollten, daß wir den Auftrag der Kirche auf die Beantwortung von Fragen, die die Welt stellt, reduzieren oder auf die Befriedigung von Bedürfnissen, die die Welt verspürt. Wir haben allen Grund, die 'Tagesordnung der Welt' zu studieren. Aber letzten Endes muß die von Gott gegebene Tagesordnung der Kirche (in der die Angelegenheiten der Welt eingeschlossen sind) den Vorrang haben." Visser 't Hooft, Willem Adolf: Die Welt war meine Gemeinde, Autobiographie, München / Zürich 1974, S. 443.
[510] Langner, Albrecht: Katholische und evangelische Sozialethik im 19. und 20. Jahrhundert, Paderborn 1998, S. 748.
[511] Wie weiter oben erläutert, scheiterte u. a. an diesem Punkt der Konsens zwischen Sozialethik und Theologie: "Eine Schwierigkeit der Zusammenarbeit der Kirchen bei den europäischen Institutionen [im Kontext der ECCSEC; H.-U. R.] liegt in der unterschiedlichen Auffassung von Kirche. Während die einen Kirchen in erster Linie als Institution ansehen, betonen die Niederländer und Belgier den Charakter der Kirche als Bewegung." Auszug aus der Niederschrift über die 34. Sitzung des Rates der EKD am 4. / 5. Juni 1982 in Hannover, XXI: Berichte zur Lage (TOP 21), Hannover 1982

einfach ausgeklammert, um gemeinsam nach Lösungen für andere - ökumenische, sozialethische - Fragen suchen zu können.[512] "Die modern verstandene [d. h. hier säkularisierte; H.-U. R.] Religion bleibt bloß unsichtbare Komponente der Gesellschaft: invisible religion"[513]

So konnte hier schlüssig nachgewiesen werden, daß die Organisationsform der EECCS als "Säkularisierte Ökumene" zu kennzeichnen ist und ihre säkularisierte Grundhaltung bzw. ihr ebensolches Selbstverständnis prägend für ihre Arbeit auf europäischer Ebene war. Im nun folgenden Abschnitt soll diskutiert werden, inwieweit diese Organisationsform auch für andere Organisationen der Ökumene von Relevanz ist.

10.3. Diskussion: Eine Organisationsform mit Zukunft?

Die Frage, ob die Organisationsform der "Säkularisierten Ökumene" sich nicht nur bei der EECCS nachweisen läßt, beinhaltet die Frage nach ihrer weiteren Bedeutung, insbesondere da EECCS zum heutigen Zeitpunkt nicht mehr als eigenständige Organisation existiert, sondern sich Anfang 1999 in die Konferenz Europäischer Kirchen als Kommission Kirche und Gesellschaft integriert hat.

Hinweise auf einen zunehmenden Grad an Säkularisierung lassen sich z. B. beim ÖRK finden: Schon 1968 vermerkte man "eine gewisse Übernahme der herkömmlichen Strukturen und Ansichten, (...) Aus diesem Grund unterscheiden sich die im Dokument vorgeschlagenen Lösungen kaum von entsprechenden die von den internationalen Gremien geprüft werden."[514] Aus der schon damals prognostizierten

---

[EZA] [Hervorhebungen wie im Originaltext].
[512] Beestermöller, Gerhard: Ökumenische Sozialethik als gemeinsame Suche nach christlichen Antworten, Stuttgart / Berlin / Köln 1996 *[programmatisch gemeinter Titel]*.
[513] Heinrichs, Johannes: Sprung aus dem Teufelskreis, Wien 1997, S. 244. Vgl. auch: Luckmann, Thomas: The Invisible Religion, New York 1967.
[514] Kirche und Gesellschaft [Bericht der Arbeitsgruppe zur Vorbereitung der WCC-

Zunahme des sozial-ethischen Engagements[515] folgte, daß auch der ÖRK sich zunehmend verweltlichte: 1998 wurde beschlossen, "außer der 'Weltgemeinschaft christlicher Kirchen' (...) auch Bewegungen. Interessenvertretungen und sozialpolitisch-menschenrechtlich engagierte Netzwerke (NGOs) aufzunehmen. Dafür wurden die bisherigen, bekenntnisgebundenen 'hohen Schranken' gesenkt."[516] Diese Entwicklung führte u. a. zu der Befürchtung, daß durch eine solchermaßen säkularisierte "Ökumene aller Menschen guten Willens" die ökumenische Bewegung insgesamt ausgehöhlt werden könnte.[517]

Auch bei der KEK wurden die Prioritäten schon seit den sechziger Jahren immer weniger im theologischen Bereich gesehen: "Wir sind als Christen in den Bedingungen der säkularisierten Welt, wo die Kirche so manche herkömmliche Privilegien verloren hat, immer klarer auf dem Wege des bescheidenen Dienens gerufen. Darauf soll sich unser Auftrag für die Zukunft gründen. (...) Der politische Dienst der Christen ist auch (...) unseren Kirchen mit besonderer Dringlichkeit aufgegeben: durch die steigende Bedeutung der sozial-politischen Dimension des modernen Lebens."[518] Daraus konkretisierte man bzgl. der eigenen Aufgabenstellung: "Die Funktion des 'Sauerteigs' und des 'Salzes der Erde', die den Christen aufgegeben ist, kann darin bestehen, eine gründliche und unparteiische Kritik zu üben."[519] Diese Prioritäten der KEK sind über lange Zeit gleich geblieben und von ihren

---

Konferenz in Uppsala], Brüssel, Juni 1968, S. 2.
[515] Boyens, Armin: Ökumenischer Rat der Kirchen und Evangelische Kirche in Deutschland zwischen West und Ost, S. 125 - 126, in: Besier, Gerhard / Boyens, Armin / Lindemann, Gerhard: Nationaler Protestantismus und ökumenische Bewegung - mit einer Nachschrift von Horst-Klaus Hofmann, Berlin 1999, S. 27 - 321.
[516] Hofmann, Horst-Klaus: Nachschrift, Jenseits von Afrika, Ein Zeitdokument, S. 948, in: Besier, Gerhard / Boyens, Armin / Lindemann, Gerhard: Nationaler Protestantismus und ökumenische Bewegung - mit einer Nachschrift von Horst-Klaus Hofmann, Berlin 1999, S. 933 - 993.
[517] A.a.O., S. 945 - 949.
[518] Konferenz Europäischer Kirchen: Dienen und Versöhnen, Die Aufgabe der Europäischen Kirchen heute, Vorbereitendes Dokument für die Versammlung der Konferenz Europäischer Kirchen, "Nyborg V", Genf 1967, S. 27.
[519] A.a.O., S. 35.

Vollversammlungen immer wieder bestätigt worden.[520] Und auch bei einer Auflistung aus den neunziger Jahre über "Heutige und zukünftige Aufgaben" sind nur wenige explizit religiöse Bezüge zu finden.[521] Eine Tendenz zur Aufnahme nicht mehr nur von Kirchen sondern auch von Bewegungen und NGOs hat sich bei der Konferenz Europäischer Kirchen sogar schon früher als beim ÖRK gezeigt; von dieser Möglichkeit der Assoziierung profitierte die EECCS - als eine der ersten Organisationen überhaupt - ab März 1993.[522]

Ebenso wie bei den nicht-katholischen (protestantischen und ökumenischen) Organisationen läßt sich im Katholizismus eine Tendenz der Verabschiedung von der Theologie feststellen: "Auf dem 2. Vatikanum hat die katholische Glaubenstradition die Krise der modernen, zur Einheit schicksalhaft 'verdammten' Welt zum generativen Thema ihrer Identität in der modernen Gesellschaft gemacht. Sie hat der christlichen Sozialethik die 'Globalisierung der Solidarität' - wie Johannes Paul II. formuliert - als Leitperspektive der religiös-ethischen Reflexion vorgegeben."[523] In verschiedenen Enzykliken und Reden bezeichnete letzterer die Kirche als Ausdruck des Menschlichen,[524] wobei sich eine Reduktion der Theologie auf den

---

[520] Fischer, Jean: Anlage 3, Bericht des Generalsekretärs, S. 82, in: Konferenz Europäischer Kirchen (Hg.): "Gott eint - in Christus die eine Schöpfung", Bericht der 10. Vollversammlung Konferenz Europäischer Kirchen, Prag, 1. - 11. September 1992, Manchester 1993, S. 78 - 106.
[521] Die Gemeinschaft der KEK hat - laut Fischer - folgende Aufgabenbereiche: Gebet und Fürbitte, christliches Dienen, Dialog, Konflikte verhüten und Versöhnung stiften, Männer und Frauen; dabei hat nur der erste Bereich mit konkreten Glaubensinhalten zu tun. Vgl. Fischer, Jean, a.a.O., S. 101 - 103.
[522] Die dafür notwendigen Verfassungsänderungen waren bei der KEK-Vollversammlung im Herbst 1992 beschlossen worden. Vgl. Europäische Ökumenische Kommission für Kirche und Gesellschaft, Vollversammlung - 23. / 24. September 1993, Bericht des Generalsekretärs, S. 17.
[523] Gabriel, Karl: Soziale Kohäsion im Globalisierungstest, Christliche Sozialethik vor den Herausforderungen der Globalisierung, S. 103 - 104, in: ders. (Hg.), Jahrbuch für christliche Sozialwissenschaften, 41. Band, Globalisierung, Münster 2000, S. 87 - 104.
[524] In diesem Zusammenhang ist auch sein Einsatz für die Menschenrechte zu sehen, den er - laut Maier - zu einem der wichtigsten Anliegen seines Pontifikats gemacht hat. Vgl. Maier, Martin: Die Kirche als 'Global Player' - Theologische Überlegungen zu einer menschengerechten Globalisierung, in: Gabriel, Karl (Hg.), Jahrbuch für christliche Sozialwissenschaften, 41. Band, Globalisierung, Münster 2000, S. 130 -

Aspekt der Anthropologie nachweisen läßt.[525] Überkonfessionelle Kooperationen scheinen bisher besonders in sozial-ethisch geprägten Pilot-Projekten erfolgreich gewesen zu sein.[526] Ebenfalls wird katholischerseits - ähnlich wie beim ÖRK - eine breitere Basis angestrebt: "Kirche als 'Zeichen und Schutz der Transzendenz der menschlichen Person' (...) steht in dieser ihrer Sorge als Anwalt des Humanum durchaus nicht allein, sondern sie arbeitet mit 'allen Menschen guten Willens' zusammen. (...) Die Chance der Kirche, dies gilt in Brüssel in besonderem Maße, besteht darin, nicht in eigenem Interesse aufzutreten. (...) Sie wird an Einfluß gewinnen in dem Maße, in dem sie nicht an sich, sondern an die anderen denkt."[527]

"Säkularisierte Ökumene" läßt sich folglich auch in anderen Bereichen der ökumenischen Arbeit - zumindest tendenziell - nachweisen. Ihr Vorkommen bei der EECCS ist also kein Einzelfall, sondern gewissermaßen exemplarisch für die mögliche zukünftige Entwicklung anderer ökumenischer Unternehmungen.

---

146 sowie Reese, Thomas J.: Im Inneren des Vatikans, Politik und Organisation der katholischen Kirche, Frankfurt am Main 1998, S. 375.
[525] Poupard, Paul: Anthropologie chrétienne de Jean Paul II, in: ders. (Hg.), Dictionnaire des religions, Paris 1984, S. 58 - 60. Eine solche Präferenz von Anthropologie und Menschenrechten gegenüber der Theologie läßt sich für die Vorgänger der EECCS schon in den siebziger Jahren nachweisen: Vgl. Diskussion über das Arbeitspapier Verantwortung der Europäischen Gemeinschaft gegenüber den Entwicklungsländern und die Rolle der Kirchen bei der Wahrnehmung dieser Verantwortung, Ort / Datum des Textes: Brüssel, 19. Juni 1975 [auch: EZA], S. 4.
[526] Hier wäre die im Exkurs vorgestellte Europäische Ökumenische Organisation für Entwicklungsfragen (EECOD) zu nennen; in ihr kooperierten Mitarbeiter katholischer und nicht-katholischer Kirchenverbände sehr gut. Leider mußte sie jedoch Ende 1995 u. a. auf Grund von Einzelinteressen anderer konkurrierender Entwicklungshilfevereinigungen aufgegeben werden.
[527] Bauer, Gerhard: Die Kirche - eine Lobby mehr in Brüssel?, S. 11 sowie S. 15, in: Projekt Europa, No. 4, Straßburg, März 1979, S.10 - 15.

11. Resümee

Für den als bisheriges religionswissenschaftliches Forschungsdesiderat identifizierten Bereich des Engagements kirchlicher Organisationen gegenüber den Institutionen der europäischen Einigung, bzw. auf europäischer Ebene, konnten - hinsichtlich des Protestantismus - durch die nun vorliegende Arbeit neue Erkenntnisse gewonnen werden. Am Beispiel der EECCS (und ihrer Vorgängerorganisationen) welche bis 1998 die Möglichkeiten einer Interessenvertretung ihrer Mitgliedskirchen in Brüssel und Straßburg wahrgenommen hatte, wurde der Frage nachgegangen, inwieweit sich diese protestantische Gruppierung unter den Rahmenbedingungen der fortschreitenden europäischen Einigung verändert. Zunächst wurde dazu die Entstehung und Entwicklung sowie die Struktur und Konstitution dieser protestantischen Repräsentanz auf europäischer Ebene organisationshistorisch dokumentiert, mit besonderem Fokus auf ihre sozialethischen Themenstellungen aus der europapolitischen Tagesordnung, da diese den Hauptschwerpunkt ihrer Tätigkeit ausmachten. Ihre Funktions- und Arbeitsweisen sind ebenfalls charakterisiert und ihre verschiedenen Veränderungen und Umgestaltungsphasen verdeutlicht worden. Daran anschließend wurde der Standort der EECCS organisationssoziologisch bestimmt, was zu der Feststellung führte, daß sie als "Organisation eigener Prägung" anzusehen ist. Bemerkenswert erschienen generell die partiellen Parallelen zu den Entwicklungen der politischen (und wirtschaftlichen) Einigung Europas. Für die protestantische Repräsentanz in Europa war gleichfalls neben der in verschiedenen Etappen erfolgten geographischen Erweiterung eine Vertiefung notwendig geworden. Während auf politischer Ebene jedoch die etablierten Institutionen im Prinzip erhalten blieben (und bleiben), hat sich im kirchlichen Bereich die EECCS in eine andere Gruppierung, namentlich die Konferenz Europäischer Kirchen, re-integriert und sich dadurch auch auf eine neue Stufe der Ökumene, unter großer

Beteiligung der orthodoxen Kirchen Osteuropas, eingelassen. Auf diese eher auf die inneren Strukturen gerichteten Betrachtungsweisen folgte der Blick von "Außen": In einem Exkurs wurden einerseits diesen Anstrengungen die Aktivitäten anderer kirchlicher Gruppen vor- und gegenübergestellt. Speziell hinsichtlich der katholischen Gruppierungen war hierbei augenscheinlich, daß diese - im Gegensatz zu den protestantischen Gruppierungen - ein ausgeprägtes theologisches Profil vorzuweisen hatten. Andererseits konnten die Aspekte der Fremdwahrnehmung der EECCS, ihrer Effektivität bzw. Marktwirkung und ihres Selbstverständnisses beleuchtet und konkretisiert werden. Eine Wahrnehmung durch die befragten europäischen Kirchenleitungen war kaum vorhanden; die europäische Interessenvertretung durch EECCS war nicht besonders effizient; ihr Selbstverständnis war ein säkularisiertes. Weiterhin wurden in konfrontativer Weise theorierelevante Schlüsselbegriffe ("Europa", "Protestantismus", "Ökumene") kontextuell erörtert. Hervorzuheben ist hierbei die Affinität der ökumenischen Bewegung für protestantische Denkweisen. Die anfangs gestellte Frage nach den Veränderungen dieser protestantischen Gruppierung und ihres Engagements auf europäischer Ebene läßt sich wie folgt beantworten: Einerseits verbreitete sich das Engagement der EECCS (und ihrer Vorgänger, seit 1964), d. h. es wurden Kirchenräte und Kirchen aus immer mehr europäischen Ländern integriert, wodurch sie auch ein ökumenischeres Profil erhielt. Andererseits vertiefte man sich immer mehr in sozialethische und immer weniger in theologische Fragestellungen und wurde zunehmend säkularisierter. Die vielleicht naheliegende Alternative der Theologisierung war für die Protestanten auf europäischer Ebene anscheinend kein gangbarer Weg. Statt einer christlichen Verkündigungsinstitution entstand eine Gruppierung für die vornehmlich die Sozialethik - als breitester gemeinsamer Nenner all ihrer Mitgliedskirchen und -organisationen - von besonderem Interesse war.

Mithilfe der bis dahin erlangten Ergebnisse erfolgte schließlich in der theoretischen Betrachtung die religionswissenschaftliche Einordnung der Entwicklung der EECCS, namentlich in den Säkularisierungskontext. Die These der "Säkularisierten Ökumene" - als exemplarische Kennzeichnung für die Organisationsform der EECCS - wurde ausführlich begründet. Mittels spezifischer Kriterien, hinsichtlich ihres geringen Reaktionsverhaltens sowie ihrer Bevorzugung der Sozialethik gegenüber der Theologie konnte dargelegt werden, daß EECCS als ökumenische Gruppierung gerade durch die Hervorhebung der sozialethischen Gemeinsamkeiten ihrer Mitgliedsorganisationen immer säkularisierter werden mußte. In der anschließenden Theoriediskussion konnte festgestellt werden, daß die These der "Säkularisierten Ökumene" sich zumindest tendenziell auch auf andere Organisationen und Arbeitsbereiche der Ökumene und sogar bezüglich des Katholizismus anwenden lässt.

Wie sich Religionen, Konfessionen und Glaubensrichtungen und deren beauftragte Organisationen in Europa und auf der europäischen Ebene im dritten Jahrtausend nach der Zeitenwende zueinander verhalten werden, wird in künftigen Forschungen weiter zu beobachten sein. Besonders interessant ist dabei die Frage, ob die Suche nach Gemeinsamkeiten diese Religionsgemeinschaften, Organisationen und Verbände ebenfalls säkularisieren wird.

12. Literaturverzeichnis

Adressenwerk der Evangelischen Kirche in Deutschland, Hannover 1993

Antes, Peter: Europa II. Nichtchristliche Religionen, in: Religion in Geschichte und Gegenwart, 4. Auflage, Band 2, Tübingen 1999, S. 1664 - 1666

Antes, Peter: Theologie und Religionswissenschaft, Methodische Anmerkungen zu Nähe und Distanz, in: Günter Riße / Heino Sonnemans / Bernhard Theß (Hg.), Wege der Theologie: an der Schwelle zum dritten Jahrtausend, Festschrift für Hans Waldenfels zur Vollendung des 65. Lebensjahres, Paderborn 1996, S. 313 - 319

Barth, Ulrich: Säkularisierung I, in: Theologische Realenzyklopädie, Band 29, Berlin / New York 1998, S. 603 - 634

Bauer, Gerhard: Die Kirche - eine Lobby mehr in Brüssel?, in: Projekt Europa, No. 4, Straßburg, März 1979, S. 10 - 15

Baumann, Martin: Qualitative Methoden in der Religionswissenschaft, Marburg 1992

Baumann, Urs: Ökumenische Bewegung, in: Metzler-Lexikon Religion, Band 2, Stuttgart 1999, S. 594 - 605

Baumotte, Manfred: Tillich, in: Drehsen, Volker / Häring, Hermann / Kuschel, Karl-Josef / Siemers, Helge (Hg.), Wörterbuch des Christentums, Gütersloh / Zürich 1988, S.1259 - 1261

Beestermöller, Gerhard: Ökumenische Sozialethik als gemeinsame Suche nach christlichen Antworten, Stuttgart / Berlin / Köln 1996

Berger, Peter L.: Der Zwang zur Häresie. Religion in der pluralistischen Gesellschaft, Frankfurt 1980

Berger, Peter L.: Mc Jesus Incorporated, Kirchen als Unternehmer, Die pluralistische Gesellschaft verlangt neue Strategien, in: SZ am Wochenende, Feuilleton-Beilage der Süddeutschen Zeitung, Nr. 54, München, 06. / 07.03.1999, S. I

Berger, Peter L.: Zur Dialektik von Religion und Gesellschaft, Frankfurt 1988

Berger, Peter L. / Luckmann, Thomas: Secularization and Pluralism, in: Internationales Jahrbuch für Religionssoziologie, Band 2, 1966, S. 73 - 86

Besier, Gerhard: Protestantismus, Kommunismus und Ökumene in den Vereinigten Staaten von Amerika, in: Besier, Gerhard / Boyens, Armin / Lindemann, Gerhard: Nationaler Protestantismus und ökumenische Bewegung - mit einer Nachschrift von Horst-Klaus Hofmann, Berlin 1999, S. 323 - 652

Birmelé, André: Ökumene, in: Evangelisches Kirchenlexikon, 3. Auflage, Band 3, Göttingen 1992, S. 825 - 826

Bortz, Jürgen / Döring, Nicola: Forschungsmethoden und Evaluation in den Sozialwissenschaften, Berlin / Heidelberg / New York 1995

Boyens, Armin: Ökumenischer Rat der Kirchen und Evangelische Kirche in Deutschland zwischen West und Ost, in: Besier, Gerhard / Boyens, Armin / Lindemann, Gerhard: Nationaler Protestantismus und ökumenische Bewegung - mit einer Nachschrift von Horst-Klaus Hofmann, Berlin 1999, S. 27 - 321

Brecht, Martin: Protestantismus II. Geschichte, in: Lexikon für Theologie und Kirche, 3. Auflage, Band 8, Freiburg / Basel / Rom / Wien 1999, S. 656 - 661

Brenner, Beatus (Hg.): Europa und der Protestantismus, Göttingen 1993

Christliche Verantwortung für die Europäische Gemeinschaft, epd-Dokumentation Nr. 28 / 74, Frankfurt am Main 1974

Die Erklärung von Porvoo, in: MD, Materialdienst des Konfessionskundlichen Instituts Bensheim 5 / 96, S. 108

Dunde, Siegfried Rudolf (Hg.): Wörterbuch der Religionssoziologie, Gütersloh 1994

Ebertz, Michael N.: Die "Vergesellschaftung" der Kirchen: Kircheninterner Pluralismus, in: Forschungsjournal Neue Soziale Bewegungen, 6. Jahrgang, Heft 3 - 4, 1993, S. 37 - 50

Europäische Kommission: Eurobarometer, Die öffentliche Meinung in der Europäischen Union, Das erste Jahr der "Neuen Europäischen Union", Bericht über die Eurobarometer-Meinungsumfrage 42, Brüssel, Frühjahr 1995

Europäische Ökumenische Kommission für Kirche und Gesellschaft (EECS) [sic!]: Arbeitslosigkeit und die Zukunft der Arbeit in der Europäischen Gemeinschaft, epd-Dokumentation Nr. 1 / 86, Frankfurt am Main 1986

Fischer, Hermann: Protestantismus I. Begriff und Wesen, in: Theologische Realenzyklopädie, Band 27, Berlin 1997, S. 542 - 551

Foerster, Rolf Hellmut (Hg.): Die Idee Europa, 1300 - 1946, Quellen zur Geschichte der politischen Einigung, München 1963

Fowler, Robert Booth / Hertzke, Allen D.: Religion and Politics in America, Faith, Culture and Strategic Choices, Boulder / Oxford 1995

Frieden und Sicherheit in Europa, EKD-Texte Nr. 6, Hannover 1983

Frieling, Reinhard: Protestantismus I. Begriff, in: Lexikon für Theologie und Kirche, 3. Auflage, Band 8, Freiburg / Basel / Rom / Wien 1999, S. 655 - 656

Fürstenberg, Friedrich: Säkularisierung, in: Dunde, Siegfried Rudolf (Hg.), Wörterbuch der Religionssoziologie, Gütersloh 1994, S. 279 - 287

Gabriel, Karl: Religion und Gesellschaft revidiert: Religionssoziologie jenseits des Säkularisierungsparadigmas, in: Fechtner, Kristian u. a. (Hg.), Religion wahrnehmen, Festschrift für Karl-Fritz Daiber zum 65. Geburtstag, Marburg 1996, S. 139 - 145

Gabriel, Karl: Soziale Kohäsion im Globalisierungstest, Christliche Sozialethik vor den Herausforderungen der Globalisierung, in: ders. (Hg.), Jahrbuch für christliche Sozialwissenschaften, 41. Band, Globalisierung, Münster 2000, S. 87 - 104

Gasteyger, Curt: Europa zwischen Spaltung und Einigung 1945 - 1990, Eine Darstellung und Dokumentation über das Europa der Nachkriegszeit, Bonn 1990

Greschat, Martin: Der Protestantismus und die Entstehung der Europäischen Gemeinschaft, in: ders. / Loth, Wilfried (Hg.), Die Christen und die Entstehung der Europäischen Gemeinschaft, Stuttgart / Berlin / Köln 1994, S. 25 - 96

Häring, Hermann: Kirche, in: Drehsen, Volker / Häring, Hermann / Kuschel, Karl-Josef / Siemers, Helge (Hg.), Wörterbuch des Christentums, Gütersloh / Zürich 1988, S. 608 - 612

Hahn, Wilhelm: Säkularisation und Religionszerfall, in: Kerygma und Dogma 5, 1959, S. 83 -98

Hanegraaff, Wouter J.: New age religion and secularisation, in: Numen 3 / 2000, S. 288 - 312

Hase, Thomas: Quantitative Methoden in der Religionswissenschaft, Marburg 2000

Hauth, Rüdiger (Hg.): Kompaktlexikon Religionen, Wuppertal 1998

Heinrichs, Johannes: Sprung aus dem Teufelskreis, Wien 1997

Herrmann, Petra: Zum aktuellen Stand: Kirchen in Europa, in: Lange, Bernd (Verantwortl.), Perspektive: Solidarisches Europa, Christentum und Europäische Einigung, Brüssel 1995, S. 33 - 37 (Bezugsquelle: Fraktion der Sozialdemokratischen Partei Europas im Europäischen Parlament, 97 - 113, Rue Belliard, B - 1047 Brüssel)

Hoburg, Ralf: Protestantismus und Europa, Erwägungen für eine Kirche der Konfessionen, Geschichte, Modelle, Aufgaben, Berlin 1999

Hofmann, Horst-Klaus: Nachschrift, Jenseits von Afrika, Ein Zeitdokument, in: Besier, Gerhard / Boyens, Armin / Lindemann, Gerhard: Nationaler Protestantismus und ökumenische Bewegung - mit einer Nachschrift von Horst-Klaus Hofmann, Berlin 1999, S. 933 - 993

Honecker, Martin: Grundriß der Sozialethik, Berlin / New York 1995

Hradil, Stefan: Europa I. Geopolitische Problematik, Begriff und Vorstellung, Sozialstruktur, in: Religion in Geschichte und Gegenwart, 4. Auflage, Band 2, Tübingen 1999, S. 1661 - 1663

Hüffelmeier, Wilhelm / Müller, Christine-Ruth (Hg.): Wachsende Gemeinschaft in Zeugnis und Dienst, Bericht über die 4. Vollversammlung der Leuenberger Kirchengemeinschaft vom 3. bis 10. Mai 1994 in Wien, Frankfurt am Main 1995

Ist das herrschende Wirtschaftssystem mit nachhaltiger Entwicklung vereinbar?, epd-Dokumentation Nr. 17 / 96, Frankfurt am Main 1996

Jaeschke, Walter: Säkularisierung / Säkularismus 1., in: Evangelisches Kirchenlexikon, 3. Auflage, Band 4, Göttingen 1996, S. 37 - 40

Jakobeit, Cord / Yenal, Alparslan (Hg.): Gesamteuropa, Analysen, Probleme und Entwicklungsperspektiven, Bonn 1993

Japs, Gode (Red.): Hintergrund Politik: Lobby der Schwachen - Die Nichtregierungsorganisationen, Eine Sendung von Heike Helfer, Deutschlandfunk, Köln 1997, Sendezeit: 17.11.1997, 18.40 - 19.00 Uhr

Joos, Klemens: Interessenvertretung deutscher Unternehmen bei den Institutionen der Europäischen Union, Berlin 1998

Käßmann, Margot: Die eucharistische Vision, München 1992

Kaufmann, Franz-Xaver: Sozialethik, in: Fuchs-Heinritz, Werner / Lautmann, Rüdiger / Rammstedt, Otthein / Wienold, Hanns (Hg.), Lexikon zur Soziologie, Opladen 1994, S. 612

Kees, Irmgard: Sozialethische Erfordernisse der europäischen Integration, in: Zeitschrift für Evangelische Ethik, 17. Jahrgang, 1973, Heft 1, S. 49 - 55

Kehrer, Günter: Gruppe / Gruppendynamik, in: Handbuch religionswissenschaftlicher Grundbegriffe, Band III, Stuttgart / Berlin / Köln 1993, S. 51 - 63

Kehrer, Günter: Kirche, in: Handbuch religionswissenschaftlicher Grundbegriffe, Band III, Stuttgart / Berlin / Köln 1993, S. 357 - 362

"Kiderlen in Brüsseler Außenstelle des EKD-Bevollmächtigten", epd-Zentralausgabe vom 12. Juli 1990, Frankfurt am Main 1990

Kirchenmitglieder in der Europäischen Union, in: idea-spektrum 2 / 95, Wetzlar 1995, S. 13

Kirchliche Gesichtspunkte zur Ausländerpolitik der EG, Vom 8. März 1974, in: Hauschild, Wolf-Dieter / Wilkens, Erwin (Hg.), Kirchliches Jahrbuch für die Evangelische Kirche in Deutschland 1974, Gütersloh 1977, S. 230 - 232

Klein, Aloys: Ökumene I. Begriff - II. Geschichte, in: Lexikon für Theologie und Kirche, 3. Auflage, Band 7, Freiburg / Basel / Rom / Wien 1998, S. 1017 - 1022

Klute, Jürgen (V.i.S.d.P.): Europäische Netzwerke und NGO, Internetseite des Kirchlichen Dienstes in der Arbeitswelt der evangelischen Kirchenkreise im westfälischen Teil des Ruhrgebietes (kda-ruhr): http://www.kda-ruhr.de/EU-NGOs/kek.html

Köpke, Wulf / Schmelz, Bernd (Hg.): Das gemeinsame Haus Europa, Handbuch zur europäischen Kulturgeschichte, München 1999

Köpke, Wulf / Schmelz, Bernd (Hg.): Das gemeinsame Haus - Fundgrube Europa, Bibliographie zur europäischen Kulturgeschichte, Bonn 1999

Konferenz Europäischer Kirchen: Dienen und Versöhnen, Die Aufgabe der Europäischen Kirchen heute, Vorbereitendes Dokument für die Versammlung der Konferenz Europäischer Kirchen, "Nyborg V", Genf 1967

Koslowski, Peter (Hg.): Europa imaginieren, Der europäische Binnenmarkt als kulturelle und wirtschaftliche Aufgabe, Berlin / Heidelberg / New York 1992

Kremkau, Klaus (Bearb.): Die Meißener Erklärung, EKD-Texte Nr. 47, Hannover 1993

Krüger, Hanfried: Protestantismus, in: ders. u. a. (Hg.), Ökumene-Lexikon, Frankfurt am Main 1987, S. 999 - 1000

Lanczkowski, Günter: Einführung in die Religionsgeschichte, Darmstadt 1983

Langner, Albrecht: Katholische und evangelische Sozialethik im 19. und 20. Jahrhundert, Paderborn 1998

Layendecker, Leo: Säkularisierung / Säkularismus 2., in: Evangelisches Kirchenlexikon, 3. Auflage, Band 4, Göttingen 1996, S. 37 - 43

Lemke, Christiane: Europäische Union / Europäische Zusammenschlüsse, in: Albrecht, Ulrich / Volger, Helmut (Hg.): Lexikon der Internationalen Politik, München / Wien 1997, S. 129 - 131

Luckmann, Thomas: Das Problem der Religion in der modernen Gesellschaft, Freiburg 1963

Luckmann, Thomas: The Invisible Religion, New York 1967

Lukatis, Ingrid: Kirche und Gesellschaft, in: Drehsen, Volker / Häring, Hermann / Kuschel, Karl-Josef / Siemers, Helge (Hg.), Wörterbuch des Christentums, Gütersloh / Zürich 1988, S. 612 - 614

Lundqvist, Åke: Dyrt och osäkert att vara påtryckare [Teuer und unsicher, eine Pressure-group zu sein; Übersetzung des Verfassers], in: Dagens Nyheter, Stockholm, 29.09.1996, S. A 2

Maier, Hans: Europa, in: Lexikon für Theologie und Kirche, 3. Auflage, Band 3, Freiburg / Basel / Rom / Wien 1995, S. 994 - 1000

Maier, Martin: Die Kirche als 'Global Player' - Theologische Überlegungen zu einer menschengerechten Globalisierung, in: Gabriel, Karl (Hg.), Jahrbuch für christliche Sozialwissenschaften, 41. Band, Globalisierung, Münster 2000, S. 130 - 146

Marramao, Giacomo: Säkularisierung, in: Historisches Wörterbuch der Philosophie, Band 8, Basel 1992, S. 1133 - 1161

Marty, Martin E.: Protestantism, in: Eliade, Mircea (Editor in Chief), The Encyclopedia of Religion, Band 12, New York / London 1987, S. 23 - 38

Melber, Henning: Zivilgesellschaft, in: Albrecht, Ulrich / Volger, Helmut (Hg.): Lexikon der Internationalen Politik, München / Wien 1997, S. 568 - 570

Müller-Franke, Waltraud: Die Evangelische Kirche in Deutschland im politischen Meinungsbildungsprozeß analysiert am Beispiel ihrer Denkschriften, Bochum 1991

Mutz, Reinhard: Gesamteuropäische Kooperation und die Konferenz über Sicherheit und Zusammenarbeit in Europa, Eine kritische Bilanz im Blick auf die Zukunft, in: Jakobeit, Cord / Yenal, Alparslan (Hg.), Gesamteuropa, Analysen, Probleme und Entwicklungsperspektiven, Bonn 1993, S. 98 - 117

Neubert, Dieter: Entwicklungspolitische Hoffnungen und gesellschaftliche Wirklichkeit, eine vergleichende Länderfallstudie von Nicht-Regierungsorganisationen in Kenia und Ruanda, Frankfurt / New York 1997

Noll, Rüdiger: Europäische Einigung einmal anders, in: Una Sancta, Zeitschrift für ökumenische Begegnung, Band 1 / 1999, 54. Jahrgang, Meitingen 1999, S. 68 - 72

Nollert, Michael: Verbandliche Interessenvertretung in der europäischen Union, Einflußfaktoren und faktische Einflußnahme, in: Josef Schmid, Verbände, Interessenvermittlung und Interessenorganisation, Lehr- und Arbeitsbuch, München 1998, S. 275 - 291

Office for Official Publications of the European Communities, Forward Studies Series, The mediterranean society, A challenge for Islam, Judaism and Christianity, Foreword by Jacques Santer, Luxembourg 1998

Panhuis, Antoinette (Hg.): RENCONTRES en l'honneur de Helmut von Verschuer, Bruxelles 1991

Panhuis, Antoinette: Un temps d'espérance, in: dies. (Hg.), RENCONTRES, Reflections on Europe, Agriculture and the Churches, in honour of Helmut von Verschuer, Bruxelles 1991, S. 21 - 29

Pfeifer, Georg: Eurolobbyismus, Organisierte Interessen in der Europäischen Union, Frankfurt am Main / New York / Paris / Wien 1995

Pollack, Detlef / Pickel, Gert: Individualisierung und religiöser Wandel in der Bundesrepublik Deutschland, in: Zeitschrift für Soziologie 6 / 1999, S. 465 - 483

Pollack, Detlef / Pickel, Gert: Religiöse Individualisierung statt Säkularisierung? Eine falsche Alternative, Antwort auf die Replik von Wohlrab-Sahr und Krüggeler, Zeitschrift für Soziologie 3 / 2000, S. 244 - 248

Poupard, Paul: Anthropologie chrétienne de Jean Paul II, in: ders. (Hg.), Dictionnaire des religions, Paris 1984, S. 58 - 60

Pye, Michael: The Transplantation of Religions, in: Numen 16, 1969, S. 234 - 239

Raiser, Konrad: Ökumene, in: Krüger, Hanfried u. a. (Hg), Ökumene-Lexikon, Frankfurt am Main 1987, S. 888 - 892

Raiser, Konrad: Protestantismus, in: Evangelisches Kirchenlexikon, 3. Auflage, Band 3, Göttingen 1992, S. 1351 - 1357

Rasmussen, Tarald / Thomassen, Einar: Kristendommen - En historisk innføring, Oslo 2000

Rauch, Andreas Martin: Katholische Kirche und Europäische Einigung, Grundlagen, Entwicklungen und Probleme des katholischen Beitrags für ein geeintes Europa 1946 - 1986, Bonn 1986

Reese, Thomas J.: Im Inneren des Vatikans, Politik und Organisation der katholischen Kirche, Frankfurt am Main 1998

Ronchi, Sergio: Protestantismus, Geistlicher Inhalt, Geschichte, Religiöses Leben, Augsburg 1987

Rössler, Andreas (Hg.): Protestantische Kirchen in Europa, Stuttgart 1993

Ruh, Ulrich: Säkularisierung, Säkularisation, Säkularismus I + II, in: Lexikon für Theologie und Kirche, 3. Auflage, Band 8, Freiburg / Basel / Rom / Wien 1999, S. 1467 - 1469

Rusterholz, Heinrich: Fünf Jahre nach dem Umbruch in Europa: Die Konferenz Europäischer Kirchen findet ihre neue Rolle, in: Informationes Theologiae Europae, Internationales ökumenisches Jahrbuch für Theologie, 3. Jahrgang, 1994, S. 67 - 74.

Schäfers, Bernhard: Interesse, in: ders. (Hg.), Grundbegriffe der Soziologie, Opladen 1995, S. 143 - 144

Scharf, Andreas / Schubert, Bernd: Marketing, Einführung in Theorie und Praxis, Stuttgart 1995

Schlünder, Irene: Europäische Gemeinschaft, in: Albrecht, Ulrich / Volger, Helmut (Hg.): Lexikon der Internationalen Politik, München / Wien 1997, S. 126 - 129

Schlünder, Irene: Europarat, in: Albrecht, Ulrich / Volger, Helmut (Hg.): Lexikon der Internationalen Politik, München / Wien 1997, S. 136 - 138

Schmid, Josef: Verbände, Interessenvermittlung und Interessenorganisation, Lehr- und Arbeitsbuch, München 1998

Schmid, Josef: Zwischen politischer Macht und Nächstenliebe - Zur Topographie von Wohlfahrtsverbänden im westeuropäischen Vergleich, in: Alemann, Ulrich von / Weßels, Bernhard (Hg.), Verbände in vergleichender Perspektive, Beiträge zu einem vernachlässigten Feld, Berlin 1997, S. 83 - 105

Schöpsdau, Walter: Ökumenische Strukturen in Europa, in: Beatus Brenner (Hg.), Europa und der Protestantismus, Göttingen 1993, S. 208 - 218

Schöpsdau, Walter: Ökumenische Strukturen in Europa, in: MD, Materialdienst des Konfessionskundlichen Instituts Bensheim 1 / 92 (Themenheft: Europa und die Kirchen), S. 4 - 6

Schrey, Heinz-Horst (Hg.): Säkularisierung, Darmstadt 1981

Schulte, Christian: Säkularisierung, Säkularisation, Säkularismus III, in: Lexikon für Theologie und Kirche, 3. Auflage, Band 8, Freiburg / Basel / Rom / Wien 1999, S. 1469 - 1472

Schwaiger, Konrad / Kirchner, Emil: Die Rolle der europäischen Interessenverbände, eine Bestandsaufnahme der Europäischen Verbandswirklichkeit, Baden-Baden 1981

Seebaß, Gottfried: Europa III. Christentum, in: Religion in Geschichte und Gegenwart, 4. Auflage, Band 2, Tübingen 1999, S. 1666 - 1673

Soeffner, Hans-Georg: Der Geist des Überlebens, Darwin und das Programm des 24. Deutschen Evangelischen Kirchentages, in: Bergmann, Jörg / Hahn, Alois / Luckmann, Thomas (Hg.), Religion und Kultur, Sonderheft 33 der Kölner Zeitschrift für Soziologie und Sozialpsychologie, Opladen 1993, S. 191 - 205

Stephenson, Gunther: Saekularisierung als mögliche Form des Untergangs?, in: Zinser, Hartmut (Hg.), Der Untergang von Religionen, Berlin 1986, S. 295 - 308

Stolz, Fritz: Grundzüge der Religionswissenschaft, Göttingen 1997

Theuer, Werner / Wilke, Manfred: "Der Beweis eines Verrats läßt sich nicht erbringen", Robert Havemann und die Widerstandsgruppe Europäische Union, in: Deutschland Archiv, Zeitschrift für das vereinigte Deutschland, 32. Jahrgang, Heft 6, 1999, S. 899 - 912

Thiede, Christian: Bischöfe kollegial für Europa, Der Rat der Europäischen Bischofskonferenzen im Dienste einer sozialethisch konkretisierten Evangelisierung, Münster 1991

Tillich, Paul: Systematische Theologie, Band III, Stuttgart 1966

Tillich, Paul: Gesammelte Werke, Band I, Frühe Hauptwerke, Stuttgart 1959

Tworuschka, Monika und Udo (Hg.): Handbuch Religionen der Welt, Grundlagen, Entwicklung und Bedeutung in der Gegenwart, Gütersloh / München 1992

Umwelt und Entwicklung - Eine Herausforderung an unsere Lebensstile, Ökumenische Konsultation in der Orthodoxen Akademie von Kreta vom 19. - 25. Juni 1995 [17 Seiten umfassendes Abschlußdokument], Franz von Assisi Akademie zum Schutz der Erde e.V. (bei der Katholischen Universität Eichstätt) oder: via Internet: http://www.altmuehlnet.baynet.de/~faa/kreta2.htm

Visser 't Hooft, Willem Adolf: Die Welt war meine Gemeinde, Autobiographie, München / Zürich 1974

Visser 't Hooft, Willem Adolf: Ökumenisch, in: Religion in Geschichte und Gegenwart, 3. Auflage, Band 4, Tübingen 1960, S. 1569 - 1570

Voss, Gerhard: Säkularökumenismus, in: Lexikon für Theologie und Kirche, 3. Auflage, Band 8, Freiburg / Basel / Rom / Wien 1999, S. 1473

Wagner, Harald: Protestantismus IV. Ökumenische Aspekte, in: Lexikon für Theologie und Kirche, 3. Auflage, Band 8, Freiburg / Basel / Rom / Wien 1999, S. 664 - 666

Weber, Max: Die protestantische Ethik und der Geist des Kapitalismus, in: ders., Gesammelte Aufsätze zur Religionssoziologie I, Tübingen 1988, S. 17 - 206

Weber, Max: Die protestantischen Sekten und der Geist des Kapitalismus, in: ders., Gesammelte Aufsätze zur Religionssoziologie I, Tübingen 1988, S. 207 - 236

Willaime, Jean-Paul: Protestant approaches to European unification, in: Fulton, John / Gee, Peter (Hg.), Religion in contemporary Europe, Lewiston / Queenston / Lampeter 1994, S. 93 - 108

Williams, Glen G.: Europa, in: Evangelisches Kirchenlexikon, 3. Auflage, Band 1, Göttingen 1986, S. 1170 - 1178

Williamson, Roger: The Church of England and Europe, in: Informationes Theologiae Europae, Internationales ökumenisches Jahrbuch für Theologie, 4. Jahrgang, Frankfurt am Main 1995, S. 265 - 278

Wilson, Bryan R.: Secularization, in: Mircea Eliade (Hg.), The Encyclopedia of Religion, Volume 13, New York / London 1986, S. 159 - 165

Wohlrab-Sahr, Monika / Krüggeler, Michael: Strukturelle Individualisierung vs. autonome Menschen oder: Wie individualisiert ist Religion?, Replik zu Pollack / Pickel: Individualisierung und religiöser

Wandel in der Bundesrepublik Deutschland, in: Zeitschrift für Soziologie 3 / 2000, S. 240 - 244

Zimmermann, Gunter E.: Organisation, in: Schäfers, Bernhard (Hg.), Grundbegriffe der Soziologie, Opladen 1995, S. 234 - 237

Zinser, Hartmut: Gruppe, religiöse, in: Metzler Lexikon Religion, Band 1, Stuttgart / Weimar 1999, S. 523 - 529

Zinser, Hartmut: Der Markt der Religionen, München 1997

Zulehner, Paul M. / Denz, Hermann: Wie Europa lebt und glaubt, Europäische Wertestudie, Düsseldorf 1993.

13. Quellenverzeichnis

a) Archiv des Ökumenischen Zentrums [Ök. Zentr.], 174, Rue Joseph II, 1000 - Brüssel[528]

Aufgaben der Kirchen in der Neuordnung Europas und der Entwicklung des Verhältnisses zwischen Europa und den anderen Teilen der Welt (Stellungnahme der ökumenischen Gruppe in Brüssel für die "Kommission für Glauben und Kirchenverfassung" des Ökumenischen Rates der Kirchen), Brüssel, im März 1963

Konferenz Europäischer Kirchen, Nyborg IV, Die Protestantische Ökumenische Gruppe in Brüssel und die weiteren Aussichten für ihre Tätigkeit, Vorlage an die Kirchen in den europäischen Ländern und insbesondere in den Mitgliedsstaaten der europäischen Gemeinschaften und im Vereinigten Königreich, Brüssel, im Juni 1964

Entwurf des Ergebnisprotokolls der ersten Zusammenkunft von Vertretern der Räte der protestantischen und anglikanischen Kirchen in den Mitgliedsstaaten der Europäischen Gemeinschaften und in Großbritannien als "Beratender Ausschuß der Kirchen für die Europäischen Gemeinschaften" am 19. November 1964 in Brüssel; Brüssel, Ende November 1964

"Bestimmung der Aufgaben des Beratenden Ausschusses der Kirchen für die Europäischen Gemeinschaften", Punkt 4.a. des Entwurfes des Ergebnisprotokolls der ersten Zusammenkunft am 19.11.1964 in Brüssel [auch: EZA]

---

[528] In diesen Räumlichkeiten befinden sich sämtliche Akten die von EECCS und ihren Vorgängerorganisationen sowie den anderen zum Ökumenischen Zentrum gehörenden Organisationen (AOES, EECOD [bis zu ihrer Auflösung] u. a.) in Eigenregie und eigenem Interesse gesammelt wurden bzw. werden.

Projet de compte rendu de la deuxième réunion, tenue à Bruxelles le 10 mars 1965, des représentants des Conseils des Eglises protestantes et anglicane dans les pays membres des Communautés européennes et en Grande-Bretagne, en tant que "Commission consultative d'Eglises pour les Communautés européennes"; Bruxelles, le 16 mars 1965 [auch: EZA]

Europäische Entscheidungsfragen, Informationsbrief der Arbeitsgemeinschaft: Christliche Verantwortung für Europäische Zusammenarbeit [CCREC], No. 21, 2. November 1965, Brief an die europäischen Kirchen über die europäische Krise

Brief Bischof Liljes an das Ökumenische Zentrum vom 04.01.1966

Entwurf des Ergebnisprotokolls der dritten Zusammenkunft des "Beratenden Ausschusses der Kirchen für die Europäischen Gemeinschaften" in Brüssel (Konferenzsaal des Benelux-Generalsekretariats, 39 Rue de la Régence) am 7. Dezember 1965, 14.30 Uhr; Brüssel, den 18. Januar 1966

Entwurf des Ergebnisprotokolls der vierten Zusammenkunft des "Beratenden Ausschusses der Kirchen für die Europäischen Gemeinschaften" (Konferenzsaal des Benelux-Generalsekretariats, 39 rue de la Régence) am 26. September 1966, 9.30 Uhr; Brüssel, den 12. Dezember 1966

Eindrücke von einigen Teilgebieten der Arbeit des Ökumenischen Zentrums, Marc Lenders, Mai 1967 [auch: EZA]

Entwurf des Ergebnisprotokolls der fünften Zusammenkunft des "Beratenden Ausschusses der Kirchen für die Europäischen Gemeinschaften" (Konferenzsaal der Kommission der EWG, 224 rue de la Loi) am 31. Mai 1967, 14 Uhr; Brüssel, den 10. September 1967 [auch: EZA]

Gesamteindruck aus der Tätigkeit des Ökumenischen Zentrums in Brüssel (Jahr 1967 / 1968), Marc Lenders, Mai 1968 [auch: H.v.V.]

Kirche und Gesellschaft [Bericht der Arbeitsgruppe zur Vorbereitung der WCC-Konferenz in Uppsala], Brüssel, Juni 1968

Entwurf des Ergebnisprotokolls der sechsten Zusammenkunft des "Beratenden Ausschusses der Kirchen für die Europäischen Gemeinschaften" am 16. Mai 1968; Brüssel, den 20. Oktober 1968

Vortrag von Herrn Marc Lenders über die Arbeit des Ökumenischen Zentrums in Brüssel (Tagung vom 30.1.1969 in der Evangelischen Akademie Arnoldshain b/ Frankfurt) [auch: EZA]

Entwurf des Ergebnisprotokolls der siebten Zusammenkunft des "Beratenden Ausschusses der Kirchen für die Europäischen Gemeinschaften" am 22. Mai 1969; Brüssel, den 21. Juli 1969

Die Beziehungen zwischen den Kirchen und den Europäischen Gemeinschaften, Arbeitsunterlage für die Sitzung des "Beratenden Ausschusses der Kirchen für die Europäischen Gemeinschaften" am 14. November 1969 in Brüssel; Brüssel, den 10. Oktober 1969 [auch: EZA]

Kolloquium am 27. und 28. April 1970 unter Beteiligung der protestantischen Kirchen der Bundesrepublik Deutschland, Belgiens,

Frankreichs, Italiens, Norwegens und der Niederlande sowie der protestantischen und anglikanischen Kirchen Großbritanniens [= Protokoll] Memorandum - Die Beziehungen zwischen den Kirchen und den Europäischen Gemeinschaften, Ökumenisches Zentrum in Brüssel, 5. Mai 1970 (Redaktion: Dr. A. Kees) [auch: EZA]

Entwurf des Ergebnisprotokolls der Sondersitzung des "Beratenden Ausschusses der Kirchen für die Europäischen Gemeinschaften" in Brüssel am 26. und 27. November 1970; Brüssel, März 1971

Auszugweise Abschrift aus den Schlußfolgerungen der Sondersitzung des Beratenden Ausschusses der Kirchen bei den Europäischen Gemeinschaften am 26. und 27. November 1970 in Brüssel über das Thema "Kirchen und Europäische Gemeinschaft" [auch: EZA]

Draft Report on the joint meeting of the Consultative Committee of Churches for the European Communities and the European Church Board held in Brussels on 29 March 1971

Kees, Irmgard: Aide Mémoire, Zusammenfassung der wichtigsten Kirche und Gesellschaft betreffenden Bemerkungen der Konferenz europäischer Kirchenvertreter vom 22. November 1971; Brüssel, den 25.11.1971

Kees, Andreas: Aufgaben- und Strukturschema für Kirche und Gesellschaft in Europa - Ökumenisches Zentrum in Brüssel, 1972 [Datierung anhand des Kontextes]

Vorschlag Ökumenisches Zentrum für Kirche und Gesellschaft, Brüssel, Vorschlag aufgrund der Richtlinien, die anläßlich der Sitzung des Provisorischen Exekutivausschusses der Kirchen am 24.4.1972 festgelegt wurden; Brüssel, Juli 1972

Projet de compte rendu sommaire de la réunion conjointe de la Commission d'Eglises auprès des Communautés européennes et le Collège Ecclésial Européen à Bruxelles les 3 et 4.11.1972

Resolution "Die Frist für die Unterzeichnung des Kakaoabkommens (...)" sowie Begleitschreiben, Brüssel, den 26. November 1972 [in mehreren Sprachen]

Entwurf von Entscheidungen der auf der gemeinsamen Sitzung des Beratenden Ausschusses der Kirchen und des Europäischen Kirchenkollegiums in Brüssel, am 3. und 4. November 1972, einstimmig angenommen wurde; Brüssel, den 22. Mai 1973

Bericht über die Informations- und Öffentlichkeitsarbeit des "Oekumenischen Zentrums für Kirche und Gesellschaft, Brüssel", 25. Januar 1973

Sitzung des Exekutivausschusses am 13. September 1973 in Brüssel, Vorschläge, Schlussfolgerungen und Entscheidungen der Sitzung

Ausschuss [sic!] von Kirchen bei den Europäischen Gemeinschaften, 14. und 15. Dezember 1973, Beschlüsse des Ausschusses [sic!] von Kirchen auf seiner Sitzung am 14. und 15. Dezember 1973 in Brüssel [auch: EZA]

Entwurf der auf der Sitzung des Exekutivausschusses vom 9. November aufgestellt worden ist, um der Kommission von Kirchen bei den Europäischen Gemeinschaften am 14. und 15. Dezember 1973 vorgestellt zu werden, Ökumenisches Zentrum für Kirche und Gesellschaft, Orientierungen und Prioritäten

Kurzbericht über die Sitzung der Kommission von Kirchen bei den Europäischen Gemeinschaften in Brüssel am 19. und 20. Juni 1974 [auch: EZA]

Liste provisoire des participants à la réunion de la Commission d'Eglises auprès des Communautés Européennes à Bruxelles les 19 et 20 juin 1974

Kurzbericht über die Sitzung der Kommission von Kirchen bei den Europäischen Gemeinschaften am 6. Dezember 1974 in Brüssel [auch: EZA]

Memorandum für die Mitgliedskirchen der Kommission von Kirchen bei den Europäischen Gemeinschaften im Hinblick auf eine Erklärung zur Verantwortung der Europäischen Gemeinschaft gegenüber den Entwicklungsländern und zur Rolle der Kirchen bei der Wahrnehmung dieser Verantwortung, Datum des Textes: 1. Februar 1975 [auch: EZA]

Protokoll der Sitzung des Exekutiv-Ausschusses [der Kommission von Kirchen; H.-U.R.] am 20. Februar 1975 in Brüssel [auch: EZA]

Liste provisoire des participants à la réunion de la Commission d'Eglises auprès des Communautés Européennes à Bruxelles les 2 et 3 juin 1975 [auch: EZA]

Diskussion über das Arbeitspapier Verantwortung der Europäischen Gemeinschaft gegenüber den Entwicklungsländern und die Rolle der Kirchen bei der Wahrnehmung dieser Verantwortung, Ort / Datum des Textes: Brüssel, 19. Juni 1975 [auch: EZA]

Protokoll der Sitzung der Kommission von Kirchen bei den Europäischen Gemeinschaften, die am Freitag, den 06. Februar [1976; Datierung anhand des Kontextes] in Brüssel abgehalten wurde [auch: EZA]

Bericht über die Sitzung der Kommission von Kirchen bei den Europäischen Gemeinschaften am 29. Oktober 1976 in Brüssel [auch: EZA]

Sitzung der Kommission von Kirchen vom 29. Oktober 1976, Bericht über die Tagung in Brügge [Anlage zum Bericht über die Sitzung der Kommission von Kirchen] [auch: EZA]

Kommission von Kirchen bei den Europäischen Gemeinschaften, Kurzgefaßtes Protokoll der Sitzung vom 30. Juni und 1. Juli 1977 [auch: EZA]

Report for the meeting of the Commission of Churches, Brussels, 30 June - 1 July 1977, Activities of the Ecumenical Centre

Kurzbericht über die Sitzung der Kommission von Kirchen bei den Europäischen Gemeinschaften in Brüssel am 08. und 9. Dezember 1977 [auch: EZA]

An attempt to spell out the ethical dimension of the social and political trends to be observed in the European Community, in view of the discussion on "the churches and the first direct elections to the European Parliament" [1978; Datierung anhand des Kontextes] [auch: EZA]

Kommission von Kirchen bei den Europäischen Gemeinschaften, Sitzung in Brüssel, Freitag den 9. Juni 1978, Zusammenfassender Bericht

JOB DESCRIPTION OF THE THREE SENIOR STAFF MEMBERS acting as a Collegium and forming the secretariat of the Commission, Brussels 1978 [Datierung anhand des Fundortes, d.h. bei Unterlagen der Kommission von Kirchen vom Juni 1978 vorgefunden]

Kommission von Kirchen bei den Europäischen Gemeinschaften, Protokoll der Sitzung vom 14. und 15. Dezember 1978 in Brüssel [auch: EZA]

Kommission von Kirchen bei den Europäischen Gemeinschaften, Protokoll der Sitzung vom 21. und 22. Juni [1979; Datierung anhand des Kontextes] in Brüssel [auch: EZA]

Satzung der Ökumenischen Kommission für Kirche und Gesellschaft in der Europäischen Gemeinschaft [Erster Satzungsentwurf von Juni 1979; Datierung anhand des Kontextes] [auch: EZA]

Annex "Information" zum Protokoll der Sitzung vom 21. und 22. Juni 1979 [Datierung anhand des Kontextes] [auch: EZA]

Ökumenische Kommission für Kirche und Gesellschaft in der Europäischen Gemeinschaft (ÖKKGEG), Protokoll der Sitzung die am 29. und 30. November 1979 in Brüssel stattgefunden hat [auch: EZA]

Ökumenische Kommission für Kirche und Gesellschaft in der Europäischen Gemeinschaft, Protokoll der am 13. Juni 1980 in Brüssel abgehaltenen Sitzung [auch: EZA]

Ecumenical Commission for Church and Society in the European Community (ECCSEC), Brief Minutes of the meeting held on 13 - 14 November 1980 in Brussels [auch: EZA]

Ecumenical Commission for Church and Society in the European Community, Minutes of the Meeting of the Ecumenical Commission for Church and Society in the European Community, Brussels, June 11th and 12th 1981 [auch: EZA]

Ökumenische Kommission für Kirche und Gesellschaft in der Europäischen Gemeinschaft, Satzung der Ökumenischen Kommission für Kirche und Gesellschaft in der Europäischen Gemeinschaft, 6 / 1981 [auch: EZA]

Ecumenical Commission for Church and Society in the European Community, Minutes of the Meeting of the Ecumenical Commission for Church and Society in the European Community, Brussels, December 3 / 4, 1981 [auch: EZA]

Ecumenical Commission for Church and Society in the European Community, Minutes of the Meeting of the Ecumenical Commission for Church and Society in the European Community - 10th / 11th June, 1982 [auch: EZA]

Ecumenical Commission for Church and Society in the European Community, Report of the Chairman, June 1982

Ecumenical Commission for Church and Society in the European Community, Minutes of the Meeting of the Ecumenical Commission for Church and Society in the European Community - Brussels, January 20 / 21, 1983 [auch: EZA]

Ecumenical Commission for Church and Society in the European Community, Minutes of the Meeting of the Ecumenical Commission for Church and Society in the European Community, Brussels, 16 / 17th June 1983 [auch: EZA]

Ecumenical Commission for Church and Society in the European Community, Minutes of the Meeting of the European Ecumenical Commission for Church and Society in the European Community, Brussels, January 19th / 20th, 1984 [auch: EZA]

Ecumenical Commission for Church and Society in the European Community, Report on the Activities of the Ecumenical Commission and of its Executive Committee, January 1984

European Ecumenical Commission for Church and Society, Minutes of the Meeting of the European Ecumenical Commission, Brussels, 21 / 22 June, 1984 [auch: EZA]

European Ecumenical Commission for Church and Society, Minutes of the Meeting of the European Ecumenical Commission for Church and Society, Brussels, 24 / 25 January 1985 [auch: EZA]

Perspektiven für die gemeinsame Agrarpolitik, "Grünbuch" [inoffizielle Bezeichnung], Dokument der Kommission der Europäischen Gemeinschaften KOM (85) 333 endg. vom 15.07.1985

Perspektiven für die gemeinsame Agrarpolitik, Europäische Gemeinschaft, Im Brennpunkt - Grünes Europa, Heft 33, Brüssel, Juli 1985

European Ecumenical Commission for Church and Society, Minutes of the Meeting of the European Ecumenical Commission for Church and Society - Brussels - 25 / 26 September 1985 [auch: EZA]

European Ecumenical Commission for Church and Society, Minutes of the Meeting of the European Ecumenical Commission for Church and Society, Brussels, 11 - 12 - 13 June 1986

European Ecumenical Commission for Church and Society, Report of the chairman on the activities of the Ecumenical Commission to the meeting of EECCS, Brussels, June 11, 12, 13, 1986

European Ecumenical Commission for Church and Society, Minutes of the meeting of the European Ecumenical Commission for Church and Society held in Brussels, June 10, 11 & 12, 1987

European Ecumenical Commission for Church and Society, Annual Meeting of EECCS, 10 - 12 June 1987, As it is now the tradition we send you this summary of the main decisions taken during the annual meeting of EECCS

European Ecumenical Commission for Church and Society, Minutes of the Meeting of the European Ecumenical Commission for Church and Society held in Brussels, June 10, 11 & 12, 1987, Annex 1, President's Report on EECCS Activities 1986 - 87

European Ecumenical Commission for Church and Society, Minutes of the Meeting of the European Ecumenical Commission for Church and Society held in Brussels, June 10, 11 & 12, 1987, Annex 2, Proposal: Relations with the CEC

European Ecumenical Commission for Church and Society, Minutes of the meeting of the European Ecumenical Commission for Church and Society held in Brussels, June 10, 11 & 12, 1987, Annex 3, EECCS / BEIRAT

European Ecumenical Commission for Church and Society, Minutes of the meeting of the European Ecumenical Commission for Church and Society held in Brussels, June 10, 11 & 12, 1987, Annex 4, LOCAL PASTORS

Minutes of the General Assembly Meeting of the European Ecumenical Commission for Church and Society, Strasbourg, June 2 - 4, 1988

Minutes of the General Assembly Meeting of the European Ecumenical Commission for Church and Society, Strasbourg, June 2 - 4, 1988, Annex 1, Report of the President

Minutes of the General Assembly Meeting of the European Ecumenical Commission for Church and Society, Strasbourg, June 2 - 4, 1988, Annex 3, Resolution: Single European Act

Minutes of the General Assembly Meeting of the European Ecumenical Commission for Church and Society, Strasbourg, June 2 - 4, 1988, Annex 5, Resolution: South Africa

Minutes of the General Assembly Meeting of the European Ecumenical Commission for Church and Society, Strasbourg, June 2 - 4, 1988, Annex 6, Resolution: Representation of Women in the Delegations of General Assembly of EECCS

Die Zukunft des ländlichen Raums, Mitteilung der EG-Kommission, Kom (88) 501 endg., Brüssel, den 6. Oktober 1988 [auch: H.v.V.]

Minutes of the General Assembly [of EECCS; H.-U. R.] held in Brussels, 27 - 28 September 1989

Minutes of the General Assembly [of EECCS; H.-U. R.] held in Brussels, 27 - 28 September 1989, Annexe 1, Report of the President

Minutes of the General Assembly [of EECCS; H.-U. R.] held in Brussels, 27 - 28 September 1989, Annexe 2, Activities Report for the period March - September 1989

General Assembly of EECCS held in Brussels on 27 and 28 June 1990, Minutes

General Assembly of EECCS held in Brussels on 27 and 28 June 1990, Minutes, Chapter I., Bericht des Präsidenten

General Assembly of EECCS held in Brussels on 27 and 28 June 1990, Minutes, Chapter II., The Core Group 92

European Ecumenical Commission for Church and Society, General Assembly - 2 / 3 September 1991, Minutes

European Ecumenical Commission for Church and Society, General Assembly - 2 / 3 September 1991, Minutes, Annex A, Participants in the General Assembly

European Ecumenical Commission for Church and Society, General Assembly - 2 / 3 September 1991, Minutes, Annex C, Bericht des Präsidenten

European Ecumenical Commission for Church and Society, General Assembly - 2 / 3 September 1991, Minutes, Annex D, Oral Report of the General Secretary

Newsletter No. 1, February 1992 [Informationsmedium von EECCS und den Partnerorganisationen EECOD (European Ecumenical Organisation for Development) und CEME (Churches Committee for Migrants in Europe)]

European Ecumenical Commission for Church and Society, General Assembly - 24 / 26 June 1992, Minutes

Europäische Ökumenische Kommission für Kirche und Gesellschaft, Vollversammlung - 24. - 26. Juni 1992, Protokoll, Annexe C, Bericht des Präsidenten

European Ecumenical Commission for Church and Society, General Assembly - 24 / 26 June 1992, Minutes, Annex D, Oral Report of the General Secretary

European Ecumenical Commission for Church and Society, General Assembly - 24 / 26 June 1992, Minutes, Annex F, Resolution on the priorities of EECCS approved by the General Assembly of EECCS held in Strasbourg from 24 to 26 June 1992

Europäische Ökumenische Kommission für Kirche & Gesellschaft, Vollversammlung - 23. / 24. September 1993, Protokoll

Europäische Ökumenische Kommission für Kirche und Gesellschaft, Vollversammlung - 23. / 24. September 1993, Bericht des Generalsekretärs

Europäische Ökumenische Kommission für Kirche und Gesellschaft, Vollversammlung - 23. / 24. September 1993, Änderungen der Konstitution der EECCS vorgeschlagen durch den Exekutivausschuß

Europäische Ökumenische Kommission für Kirche und Gesellschaft, Generalversammlung - 23. / 24. September 1993, Ordnung des Strassburger Beirats

Satzung der Europäischen Ökumenischen Kommission für Kirche und Gesellschaft vom September 1993

Europäische Ökumenische Kommission für Kirche und Gesellschaft, Vollversammlung - 20. / 22. September 1994, Protokoll der Vollversammlung 1994

Europäische Ökumenische Kommission für Kirche und Gesellschaft, Vollversammlung - 20. / 22. September 1994, Bericht des Generalsekretärs

Europäische Ökumenische Kommission für Kirche und Gesellschaft, Vollversammlung - 20. / 22. September 1994, Anhang 1, Mitglieder der Komitees und Arbeitsgruppen

Europäische Ökumenische Kommission für Kirche und Gesellschaft, Protokoll der Vollversammlung 1995 [04. - 06.09.1995]

Europäische Ökumenische Kommission für Kirche und Gesellschaft, Vollversammlung - 4. / 6. September 1995, Bericht des Generalsekretärs

Europäische Ökumenische Kommission für Kirche und Gesellschaft, Vollversammlung - 4. / 6. September 1995, Die Aufgaben der EECCS für den Zeitraum 1996 - 1998

Europäische Ökumenische Kommission für Kirche und Gesellschaft, Vollversammlung - 4. / 6. September 1995, Die zukünftige Struktur der Versammlungen

Europäische Ökumenische Kommission für Kirche und Gesellschaft, Vollversammlung - 28. September / 1. Oktober 1996, Protokoll der Vollversammlung

Europäische Ökumenische Kommission für Kirche und Gesellschaft, Vollversammlung - 28. September / 1. Oktober 1996, Bericht des Generalsekretärs

Europäische Ökumenische Kommission für Kirche und Gesellschaft, Vollversammlung - 28. September / 1. Oktober 1996, Anlage A, Mitglieder der Komitees und Arbeitsgruppen (ab 1. Januar 1996)

Europäische Ökumenische Kommission für Kirche und Gesellschaft, Vollversammlung - 28. September / 1. Oktober 1996, Anlage B, Die Mandate der Arbeitsgruppen für 1996 - 1998

Europäische Ökumenische Kommission für Kirche und Gesellschaft, Vollversammlung - 28. September / 1. Oktober 1996, Resolution zum KEK - EECCS Integrationsprozeß verabschiedet von der EECCS-Vollversammlung

Konferenz Europäischer Kirchen (KEK) / Europäische Ökumenische Kommission für Kirche und Gesellschaft (EECCS), KEK und EECCS - Der Integrationsprozeß [Anlage 7 bei der EECCS-Vollversammlung vom 28. September bis 1. Oktober 1996]

Europäische Ökumenische Kommission für Kirche und Gesellschaft, Ein Kontinent auf dem Weg der Versöhnung - der Beitrag der erweiterten Europäischen Union, Informationsbrief, Brüssel 1997

Europäische Ökumenische Kommission für Kirche und Gesellschaft, Vollversammlung - 13. / 16. September 1997, Protokoll der 1997 Vollversammlung

Europäische Ökumenische Kommission für Kirche und Gesellschaft, Vollversammlung - 13. / 16. September 1997, Jahresbericht 1996 / 97 Europäische Ökumenische Kommission für Kirche und Gesellschaft, Vollversammlung, Vaalbeek, 11. - 14. September 1998, Jahresbericht

Europäische Ökumenische Kommission für Kirche und Gesellschaft, Vollversammlung, Vaalbeek, 11. - 14. September 1998, Entwurf der Änderungen der Verfassung der Europäischen Ökumenischen Kommission für Kirche und Gesellschaft

Gemeinsame Sitzung des KEK-Zentralausschusses und der EECCS-Vollversammlung, Vaalbeek (bei Brüssel), Belgien, 12. und 13. September 1998, Vorschlag für das Arbeitsprogramm der Kommission Kirche und Gesellschaft (KKG), Addendum 1, Hintergrunddokument 'Auf dem Weg zu einem Arbeitsprogramm der Kommission Kirche und Gesellschaft'

European Ecumenical Commission for Church and Society, General Assembly - 11 - 14 September 1998, Draft Resolution on Consultative Members, Vaalbeek, 14 September 1998

b) **Privatarchiv Dr. Helmut von Verschuer [H.v.V.],**
Haus Tannenberg 1, 36214 Nentershausen[529]

Bericht über die Tätigkeit des Ökumenischen Zentrums in Brüssel für die Zeit von September 1966 bis Mai 1967, Brüssel, den 11. August 1967

Gesamteindruck aus der Tätigkeit des Ökumenischen Zentrums in Brüssel (Jahr 1967 / 1968), Marc Lenders, Mai 1968 [auch: Ök. Zentr.]

Erklärung der "Kommission von Kirchen bei den Europäischen Gemeinschaften" über die Art der Beteiligung des "Ökumenischen Zentrums für Kirche und Gesellschaft" an der Konferenz von Roehampton 1974, Christliche Verantwortung für die Europäische Gemeinschaft, Brüssel 1974

Kobbert-Volkmar, Ursula (Hg.): Christliche Verantwortung für die Europäische Gemeinschaft, Berichte und Vorträge der Konferenz, 1974, 16 - 20 April, Roehampton / London

ECCSEC / ERE, "Erweiterung der Europäischen Gemeinschaft" [Dossier], Brüssel, Herbst 1980

Draft Report of the West European Consultation on Transnational Corporation, Bruxelles, April 1981

Ecumenical Commission for Church and Society in the European Community, Working Group on the Unemployment Issue [Report], Bruxelles, 1/1983

---

[529] Herr Dr. Helmut von Verschuer ist einer der Mitbegründer des Ökumenischen Zentrums sowie der EECCS und ihrer Vorgängerorganisationen. Der Verfasser ist ihm

Commission Oecuménique Européenne pour Eglise et Société (EECCS), Le chômage et l'avenir du travail dans la communauté européenne, Bruxelles, mars 1985 (Fertigstelldatum) [auch: EZA]

European Ecumenical Commission for Church and Society, Memorandum, The Dialogue between the Churches and the TNCs, Brussels, June 1985

Ökumenische Vereinigung für Kirche und Gesellschaft (AOES), Die Zukunft der ländlichen Regionen in unserer Gesellschaft, Arbeitsdokument für die Ökumenische Kommission für Kirche und Gesellschaft, Brüssel, Juli 1985 [auch: EZA]

European Ecumenical Commission for Church and Society, Position Paper on the 'Perspectives for the Common Agricultural Policy', Brussels, December 1985

European Ecumenical Commission for Church and Society, Programme proposal for the working group "Churches-TNCs", Brussels, 14 February 1986

European Ecumenical Commission for Church and Society, Action Programme Proposal submitted to the Executive Committee by the working group on TNCs, EECCS, September 1986

European Ecumenical Commission for Church and Society, Working Group on TNCs, Memorandum by Harry de Lange, December 1986

europäische oekumenische kommission für kirche und gesellschaft, jahresüberblick 1986, Brüssel 1987

---

zu besonderem Dank verpflichtet.

european ecumenical commission for church and society, annual review 1987, Brussels, April 1988

Europäische Ökumenische Kommission für Kirche und Gesellschaft, Die Einheitliche Europäische Akte, Ed. resp.: Eliza d'Amore, Brussels, April 1988

Die Zukunft des ländlichen Raums, Mitteilung der EG-Kommission, Kom (88) 501 endg., Brüssel, den 6. Oktober 1988 [auch: Ök. Zentr.]

Draft Minutes of the meeting between church leaders and members of the Commission of the European Communities, Brussels, 5 November 1990

Europäische Ökumenische Kommission für Kirche und Gesellschaft, Presseerklärung, Ein erster gemeinsamer Besuch von protestantischen und anglikanischen Kirchenführern aus 9 westeuropäischen Ländern bei der E.G.-Kommission in Brüssel fand am 5. November 1990 statt., Brüssel, November 1990

The Ecumenical Centre, A Churches Guide to European Institutions, Bruxelles, December 1990

European Ecumenical Commission for Church and Society, The new challenges of the European community, Questions from the Churches, Papers for the EECCS Consultation, Brussels, 3 - 6 September 1991 [herausgegeben im Juni 1991]

Goudzwaard, Bob: Concept Key-note speech Consultation, EECCS Consultation, Brussels, September 1991

Verschuer, Helmut von: Betrifft: Rollenverteilung und Zusammenarbeit zwischen der Konferenz Europäischer Kirchen (KEK) und der Europäischen Ökumenischen Kommission für Kirche und Gesellschaft (EECCS), Nentershausen, Anfang März 1992

c) Evangelisches Zentralarchiv [EZA], Jebensstraße 3, 10623 Berlin

Bestand 6: Kirchliches Außenamt der EKD; Aktengruppe III E 12 a, "Ökumenisches Zentrum Brüssel"

Band 1 (Zugangsnummer 6/85/1722), Juni 1964 bis Dezember 1969

"Bestimmung der Aufgaben des Beratenden Ausschusses der Kirchen für die Europäischen Gemeinschaften", Punkt 4.a. des Entwurfes des Ergebnisprotokolls der ersten Zusammenkunft am 19.11.1964 in Brüssel [auch: Ök. Zentr.]

Projet de compte rendu de la deuxième réunion, tenue à Bruxelles le 10 mars 1965, des représentants des Conseils des Eglises protestantes et anglicane dans les pays membres des Communautés européennes et en Grande-Bretagne, en tant que "Commission consultative d'Eglises pour les Communautés européennes"; Bruxelles, le 16 mars 1965 [auch: Ök. Zentr.]

Eindrücke von einigen Teilgebieten der Arbeit des Ökumenischen Zentrums, Marc Lenders, Mai 1967 [auch: Ök. Zentr.]

Entwurf des Ergebnisprotokolls der fünften Zusammenkunft des "Beratenden Ausschusses der Kirchen für die Europäischen Gemeinschaften" (Konferenzsaal der Kommission der EWG, 224 rue de

la Loi) am 31. Mai 1967, 14 Uhr; Brüssel, den 10. September 1967
[auch: Ök. Zentr.]

Vortrag von Herrn Marc Lenders über die Arbeit des Ökumenischen Zentrums in Brüssel (Tagung vom 30.1.1969 in der Evangelischen Akademie Arnoldshain b/ Frankfurt) [auch: Ök. Zentr.]

Die Beziehungen zwischen den Kirchen und den Europäischen Gemeinschaften, Arbeitsunterlage für die Sitzung des "Beratenden Ausschusses der Kirchen für die Europäischen Gemeinschaften" am 14. November 1969 in Brüssel; Brüssel, den 10. Oktober 1969 [auch: Ök. Zentr.]

Band 2 (Zugangsnummer 6/85/1723), Januar 1970 bis Mai 1975

Memorandum - Die Beziehungen zwischen den Kirchen und den Europäischen Gemeinschaften, Ökumenisches Zentrum in Brüssel, 5. Mai 1970 (Redaktion: Dr. A. Kees) [auch: Ök. Zentr.]

Auszugweise Abschrift aus den Schlußfolgerungen der Sondersitzung des Beratenden Ausschusses der Kirchen bei den Europäischen Gemeinschaften am 26. und 27. November 1970 in Brüssel über das Thema "Kirchen und Europäische Gemeinschaft" [auch: Ök. Zentr.]

Ausschuss [sic!] von Kirchen bei den Europäischen Gemeinschaften, 14. und 15. Dezember 1973, Beschlüsse des Ausschusses [sic!] von Kirchen auf seiner Sitzung am 14. und 15. Dezember 1973 in Brüssel [auch: Ök. Zentr.]

Kurzbericht über die Sitzung der Kommission von Kirchen bei den Europäischen Gemeinschaften in Brüssel am 19. und 20. Juni 1974 [auch: Ök. Zentr.]

Kurzbericht über die Sitzung der Kommission von Kirchen bei den Europäischen Gemeinschaften am 6. Dezember 1974 in Brüssel [auch: Ök. Zentr.]

Memorandum für die Mitgliedskirchen der Kommission von Kirchen bei den Europäischen Gemeinschaften im Hinblick auf eine Erklärung zur Verantwortung der Europäischen Gemeinschaft gegenüber den Entwicklungsländern und zur Rolle der Kirchen bei der Wahrnehmung dieser Verantwortung, Datum des Textes: 1. Februar 1975 [auch: Ök. Zentr.]

Protokoll der Sitzung des Exekutiv-Ausschusses [der Kommission von Kirchen; H.-U.R.] am 20. Februar 1975 in Brüssel [auch: Ök. Zentr.]

Band 3 (Zugangsnummer 6/93/659), Juni 1975 bis November 1976

Liste provisoire des participants à la réunion de la Commission d'Eglise auprès des Communautés Européennes à Bruxelles les 2 et 3 juin 1975 [auch: Ök. Zentr.]

Diskussion über das Arbeitspapier Verantwortung der Europäischen Gemeinschaft gegenüber den Entwicklungsländern und die Rolle der Kirchen bei der Wahrnehmung dieser Verantwortung, Ort / Datum des Textes: Brüssel, 19. Juni 1975 [auch: Ök. Zentr.]

Protokoll der Sitzung der Kommission von Kirchen bei den Europäischen Gemeinschaften, die am Freitag, den 06. Februar [1976; Datierung anhand des Kontextes!] in Brüssel abgehalten wurde [auch: Ök. Zentr.]

Bericht über die Sitzung der Kommission von Kirchen bei den Europäischen Gemeinschaften am 29. Oktober 1976 in Brüssel [auch: Ök. Zentr.]

Sitzung der Kommission von Kirchen vom 29. Oktober 1976, Bericht über die Tagung in Brügge [Anlage zum Bericht über die Sitzung der Kommission von Kirchen] [auch: Ök. Zentr.]

Band 4 (Zugangsnummer 6/93/660), November 1976 bis Dezember 1977

Kommission von Kirchen bei den Europäischen Gemeinschaften, Kurzgefaßtes Protokoll der Sitzung vom 30. Juni und 1. Juli 1977 [auch: Ök. Zentr.]

Kurzbericht über die Sitzung der Kommission von Kirchen bei den Europäischen Gemeinschaften in Brüssel am 08. und 9. Dezember 1977 [auch: Ök. Zentr.]

Band 5 (Zugangsnummer 6/93/661), Januar 1978 bis Juli 1979

An attempt to spell out the ethical dimension of the social and political trends to be observed in the European Community, in view of the discussion on "the churches and the first direct elections to the European Parliament" [1978; Datierung anhand des Kontextes] [auch: Ök. Zentr.]

Kommission von Kirchen bei den Europäischen Gemeinschaften, Protokoll der Sitzung vom 14. und 15. Dezember 1978 in Brüssel [auch: Ök. Zentr.]

Band 6 (Zugangsnummer 6/93/662), Juli 1979 bis Juli 1980

Kommission von Kirchen bei den Europäischen Gemeinschaften, Protokoll der Sitzung vom 21. und 22. Juni [1979; Datierung anhand des Kontextes] in Brüssel [auch: Ök. Zentr.]

Satzung der Ökumenischen Kommission für Kirche und Gesellschaft in der Europäischen Gemeinschaft [Erster Satzungsentwurf von Juni 1979; Datierung anhand des Kontextes] [auch: Ök. Zentr.]

Annex "Information" zum Protokoll der Sitzung vom 21. und 22. Juni 1979 [Datierung anhand des Kontextes] [auch: Ök. Zentr.]

Ökumenische Kommission für Kirche und Gesellschaft in der Europäischen Gemeinschaft (ÖKKGEG), Protokoll der Sitzung die am 29. und 30. November 1979 in Brüssel stattgefunden hat [auch: Ök. Zentr.]

Band 7 (Zugangsnummer 6/96/807), August 1980 bis Juni 1982

Ökumenische Kommission für Kirche und Gesellschaft in der Europäischen Gemeinschaft, Protokoll der am 13. Juni 1980 in Brüssel abgehaltenen Sitzung [auch: Ök. Zentr.]

Ecumenical Commission for Church and Society in the European Community (ECCSEC), Brief Minutes of the meeting held on 13 - 14 November 1980 in Brussels [auch: Ök. Zentr.]

Ecumenical Commission for Church and Society in the European Community, Minutes of the Meeting of the Ecumenical Commission for Church and Society in the European Community, Brussels, June 11th and 12th 1981 [auch: Ök. Zentr.]

Ökumenische Kommission für Kirche und Gesellschaft in der Europäischen Gemeinschaft, Satzung der Ökumenischen Kommission für Kirche und Gesellschaft in der Europäischen Gemeinschaft, 6 / 1981 [auch: Ök. Zentr.]

Ecumenical Commission for Church and Society in the European Community, Minutes of the Meeting of the Ecumenical Commission for Church and Society in the European Community, Brussels, December 3 / 4, 1981 [auch: Ök. Zentr.]

Band 8 (Zugangsnummer 6/96/808), Juli 1982 bis Oktober 1983

Auszug aus der Niederschrift über die 34. Sitzung des Rates der EKD am 4. / 5. Juni 1982 in Hannover, XXI: Berichte zur Lage (TOP 21), Hannover 1982

Ecumenical Commission for Church and Society in the European Community, Minutes of the Meeting of the Ecumenical Commission for Church and Society in the European Community - 10th / 11th June, 1982 [auch: Ök. Zentr.]

Ecumenical Commission for Church and Society in the European Community, Minutes of the Meeting of the Ecumenical Commission for Church and Society in the European Community - Brussels, January 20 / 21, 1983 [auch: Ök. Zentr.]

Ecumenical Commission for Church and Society in the European Community, Meeting of Executive Committee, Brussels, April 12 / 13, 1983, STAFFING

Ecumenical Commission for Church and Society in the European Community, Minutes of the Meeting of the Ecumenical Commission for Church and Society in the European Community, Brussels, 16 / 17th June 1983 [auch: Ök. Zentr.]

Band 9 (Zugangsnummer 6/96/809), November 1983 bis Mai 1985

Ecumenical Commission for Church and Society in the European Community, Minutes of the Meeting of the European Ecumenical Commission for Church and Society in the European Community, Brussels, January 19th / 20th, 1984 [auch: Ök. Zentr.]

European Ecumenical Commission for Church and Society, Minutes of the Meeting of the European Ecumenical Commission, Brussels, 21 / 22 June, 1984 [auch: Ök. Zentr.]

Band 10 (Zugangsnummer 6/96/810), Juni 1985 bis Juli 1986

European Ecumenical Commission for Church and Society, Minutes of the Meeting of the European Ecumenical Commission for Church and Society, Brussels, 24 / 25 January 1985 [auch: Ök. Zentr.]

Commission Oecuménique Européenne pour Eglise et Société (EECCS), Le chômage et l'avenir du travail dans la communauté européenne, Bruxelles, mars 1985 (Fertigstelldatum) [auch: H.v.V.]

Ökumenische Vereinigung für Kirche und Gesellschaft (AOES), Die Zukunft der ländlichen Regionen in unserer Gesellschaft, Arbeitsdokument für die Ökumenische Kommission für Kirche und Gesellschaft, Brüssel, Juli 1985 [auch: H.v.V.]

European Ecumenical Commission for Church and Society, Minutes of the Meeting of the European Ecumenical Commission for Church and Society - Brussels - 25 / 26 September 1985 [auch: Ök. Zentr.]

Ecumenical Commission for Church and Society in the European Commission, Press Release, EECCS's Resolution on South Africa, September 26th, Bruxelles 1985

d) Archiv des Ökumenischen Rates der Kirchen,
150, Route de Ferney, 1211 Genf 2

Schreiben von Bischof Kunst an den Vorsitzenden der Arbeitsgruppe Christliche Verantwortung für europäische Zusammenarbeit (CCREC) vom 28.3.1964, Archiv des Ökumenischen Rates der Kirchen in Genf, CCREC, 1964 - 1966 [zitiert nach Martin Greschat, Christliche Verantwortung für Europa, S. 84 (Fußnote 87), in: Zeitschrift für Kirchengeschichte, 105. Band, Vierte Folge XLIII, Stuttgart / Berlin / Köln 1994, S. 58 - 90]

e) Interviewtexte des Verfassers

Interview mit Dr. Helmut von Verschuer, Nentershausen, 28.08.1997

Interview mit Marc Lenders, Brüssel, 18.09.1997

f) Notizen des Verfassers

EECCS-Vollversammlungen 1997 und 1998

14. Anhang

14.1. Stellungnahmen und Dokumente der EECCS und ihrer Vorgänger

Soziale Aspekte im Strukturplan "Landwirtschaft 1980" (1969)

Die Beziehungen zwischen den Kirchen und den Europäischen Gemeinschaften (1970)

Kirchliche Gesichtspunkte zur Ausländerpolitik der Europäischen Gemeinschaft (1974)

Die Verantwortung der Europäischen Gemeinschaft gegenüber den Entwicklungsländern und die Rolle der Kirchen in Wahrnehmung dieser Verantwortung (1975)

Statement zu Südafrika (1976)

Statement zur ersten Direktwahl des europäischen Parlaments (1978)

Kirchen in Westeuropa und nukleare Energie (1978 / 80, zusammen mit FEST)

Die Erweiterung der Europäischen Gemeinschaft und die besondere Verantwortung, die sich aus diesem Prozeß für die Kirchen der Mitgliedsstaaten und der Bewerberländer ergibt (1981)

Pouvoir bancaire et problemes ethiques (1981)

Frieden und Sicherheit in Europa (1983)

Arbeitslosigkeit und die Zukunft der Arbeit (1984)

Broschüre zur Europawahl (1984)

Die Zukunft der ländlichen Regionen in unserer Gesellschaft (1985)

Kirchen, Transnationale Körperschaften und Menschenrechte (1985)

Die Einheitliche Europäische Akte (1988)

Broschüre zur Europawahl (1989)

Statement zum Maastricht-Vertrag (1991)

Menschenrechte und Europäische Gemeinschaft (1993)

Memorandum zur Europäischen Sozialpolitik (1993)

Positionspapier zur Bioethik-Konvention (1994)

Arbeitspapier zur Europawahl (1994)

Ist das herrschende Wirtschaftsmodell mit nachhaltiger Entwicklung vereinbar? (1995) [Arbeitsgruppe Ökonomie & Ökologie]

Ein Kontinent auf dem Weg der Versöhnung - Der Beitrag der Europäischen Union (1996)

Kommentar zum Grünbuch über das Verhältnis der Europäischen Union zu den AKP-Staaten zu Beginn des 21. Jahrhunderts (1997)

Deklaration zur [Ost-] Erweiterung der Europäischen Union (1997)

Das Klonen von Tieren und Menschen - aus ethischer Sicht (1998)

EECCS und Bioethik (1998)

EECCS-KEK-Erklärung zum 50. Jahrestag der Menschenrechtserklärung der Vereinten Nationen (1998)

Agenda 2000 und die Finanzen der Europäischen Union (1998)

Die Wahlen zum Europäischen Parlament 1999 - ein ökumenischer Informationsbrief (1998)

14.2. Resonanz auf Frageaktion zu kirchlichen Positionen bzgl. "Europa"

Im folgenden werden die jeweiligen Antworten auf diese Frageaktion im einzelnen - ggf. zusammengefaßt - vorgestellt werden. Die dabei erwähnten Quellentexte können alle bei den jeweiligen Kirchen bzw. Kirchenleitungen direkt bezogen werden. Deshalb werden sie auch nicht explizit im Literatur- oder Quellenverzeichnis erwähnt. Anschließen wird sich eine Auflistung derjenigen Kirchen, die überhaupt nicht auf diese Frageaktion geantwortet haben.

Scottish Episcopal Church
(General Synod - Secretary General)

Kurze, abschlägige Antwort

"The Episcopal Church does not have a 'position' as such in relation [to] Europe or a European idea.
Our Church is a Church of broad views and within that individuals will hold personal opinions which may range from being strongly positive to being strongly negative about the European Union. I regret that we do not have any official papers on the subject"

The Moravian Church in Great Britain and Northern Ireland
(Provincial Board)

Kurze, abschlägige Antwort

"The Moravian Church is an international church and has close relationships with our two European Provinces in the Czech Republic and the rest of Europe.
We have no particular position regarding Europe or the European idea or any statements that have been published."

The Baptist Union of Great Britain
(Deputy General Secretary)

Kurze, abschlägige Antwort (jedoch weitere Recherchen angekündigt)

"I am consulting with colleagues about the issues you raise as there are no official and formalised statements of the Union regarding Europe and the European idea. However, we will seek to bring together and forward to you some documents which make reference to the issues."

Synode der Evangelisch-Lutherse Kerk in het Koninkrijk der Nederlanden
(Synodale Commissie)

Kurze abschlägige Antwort (aber Kontakte zur Hervormde Kerk; Rezension der Veröffentlichung "Hart en Ziel voor Europa?")

"Unfortunately she [the Synodal Committee] can't give you the information about the position of our church towards Europe and European idea. Our church works together with the reformed churches in the Netherlands and was involved with the publication of the book 'Hart en Ziel voor Europa?'. It is not an official work, but it reflects the mainstream in our churches." (Text dieses Buches: siehe Nederlandse Hervormde Kerk!)

Verenigde Protestantse Kerk in België
(De Voorsitter bzw. Präses)

Kurze abschlägige Antwort (aber Kontakte zur EECCS)

"können wir Ihnen mitteilen, dass die Vereinigte Protestantische Kirche in Belgien keinen offiziellen Standpunkt hinsichtlich der europäischen Union eingenommen hat."

Evangelisk-Lutherske Folkekirke i Danmark
(Den danske Folkekirkes mellemkirklige Råd)

Kurze abschlägige Antwort (aber allgemeine Informationsbroschüre)

"It is a characteristic of the Danish Folkekirke that nobody can speak on behalf of the church as a whole. Consequently, there are no official statements or papers on any issues, including the position of the Folkekirke towards Europe and the European idea."

Tavola Valdese
(Il moderatore)

Kurze abschlägige bzw. nichtssagende Antwort (aber weitere Kontaktadressen und Literaturhinweise)

Chiesa Evangelica Luterana in Italia
(Decanato)

Kurze abschlägige Antwort (mit der Empfehlung sich an EKD oder LWB zu wenden und evtl. weiteren Bemühungen)

"Unsere Kirche in Italien ist eine zu kleine Kirche (mit entsprechenden großen Problemen), um offizielle Dokumente über solche große Themen wie Europa zu verabschieden. Wir schließen uns, in solchen Fällen, meistens größeren Kirchen an, die nach unserer Stellungnahme *fragen. Wir sind als Chiesa Evangelica Luterana in Italia, zwar eine "europäische" Kirche mit Gottesdiensten in italienscher, deutscher, dänischer, holländischer und finnischer Sprache, aber wir beschäftigen uns mit dem Thema, das Sie gerade interessiert, nicht direkt."*

Helleniki Evangeliki Ekklesia
(General Secretary)

Relativ kurze abschlägige Antwort (Zusammenfassung über Geschichte und gegenwärtige Situation der Greek Evangelical Church)

"Since the 'Helliniki Evangeliki Ekklesia' (Greek Evangelical Church), however, is a very small minority Church in this Country not any 'official statements and papers' exist concerning 'the position of the G.E.C. towards Europe and the European idea'"

Evangelische Kirche deutscher Sprache in Griechenland
(Gemeinde Athen)

Kurze abschlägige Antwort

"leider können wir Ihnen in dieser Sache nicht behilflich sein, da wir keine Unterlagen über Fragen der Evangelischen Auslandskirchen zu Europa haben."

Igreja Evangélica Metodista Portuguesa

Kurze abschlägige Antwort (aber Kontakt zur "mother"-church in GB)

"I regret to informe [sic!] you that our Church has no oficial [sic!] statement about Europe. Being a minority Church, we find ourselves pressed by other matters different the big political issues. Until last October [=1996] we were a district of the Methodist Church in Great Britain, and our standing's lined up generally with the statements of our 'mother' church. There is a document in English, which was distributed at the last Conference in Blackpool, entitled 'Methodists looking at Europe'"

Iglesia Española Reformada Episcopal

(Oficina Diocesana)

Kurze bzw. nichtssagende Antwort (inklusive allgemeiner Informationsbroschüre)

Iglesia Evangelica Española

(Presbiterio del Norte, Redacción "Norte Protestante")

Kurze bzw. nichtssagende Antwort (Zeitschrift der Kirchenleitung aus Zaragoza)

Das kommentarlos zugeschickte Exemplar der Kirchenzeitschrift "Norte Protestante" enthält - meines Erachtens - keine spezifisch europäischen Artikel.

Gereformeerde Kerken in Nederland

(Ökumenesekretär)

Relativ kurze abschlägige Antwort (Berichte der Ökumene-Kommission aus den Jahren 1993 und 1996)

"Mein Problem damit war, daß unsere Kirche eigentlich bisher kein auf Ihre Frage zugespitztes Dokument bereitgestellt hat.
In den Anlagen finden Sie die letzten zwei Berichte unserer Ökumene-Kommission für die Synode. Das Thema Europa wird darin dennoch [sic!] nur beiläufig angesprochen." Schließlich wird noch auf die Veröffentlichung "Hart en ziel voor Europa?" der Nederlandse Hervormde Kerk (siehe dort!) hingewiesen.

Algemene Doopsgezinde Societeit
(Dean of Mennonite Seminary)

Relativ ausführliche abschlägige Antwort (Spekulation, wie die Position der Kirche sein würde; weitere Kontaktadresse)

"The question you pose about the position of the Algemene Doopsgezinde Sociëteit (Mennonite Church in the Netherlands) towards Europe is unanswerable. At no point in history our church as such has issued a statement on this topic. Being a congregational church, the Dutch Mennonites not easily make general statements on faith issues. However in case such a statement did exist, a) it clearly would have stressed the fact that in Europe too, the church is to have a principally critical stand towards European culture if interpreted as 'christianized' culture; and b) it would contain critical remarks on the European unity in as far as this brings together nations and economic systems which consequently will defend itself against other nations from for instance Africa. Also it would have been critical towards all forms of state-religion to be found in Europe."

Methodistische Kirche in Österreich
(Superintendentur)

Relativ ausführliche abschlägige Antwort (weitere Adressen)

"Die Evangelisch-methodistische Kirche, zu der die Methodistenkirche in Österreich gehört, ist ihrem Selbstverständnis und ihrer Struktur nach eine weltweite Kirche; (...) Von daher haben wir immer europäisch gehandelt und europäisch gedacht, aber immer im Horizont unserer weltweiten Aufgabe und Verpflichtung. Wir haben deshalb keine Erklärungen zu Europa abgegeben, weil wir ja nicht aus einer regionalen Perspektive (etwa als Landeskirche, wie in Deutschland; oder als Nationalkirche, wie bei den einzelnen orthodoxen Kirchen) uns eine europäische aneignen müßten. (...) Wir leiden eher unter den sehr provinziellen und nationalen Einstellungen von Kirchen, mit denen wir seit 1991 innerhalb der Leuenberger Konkordie nähere Kontakte pflegen. Das trifft natürlich auch für Kontakte mit orthodoxen Kirchen zu."

Det Danske Baptistsamfund
(Secretary)

Kurze abschlägige Antwort (weitere Adressen)

"We do not have any written information that we can send to you."

Église Réformée d'Alsace et de Lorraine (ERAL)
(Président du Conseil Synodal)

Kurze abschlägige Antwort (aber Kontakte nach Brüssel und Straßburg)

[Die gemeinsame Erklärung mit der Église de la Confession d'Augsbourg d'Alsace et de Lorraine zur Europawahl 1994 (s.u.) ist dem Antwortenden offensichtlich entfallen!]

"Notre Église n'a pas (encore) travaillé cette question au niveau de son synode ou de ses déclarations officielles mais elle fait partie de l'EECCS (Ecumenical European Council for Church and Society) organisme interecclésial européen pour les relations entre les Eglises et les instances européennes à Bruxelles et à Strasbourg."

Église de la Confession d'Augsbourg d'Alsace et de Lorraine (ECAAL)
(Président du Directoire)

Relativ kurze positive Antwort (offizielle Erklärung, Rede des Präsidenten Michel Hoeffel, sowie Kontakte nach Brüssel und Straßburg). Diese - lutherische - Kirche hat anscheinend eine positive Einstellung zu Europa. In einer gemeinsamen Erklärung mit der Église Réformée d'Alsace et de Lorraine zur Europawahl 1994 forderte sie ihre Mitglieder zur Mitwirkung an der Gestaltung eines multikulturellen Europas auf:

"Les Eglises, qui sont le fruit de l'interpellation de l'Evangile, appellent leurs membres et tous les citoyens à prendre toute leur part dans le processus démocratique de la construction européenne
* en interpellant les candidats et les élus
* en participant le plus largement possible aux débats d'idées
* en participant aux élections européennes
Nous invitons les électeurs à se prononcer de manière telle que leur choix exprime le souci de l'homme, de sa dignité, de son avenir."[530]

---

[530] "Declaration à l'occasion des elections du parlement européen du 12 juin 1994".

Der Président du Directoire de l'ECAAL, Michel Hoeffel, hat außerdem den Text einer Rede beigelegt, welche er im Dezember 1996 bei der Kirchenleiterkonferenz der europäischen Mitgliedskirchen des lutherischen Weltbundes in Budapest gehalten hat.[531]

United Reformed Church in the United Kingdom (URC)
(Secretary for International Church Relations)

Relativ kurze positive Antwort (offizielle Resolution der URC General Assembly, Report der Europe Task Group sowie "Praying for Europe"[532]).

Die URC hat anscheinend eine konstruktive, gestaltende Vorstellung von Ihrer Beziehung zu Europa und zur EU.

"The General Assembly accepts the Report of the Europe Task Group[533] and, as a policy statement on the URC's involvement with Europe, adopts the following principles:

*(i) provinces should be the **primary** vehicle for developing and maintaining bilateral and local church partnerships within Europe (...)*
(ii) the Conference of European Churches, the Leuenberg Fellowship and the European

---

[531] Darin nennt er als Grund für "eine gewisse kirchliche Euroskepsis" den "überall zunehmenden Säkularismus und den (...) religiösen Pluralismus." Der Gedanke an eine "multi-kulturelle und multi-religiöse europäische Gesellschaft (...) macht Angst und trägt zur europäischen Zurückhaltungen [sic!] bei." Hoeffel konstatiert ferner, daß es auch den Kirchen viel Mühe bereitet etwas von ihrer Souveränität abzugeben. Weiterhin setzt er sich, von der Geschichte vieler evangelischer Minderheitskirchen ausgehend, gegen jegliche Nivellierungsversuche gegen Minoritäten ein und fordert schließlich, das Wort Gottes auf sozialer Ebene europaweit umzusetzen.
[532] Dieses Gebet befaßt sich vor allem mit der Intergovernmental Conference 1996/97 ("Maastricht II").
[533] Auf diesem Bericht mit dem Obertitel "The United Reformed Church and Europe" beruht diese Resolution. Die drei Hauptpunkte (bzw. "Sections") des Berichts sind: 1) Europe is our home 2) Developing a more coherent approach 3) Establishing greater effectiveness.

Ecumenical Commission for Church and Society should be the focus and primary means of assistance for our engagement with European ecumenical questions and programmes and the institutions of the European Union and the Council of Europe; and

(iii) calls upon the appropriate committees of the Church, nationally and in the provinces, to consider and act on its recommendations (section 3)"[534]

Church of Scotland
(Middle East and Europe Secretary)

Relativ ausführliche positive Antwort (Report from the 1996 Church and Nation Committee to General Assembly of the Church of Scotland).

Die Church of Scotland fühlt sich stark Europa verbunden - "the links are closer than those of England"! Jedoch gibt man sich auch kritisch. Wichtig ist für sie das EECCS-Projekt 'Giving a Soul to Europe': "It matters a great deal that the EU should be far more than a convenient economic unit. The Church wants to promote a community of generosity (...) shouldering its fair share of responsibility for the wider world." {S.35} Die Conclusio dieses Reports der anläßlich der bevorstehenden Intergovernmental Conference (IGC - "Maastricht II") verfaßt wurde - sich aber auch auf die Währungsunion (European Monetary Union - EMU) bezieht - lautet wie folgt:[535]

"{7.1.} As long as the EU remains committed to an ever closer union between the peoples of Europe, transcending national barriers as an

---

[534] Resolution adopted by the 1996 URC General Assembly.
[535] Report from the 1996 Church and Nation Committee to General Assembly of the Church of Scotland, S. 43 - 44.

instrument for peace, justice, democracy and social cohesion throughout Europe and between Europe and the Third World, the Church should continue to supporting the development of the EU. That support is dependent, however, upon the Member States remaining true to the wider vision of the EU and not taking any steps which might turn it inwards to become either a 'rich man's club' or a 'fortress Europe' {7.2.} The original vision for the EU remains valid but it needs to be restated in today's context and the IGC's first task should be to make such a restatement (...) under the headings: a Democratic and Transparent Union; a Decentralised and Diverse Union;[536] a Union conferring Rights of Citizenship; a Union Promoting Economic and Social Well Being; a Union Sustaining the Environment; a Union for Peace and International Stability; and a Union with International Responsibilities."

Church in Wales
(Provincial Officer for Ecumenism)

Ausführliche positive Antwort: Resolutions of the Governing Body, April 1992 sowie der Report "Wales in Europe: Core or Periphery" (Februrary 1992)

Der Bericht "Wales in Europe" der Europe Group der Division of Social Responsibility ist zwischen 1986 und 1992 entstanden, als Reaktion auf die Beschlüsse von 1987 zur Einheitlichen Europäischen Akte und im Hinblick auf die Verwirklichung des Gemeinsamen Europäischen Marktes und die offizielle Gründung der Europäischen Union Anfang 1993. Neben den politischen Veränderungen und Herausforderungen der neunziger Jahre geht es hier aber auch um grundsätzliche, theorethische Diskussionen, z. B. um Fragen der Nationalität und

---

[536] Dieser Punkt scheint dem Committee besonders wichtig zu sein; konkreter heißt es dazu schon vorher (a.a.O., S. 36): The citizens should be "assured that the EU poses

kulturellen Identität. Diese werden konkret auf Wales und seine keltische Identität und die Situation als Minderheit in Europa bezogen. Als weitere Problembereiche Europas werden Staatsbürgerschaftsfragen, Wirtschaftsethik, Beziehungen zur sogenannten Dritten Welt, Umwelt- und Sozialpolitik benannt. Anschließend wird unter der Überschrift "Light in Darkness" die Relevanz der keltischen Spiritualität für unser heutiges Leben aufgezeigt. Aufgrund der langen christlichen Tradition in Irland, Schottland und Wales, welche es immer wieder zu verteidigen galt, hat sich demzufolge ein besonderer Geist des Überlebens entwickelt.

Schließlich wird der Beitrag der Kirchen zur europäischen Einigung anhand von vier christlichen Prinzipien definiert: "first, a body of common values and public doctrine (...); secondly, the unique identity of every human being, as made in the image of God (...); thirdly (...) responsibility before God for the sustainability and integrity of his creation both in Europe and elsewhere; and fourthly, a plea for open frontiers, for Europe to be open to the rest of the world (...)" Der Bericht endet mit dem Hinweis, daß es unerläßlich ist, dieses Engagement auf den verschiedenen Ebenen der kirchlichen Arbeit konkret umzusetzen.

Presbyterian Church in (Northern) Ireland
(Clerk of the General Assembly and General Secretary)

Recht ausführliche positive Antwort ("Europe and the European Community", A Report to the General Assembly by the Committee on National and International Problems, June 1993; außerdem Kontaktadresse der (Anglican) Church of Ireland)

Der 20-seitige Bericht "Europe and the European Community" setzt sich - nach einer allgemeinen "Introduction" - sehr konkret mit der Europafrage auseinander. Zuerst wird dabei unter der Kapitelüberschrift

---

no threat to national, regional, cultural, linguistic or religious diversity."

"Banking and Trade" die europäische Wirtschaftspolitik beleuchtet. Das Streben nach allgemeinem Wohlstand durch die Schaffung eines "Common Market" wird begrüßt, unter folgenden Voraussetzungen:

"(a) That the people of the market remember that God alone is to be worshipped, not Mammon or some huge bureaucratic organisation.

(b) That the market remains open and generous enough to share the fruits of its wealth with others elsewhere who are having to cope with growing grinding poverty. (...)

(c) That the market is not allowed to become the master defeating the spirit of a community be it rural or urban, regional or national, ethnic or cultural. What seems rational to accountants may be destructive of rich human diversity."[537]

Diese Überlegungen, wie das zukünftige Europa aussehen sollte, werden dann unter der Überschrift "The recovery of the European soul" weiter ausgeführt:

"The Church of Jesus Christ must awaken to the daunting but exciting and necessary task of proclaiming and demonstrating the Gospel as the only means of awakening the European soul."[538]

Dieser missionarische Auftrag beinhaltet aber nicht nur seelsorgerische Aspekte; es wird mehrmals betont, wie wichtig internationale Solidarität, Fremdenfreundlichkeit sowie die kirchliche Auseinandersetzung mit sozialen und ethischen Fragen genommen werden sollten. Wie dabei die kirchliche Zusammenarbeit aussehen sollte, erweist sich als schwierige Frage. Zwar wird von der Presbyterian Church in Ireland eingestanden, daß *"Protestantism in general has been neglectful of Europe and has no positive vision for Europe",* jedoch will man der katholischen Kirche dieses Feld auf keinen Fall allein überlassen, denn *"The Church of Rome (...) still wants to be seen as THE Church."*[539]

---

[537] A.a.O., S. 10.
[538] A.a.O., S. 13.
[539] A.a.O., S. 16.

Auf diesem Hintergrund werden im Abschlußkapitel "Some concluding reflections" folgende Arbeitsmöglichkeiten für die Kirchen in Europa vorgeschlagen:

(a) First, in terms of EVANGELISATION. This needed evangelisation means offering Europeans something absolutely and gloriously unique, nothing short of the full Gospel. (...)
(b) Secondly, in terms of EXERCISING A PROPHETIC ROLE. This prophetic role will consist in raising the profile of questions such as how to define liberty, how to promote justice, how to safeguard minorities. From this point of view the role of the churches in Europe is not unlike that of the Old Testament prophets - not, of course, in merely warning or condemming, but more in terms of encouraging, advising and reminding."[540]

Lutheran Church in Ireland
(Pfarrer)

Relativ ausführliche positive Antwort (offizieller [?] Vortrag "The Irish Churches in 1992 - Introductory Remarks on the Role of the Protestant Churches in the New Europe")

"In der Anlage erhalten sie ein Expl. des Jahresberichts des Irish Council of Churches von 1993. Darin enthalten ist ein Vortrag von mir, den ich auf der Jahreshauptversammlung des ICC 1992 im Auftrag des Exekutivkomitees, dessen Mitglied ich bin als Vertreter unserer Minderheitskirche, gehalten habe."

Beginnend mit den statistischen Fakten weist Pastor P. G. Fritz (Dublin) zunächst auf die dadurch bedingten eher geringen Einflußmöglichkeiten

---

[540] A.a.O., S. 19.

der protestantischen "minority churches" hin; jedoch sieht er diese Situation nicht als hoffnungslos an:

*"Despite the fact that Protestant Churches are statistically insignificant in their minority position, they will, it is hoped pool their efforts to act upon developments as a **relevant** minority."*[541] Wichtige Aufgaben der protestantischen Kirchen in Europa sind demzufolge: *"to insist on and show the way to bring about a synthesis of political realism and a caring morality"*; *"to recognise tolerance as a life-saving force"*[542]; *"religious pluralism"*; *"to respect different cultures and religious traditions"*. *"Protestant Churches must insist that the East-West conflict (...) is not replaced by a North-South conflict"*

Schließlich zeigt Fritz noch einmal die grundsätzlich möglichen Verhaltensweisen bzw. Strategien für die Kirchen in dieser Situation auf: (a) Ghetto-Strategie, d.h. Rückzug aus der Gesellschaft, Nicht-Einmischung; (b) Offensive Strategie, d.h. Verteidigungskampf gegen andere Religionen, Re-Evangelisierungs-Kampagne (welche er bei der katholischen Kirche seit Papst Johannes Paul II. "Dream of Compostela" sieht), Zurückdrehen der Zeit; (c) Dialog-Strategie, d.h. konstruktive Gespräche und Zusammenarbeit mit anderen Institutionen und auch Religionen.[543]

In der "Conclusion" befürwortet er schließlich eindeutig die letzte der drei Strategien

"If there is one significant contribution which the Protestant Churches can make to the shaping of the New Europe it is the elaboration of a new spirit of ecumenism."[544]

---

[541] Auch für die folgenden Zitate: Annual Report of the Irish Council of Churches, S. 20.
[542] Es heißt hierzu noch weiter: "These insights have to be upheld against all attempts to transform the modern secular state into a so-called 'Christian' or in religious terms ideological state." Dieser Hinweis könnte sich auf Re-Evangeli-sierungstendenzen von katholischer Seite beziehen.
[543] A.a.O., S. 21.
[544] Ebenda.

Evangelische Kirche H.B. in Österreich

(Oberkirchenrat)

Relativ ausführliche abschlägige Antwort (2 Artikel von Mitgliedern der Kirchenleitung im "Reformierten Kirchenblatt")

"Die Synode und der Oberkirchenrat haben keinerlei Stellungnahme zum Thema 'Europa' verabschiedet. (...) Die EU berührt unsere beiden evangelischen Kirchen in Österreich passiv: wir müssen einige gesetzliche Bestimmungen ändern, bzw. an das EU-Recht anpassen, und auch einige finanzielle Regelungen neu ordnen."

[Die Beschlüsse zur Kenntnisnahme der gemeinsamen Generalsynode der beiden evangelischen Kirchen Österreichs zum Thema "Europa" vom November 1991 wurden von dem Antwortenden anscheinend übersehen!]

Der Autor des Artikels "Europa und ihre Herren" konstatiert zunächst, "'Europa' ist längst eine Glaubensangelegenheit geworden. Nur so läßt sich überhaupt die verdächtige Inbrunst erklären, mit der 1994 für oder gegen den 'Anschluß' an die 'EU mit dem frommen Sternenkranz' geredet wird." Daran anschließend wird die griechische, vorchristliche Europa-Mythologie - Zeus entführt und verführt die unschuldige Europa - einer Episode aus der Apostelgeschichte (Apg. 16, 16 - 22) - Paulus treibt einer "Europäerin" einen Dämonen aus - gegenübergestellt. Durch diesen Vergleich kommt der Autor zu folgender Auffassung: "Europa lebt bis heute in dieser Zwickmühle von Vergewaltigung und Befreiung. (...) Biblisch orientierte Christen in allen Konfessionen werden hoffentlich begreifen, daß der christliche Beitrag zu einer 'Europäischen Gemeinschaft' nur Befreiung sein (...)" kann.[545]

Der Autor des Artikels "Protestantische Kirchentumspolitik - oder weltweite Solidarität" beschäftigt sich mit dem Faktum, daß "protestantische Länder einem vereinigten Europa gegenüber eher mißtrauisch sind als Länder mit einem überwiegend römisch-katholischen Bevölkerungsanteil." Er führt dies auf die trotz einer zunehmenden Entkirchlichung vorherrschenden konfessionellen Denkstrukturen zurück.

---

[545] Karner, Peter, in: Reformiertes Kirchenblatt, Juni 1994, 71. Jg., Heft 6, Wien 1994,

"Protestanten stellen ein 'Vereinigtes Europa' in Frage, weil sie von der Reformation gelernt haben, daß sich kein Mensch über einen anderen stellen darf." Gegen den Vorwurf des (weltlichen und kirchlichen) Separatismus sollten sie einwenden, daß eine erzwungene und gewaltvolle Einheit, die nur zu unkontrollierbarer Machtkonzentration führe, unnütz sei. Dagegen befürwortet der Autor ein Europa das sich dem Prinzip der Subsidiarität verpflichtet fühlt. Weiterhin abzulehnen seien Tendenzen, das Vereinigte Europa für die ganze Welt zu halten und die Probleme anderer Länder zu vernachlässigen. Es sei auch kein Zufall, daß viele Evangelische eine globale Zusammengehörigkeit gegenüber der europäischen Einheit bevorzugen würden.

"Protestanten können sich nur ein demokratisch strukturiertes 'Vereinigtes Europa' vorstellen, in dem regionale Besonderheit und Verantwortung, sowie umfassende Kontrollmechanismen unerläßlich und damit konstitutiv sind."[546]

Evangelische Kirche A.B. in Österreich

(Oberkirchenrat)

Relativ ausführliche Antwort für beide evangelische Kirchen Österreichs (Beschlüsse zur Kenntnisnahme der gemeinsamen Generalsynode der beiden evangelischen Kirchen Österreichs zum Thema "Europa" vom November 1991 - Amtsblatt für die Evangelische Kirche in Österreich, Ausgegeben am 23. Dezember 1991, S.136 - 141)

Dieses Dokument, das auf dem Hintergrund des Schlußdokuments der Ersten Europäischen Ökumenischen Versammlung (Basel 1989) zu lesen ist, definiert zunächst den Europabegriff unter kulturellen, geographischen, politischen, historischen, religiösen sowie globalen Gesichtspunkten. Daran anschließend werden Erbe und Ansätze christlicher Theologie erläutert: Dies bedeutet für die gläubigen Christen, "daß Europa als Kontinent für die Schwächeren eintritt", daß sie die Ambivalenzen der säkularisierten Gesellschaft aushalten und

---

S. 1 - 2.
[546] Németh, Balász, in: Reformiertes Kirchenblatt, März 1993, 70. Jahrgang, Heft 3, Wien 1993.

sich den Problemen des Lebens stellen sollten, ohne jedoch auf die Versprechungen eines Paradieses auf Erden hereinzufallen.

Abschließend werden diese Gedanken konkret auf die Situation in Österreich bezogen. "Evangelische Kirche in Österreich wird vermehrtes Augenmerk richten auf:

-- Österreich und seine Nachbarschaft

-- Österreich und seine Minderheiten

-- Österreich und die Flüchtlingsfrage"

In diesem Kontext wird noch auf die Gefahr der Ideologisierung Europas eingegangen. "Gerade auf Grund der jahrhundertelangen Leidensgeschichte der reformatorischen Kirchen in diesem Raum werden sie entschieden eintreten für einen säkularen Europabegriff, der im Widerspruch steht zur Ideologie eines 'christlichen Abendlandes' (...) und werden gegen jede Ideologisierung von Volk und Nation und gegen die Verquickung von Konfessions- und Volkszugehörigkeit eintreten."

Und: "Europa darf um Europas Willen nicht ein Europa innerlich Uniformierter werden"

Svenska Missionsförbundet

(Coordinator of Contacts with European Churches)

Relativ ausführliche positive Antwort (Paper des Christian Council of Sweden zur Intergovermental Conference [IGC] 1996 → siehe auch Kyrka av Sverige)

"I am afraid that we as a Church do not have any documents or official statements on Europe or the European Union (EU). But we take active part in the ecumenical dialogue on these issues, and I now send you the Reply to EECCS discussion paper on IGC 96, approved by the Christian Council of Sweden, where we are a member Church.

The Christian Council of Sweden also has published a document called Kyrkorna och EU - Sveriges Kristna Råds plattform för kyrkornas gemensamma arbete med EU-frågor (The Churches and EU - The platform of the Christian Council of Sweden for the common work of the Churches regarding EU issues).[547] *(...) It is not only a Protestant Council, though, as both Lutheran Churches, Free Churches, Orthodox Churches and The Catholic Church are members. So one can say that the EU issues are seen from an ecumenical perspective."*

Kyrka av Sverige
(Archbishopry of Uppsala - Planning Secretary)

Ausführliche Antwort (mehrere allgemeine Informationsbroschüren, zwei Statements des ökumenischen "Sveriges Kristna Råd"[548]: 1) Kyrkorna och Eu - Sveriges Kristna Råds plattform för kyrkornas gemensamma arbete med EU-frågor, 2) Christian Council of Sweden reply to EECCS discussion paper on IGC 96 (Intergovernmental Conference of 1996)

Beide Statements befassen sich mit der gegenwärtigen Situation der EU und bringen Verbesserungsvorschläge; das eine war eine Publikation für die Öffentlichkeit, während das andere eine konkrete Antwort auf die Anfrage der European Ecumenical Commission for Church and Society (EECCS) bzgl. der IGC 96 darstellte, welche den meisten Kirchen in der EU zugeschickt wurde - allerdings mit einer sehr geringen Rücklaufrate.

Besonderes Gewicht wird in beiden Texten auf folgende Punkte der EU-Politik gelegt :   --   EU-Staatsbürgerschaft
   --   Entscheidungsfindungsprozesse

---

[547] Dieses Paper wurde von der Kyrka av Sverige zugesandt.
[548] Siehe auch die Antwort des Svenska Missionsförbundet.

(Föderalismus und Subsidiarität)
-- Verständlichkeit der Entscheidungen und Beschlüsse (größere Transparenz)
-- Weiterentwicklung der politischen Kontrollgremien und der demokratischen Effizienz

Ebenfalls hervorgehoben wird die trans-nationale Bedeutung der Regionen und die Frage ihrer Vertretung bei der Europäischen Union.

In dem Text "Kyrkorna och EU" wird außerdem die friedenspolitische Bedeutung der Europaidee in Geschichte und Gegenwart betont: "När kristna engagerar sig i EU är detta fredsprojekt ett huvudsmotiv även idag."[549]

Besonders unterstrichen wird in diesem Zusammenhang auch die Wichtigkeit einer pluralistischen Wertegemeinschaft, welche allein dazu in der Lage wäre "ge Europa en själ"[550].

Eglise Réformée de France
(Chargé de mission, Relations internationales)

Ausführliche positive Antwort (diverse Berichte, Kommuniques, Zeitungsartikel und zwei Reden des Antwortenden [nur letztere auf Deutsch])

Das sehr umfangreiche Material - neben den obenerwähnten Textformen auch noch Lexikaartikel und Rechercheergebnisberichte enthaltend - konnte nur teilweise rezipiert werden. Die offiziellen Texte sind folgende: Communiqué á propos des Elections au Parlement Européen, Juni 1994 (ähnlich dem gemeinsamen ECAAL - ERAL -

---

[549] 'Wenn Christen sich in der EU engagieren ist dieses Friedensprojekt auch heute noch das Hauptmotiv' (Kyrkorna och EU, S. 3).

Kommunique); L'Europe, un defi pour les protestants - Dokument zur Conférence des Eglises riveraines du Rhin, Mai 1993; Appel pour une Europe fraternelle - Ökumenischer Friedensappell anläßlich Jugoslawienkrieg, April 1992; Nos Églises et l'Europe - Bericht der Nationalsynode und Beschlüsse der Regionalsynoden dazu (sehr ausführlich)

Die beiden Reden des Antwortenden, Yo Ludwig, auf Deutsch befassen sich einerseits mit der Minderheitssituation der Protestanten in Frankreich: "Wir leben als Protestanten in der Diaspora und das als Minorität." Und andererseits wird auf das System der "Laïcité" eingegangen und appelliert, dieses auch für ganz Europa einzuführen.

Church of England
(General Synod - Board of Social Responsibility)

Ausführliche "positive" Antwort (Zwei Diskussionsvorlagen für die General Synod aus den Jahren 1990 und 1994)

"I do not think I can refer you to any formal Church of England policy statement on the European idea. However, our involvement is clearly developing both through the Meissen and Porvoo agreements and as a consequence of UK membership of the European Union. A staff level we have a Europe group which seeks to co-ordinate our efforts across a wide range of matters. In 1994 we produced a background paper for a General Synod debate and I enclose a copy in case it is of interest. You may also like to know that I currently serve as the Vice-President of the European Ecumenical Commission on Church & Society and this, together with our membership of the Conference of European Churches, enables the Church of England to participate in many current debates about the future of Europe."

---

[550] 'Europa eine Seele geben' [Übersetzung des Verfassers] (Kyrkorna och EU, S. 7).

Die Diskussionsvorlage für die General Synod aus dem Jahre 1990 "The Church of England and the challenge of Europe" beschreibt vor allem die einzelnen Institutionen der Europäischen Gemeinschaft sowie die kirchlichen Organisationen, die sich mit der Europafrage befassen. Vorschläge, was die Church of England (und andere Kirchen) zur europäischen Einigung beitragen sollten, sind eher allgemein gehalten - bzgl. der Herstellung oder Wahrung sozialer Gerechtigkeit etc.

Interessant ist jedoch die Erörterung der Frage, warum sich die europäischen Kirchen bisher kaum um Europa gekümmert haben: "A preparatory document prepared for the 1982 Consultation <u>The Task of the Churches in Western Europe</u> held in Interlaken, jugded that the response of the Churches to the need to work transnationally and ecumenically had been 'derisory'. Among the reasons for this were a failure to establish a systematic approach which could help establish priorities, and a lack of common effort. There was a growing need to address issues at the level (at least) of Western Europe, but the Churches had failed to do this. One reason for this might be that Churches - other than the Roman Catholic Church which has a transnational structure - tend to relate to, and reinforce, a national focus. Additional factors could be the diversity of relationships between Church and state, the diversity of theological and confessional traditions, and the diversity of numerical strength of Churches - particularly the contrast between minority Churches and National Churches."[551]

Die Diskussionsvorlage für die General Synod aus dem Jahre 1994 "Europe - A paper reviewing some aspects of the Church of England's involvement in mainland Europe" befaßt sich viel konkreter mit den kirchlichen Aufgaben bzgl. der Europafrage. Diesen wird sogar ein spezielles Kapitel gewidmet "Chapter Four - A Christian Contribution to Thinking on Europe". Dabei wird insbesondere die verantwortungsvolle

Position der Kirchen in einer säkularisierten Gesellschaft betont. "In a secular society many would say that the Church should not be looking for direct political influence. This does not mean that it should not seek to influence the political culture. (...) pluralism does not entail an abdiction of responsibility (...) Churches can see themselves not simply as fighting for their own survival or aggrandizement but as serving the whole community. They can demonstrate between themselves the possibilities of unity in diversity, and keep alive the universal vision which transcends nationalism."[552] Der heutige Pluralismus sollte - nach der Meinung der Church of England - positiv bewertet und genutzt werden. "the Church of England has been learning to live with the anomaly of being nationally responsible without denying the reality of pluralism. (...) Pluralism is not inconsistent with a search of common values; nor need it deny a sense of responsibility towards the whole. It can be set within the context of defined obligations, and can be broad and dynamic enough to provide the materials out of which Europe will rediscover its soul."[553] Der "challenge of multiculturalism" wird von der Church of England positiv angenommen, denn: "At its best Europe has been a multi-faith society."[554]

Ihre religiöse Mehrheitsstellung[555] in der britischen Gesellschaft macht es jedoch - nach eigener Einschätzung - der Church of England leichter, eine große Toleranz gegenüber anderen Religionen und Kulturen aufzubringen, als wenn sie eine Minderheitskirche wäre. Diese liberale Haltung möchte sie aber auch als Vorbild für Europa verstehen: "The Church of England itself has something to contribute in this area, for at its best it has nurtured toleration and respect for those who sincerely confess a different faith. It may be that its position as a

---

[551] The Church of England and the challenge of Europe, S. 8.
[552] "Europe - A paper reviewing some aspects of the Church of England's involvement in mainland Europe", S. 16 - 17.
[553] A.a.O., S. 17.
[554] A.a.O., S. 18.
[555] 86 % aller Christen und 60 % der Gesamtbevölkerung sind Anglikaner; 29 % sind konfessionslos.

national church with a self-understanding tending towards that of a 'Volkskirche' can be used more widely in the European debate on religion. Common ground could be found with a number of churches, including Nordic Lutheran Churches (...) and the Roman Catholic Church in many countries. Such insights might then be shared within the trans-national European Union and indeed more widely within Eastern and Central Europe."[556]

In beiden Diskussionspapieren wird außerdem betont, daß die Church of England mit Hilfe ihrer festländischen Basis in Gibraltar schon vor längerer Zeit eine "Diocese in Europe" gegründet hat, welche sich nicht nur mit Anliegen der Auslandsbriten beschäftigt.

Church of Ireland
(General Synod, Working Group on Europe - Co-ordinator)

Relativ ausführliche positive Antwort: Kommentare zum Government White Paper on Foreign Policy und zum EU White Paper on European Social Policy

"The Church of Ireland, which is Anglican, is in the interesting position of existing in two separate states of the European Union, the United Kingdom and the Republic of Ireland. The working group of which I am co-ordinator is responsible to the General Synod for our relations with the institutions of the Union and for representing this Church in European matters. We are member of the Institution for European Affairs in Dublin and have a seat on EECCS and an involvement with CEK [sic!].

---

[556] "Europe - A paper reviewing some aspects of the Church of England's involvement in mainland Europe", S. 19.

Some time ago we made a submission to our Department of Foreign Affairs in relation to a government white paper on foreign policy. I am glad to send you a copy of our submission, which includes, pages 14 - 18, a comment on the EU white paper 'European Social Policy: a way forward for the Union'"

Der Kommentar zum Government White Paper on Foreign Policy enthält sehr wenig Konkretes zum Thema Europa; er befaßt sich allgemeiner und globaler mit außenpolitischen Fragen. Der Begriff Europa taucht hier nur in Zusammenhang mit einem Gefühl von Machtlosigkeit auf:

"The sense of powerlessness experienced by many in relation to national, European and world decision-making is intensifying as media coverage presents us with 'faits accomplis.'"[657]

Der Kommentar zum EU White Paper on European Social Policy fällt erheblich konkreter aus. Dabei betonen die Verfasser

1) die große Wichtigkeit der Schaffung neuer Arbeitsplätze und damit "that economic and social progress go hand in hand."

2) die Ferne der EU-Administration zu den Bürgern - "despite the vast amount of documentary material that the EU produces, this is seldom of a nature that is easily accessible to the general reader."

3) die Nützlichkeit einer dezentralisierten Politik für die Republik Irland (und auch für die Beziehungen zu Nordirland) - "Ireland's interests might, at least in the future, be better served if the State were regarded as more than one region."

4) ihren Wunsch von den Politikern wirklich ernstgenommen zu werden - "the danger exists that groups such as ours may be perceived merely as acting as channels for propaganda, rather than, as ought to be the case, providing liaison."

Suomen Evankelis-Luterilainen Kirkko

ausführliche Antwort: mehrere, wohl zum Teil auch offizielle, Texte und Berichte → in Finnisch. U. a. eine Broschüre aus dem Jahr 1994 zum EU-Beitritt Finnlands "Euroopan Unioniin liittyviä eettisiä näkökohtia", in welcher neben allgemeinen Bemerkungen zur EU auch die Europa-Position der Lutherischen Kirche Finnlands und die europäische Zusammenarbeit der Kirchen vorgestellt wird.

Nederlandse Hervormde Kerk
(Generale Synode)

Ausführliche Antwort: umfangreicher Bericht an die General-Synode mit dem Titel "Hart en ziel voor Europa?"(1996; Übersetzung v. Karel Blei)

Die Denkschrift "Herz und Seele für Europa?" der Generalsynode der Niederländischen Reformierten Kirche von 1996 entstand im Hinblick auf die aktuellen Veränderungen in Europa:
"Europa kam lange Zeit in der kirchlichen und ökumenischen Diskussion nicht vor. Die Tatsache, daß Europa jetzt wieder auf der Tagesordnung steht, ist sowohl die Folge der tiefgreifenden Ereignisse des Jahres 1989 und danach in Mittel- und Osteuropa (...) als auch der jüngsten Entwicklungen in Westeuropa." In grundlegenden Kapiteln wird zunächst die Entwicklung in Westeuropa seit 1945 vorgestellt. "Die ursprünglichen Beweggründe für den europäischen Integrationsprozeß, der nach dem Zweiten Weltkrieg begann und der die Europäische Union zustande gebracht hat, waren Versöhnung und Gerechtigkeit." Diese historische Betrachtung reicht bis in die Gegenwart, und darüber hinaus werden Fragen zur Zukunft der Europäischen Union ("Wie weiter nach Maastricht?") und ihrer Erweiterung nach Osten angesprochen.

---

[557] Kommentar zum Government White Paper on Foreign Policy, S. 2.

Unter der Überschrift "Eine Solidargemeinschaft?" werden folgende Problembereiche der EU-Politik beleuchtet: Sozialpolitik, Umwelt, Landwirtschaft, gesellschaftliche Stellung der Frauen, demokratische Defizite, internationale Solidarität. Weiterhin werden die Fragen bzgl. der Sicherheitsstrukturen in Europa sowie der kulturellen und geistigen Entwicklung gesondert erörtert. Die gegen-wärtigen Entwicklungen in Mittel- und Osteuropa werden danach nicht nur aus politischer Sicht (EU-Erweiterung etc.) sondern auch aus kirchlicher Sicht dargelegt. Letztere beinhaltet neue Herausforderungen für die Ökumene und speziell die Theologie ("Eine neue Verbindung zwischen Glauben und Leben"). Als Conclusio werden den Adressaten (v. a. aus den niederländischen Kirchen) konkrete Anregungen zur weiteren Diskussion gegeben, deren Schwerpunkte die europäische Einigung, die Ökumene in Europa und die Aufgaben der eigenen Kirchen sein sollten.

Evangelische Kirche in Deutschland (EKD)
(Büro Brüssel)

Ausführliche Antwort: umfangreicher Bericht der Synode und des Rates der EKD mit dem Titel "Europa zusammenführen und versöhnen" (Hannover 1996)

Die EKD-Synode vom 5. bis 10. November 1995 in Friedrichshafen hatte als Schwerpunkt: "Europa fordert die Christen - Für eine Gemeinschaft in Gerechtigkeit und Frieden"; darüber wurde unter obigem Titel berichtet. Das Thema gliederte sich in folgende drei Teile: I. Eine Vision: Versöhnte Völker und Kulturen in Europa, II. Soziale Gerechtigkeit in Europa, III. Wege des Friedens.
Der erste Teil gliederte sich wiederum in drei Bereiche: 1) Europa versöhnen - "Weil Versöhnung, Freiheit und Gerechtigkeit zum Wesen

der christlichen Botschaft gehören, haben die Christen und die Kirchen nicht nur das Recht, sondern von ihrem Selbstverständnis her die Pflicht, ihren Beitrag in den Bereichen von Ethik, Kultur, Bildung, Politik und Wirtschaft in den europäischen Dialog einzubringen." 2) Europa gestalten - in Fragen bzgl. Kirche und Nation, Subsidiarität, Föderalprinzip und Solidarität sowie zu einer möglichen Verfassung der Staatengemeinschaft sieht die EKD Möglichkeiten sich einzubringen.

3) Europa dienen - Konkret soll die Europaarbeit der Kirchen sich als Gegenüber der europäischen Institutionen verstehen, und zwar in Zusammenarbeit mit der Konferenz europäischer Kirchen, der Leuenberger Gemeinschaft, der Europäischen Ökumenischen Kommission für Kirche und Gesellschaft und anderen europäischen Netzwerken.

Im zweiten Teil werden Bereiche sozialer Ungerechtigkeiten aufgeführt, für deren Beseitigung sich die Kirchen einsetzen sollten: Arbeitslosigkeit, ungleiche Lebensbedingungen, Migration, Flucht und Asyl, Entwicklungspolitik. Der dritte Teil befasst sich mit Methoden der Friedenssicherung: Gewaltfreie Konfliktbearbeitung, Partnerschaften für den Frieden, Schaffung einer internationalen Friedensordnung. Der Bericht umfaßt außer diesen Diskussions-Vorschlägen auch Protokolle und Beschlüsse der Synode sowie früher erarbeitete Texte der Evangelischen Kirche in Deutschland zur europäischen Entwicklung.

Folgende Kirchen haben auf die Frageaktion nicht geantwortet:

Methodistiska Kyrka i Finland

Baptistisk Förening i Sverige

Evangeliska Methodistiska Kyrka i Sverige

Den reformerte Synode i Danmark

Remonstrantse Broederschap (Niederlande)

Methodist Church in Ireland

Methodist Church in Northern Ireland

Congregational Union of Scotland

United Free Church of Scotland

Prebyterian Church of Wales

Union of Welsh Independents

Evangelische (Lutherische) Synode deutscher Sprache im Vereinigten Königreich

Eglise Evangelique Lutherienne de France

Protestantische Kiirch ou Letzebuerg

Igreja Evangelica Presbiteriana de Portugal

Unione Cristiana Evangelica Battista d'Italia

Chiesa Evangelica Metodista d'Italia

14.3. Demographische Daten zum Protestantismus in Europa

Anhand verschiedener statistischer Materialbestände[558] wurde die demographische Situation der Religionen in Europa bzw. der Europäischen Union allgemein und die des Protestantismus im Speziellen ermittelt. Zur besseren Darstellbarkeit wird dieses Datenmaterial nun in Form verschiedener Diagramme präsentiert.

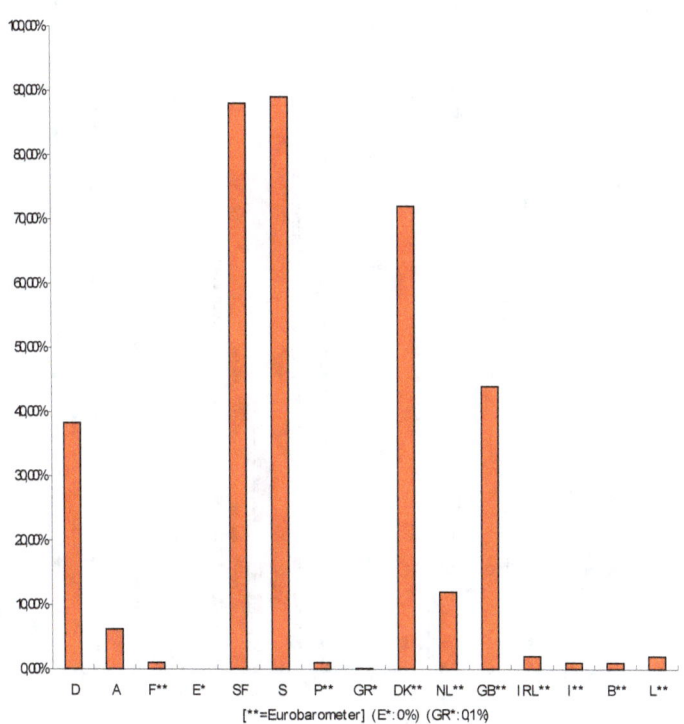

Protestanten in der Europäischen Union
(Eurobarometer 1995 / Tworuschka)

---

[558] Als Datenquellen dienten hier: Europäische Kommission, Eurobarometer, Die öffentliche Meinung in der Europäischen Union, Das erste Jahr der "Neuen Europäischen Union", Bericht über die Eurobarometer-Meinungsumfrage 42, Brüssel, Frühjahr 1995; Rössler, Andreas (Hg.): Protestantische Kirchen in Europa, Stuttgart 1993; Tworuschka, Monika und Udo (Hg.): Handbuch Religionen der Welt, Grundlagen, Entwicklung und Bedeutung in der Gegenwart, Gütersloh / München 1992.

Religion in der Europäischen Union
(Eurobarometer 1995 / Tworuschka)

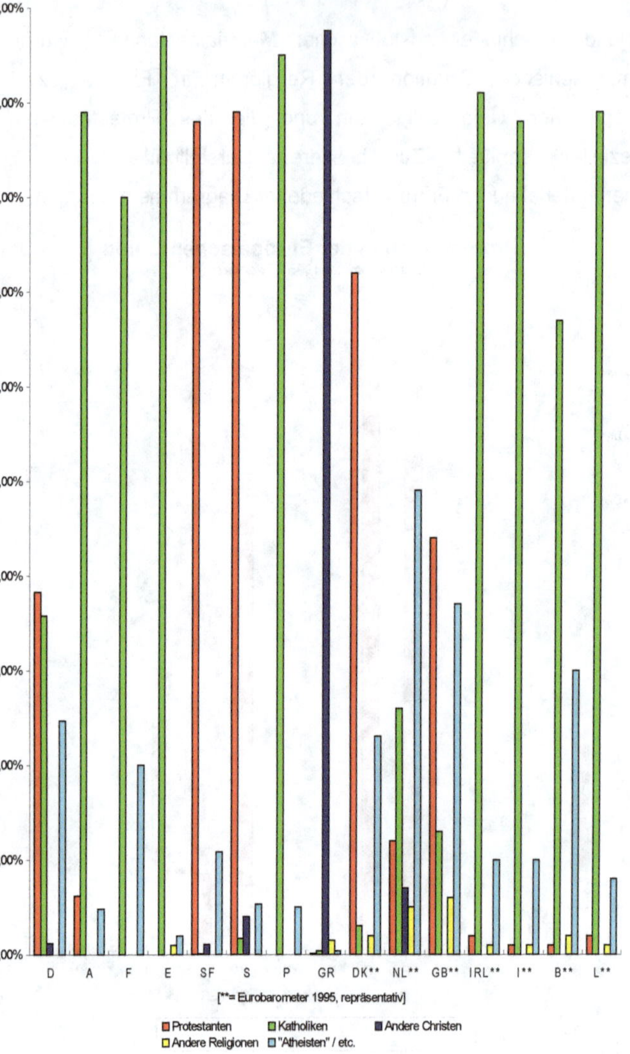

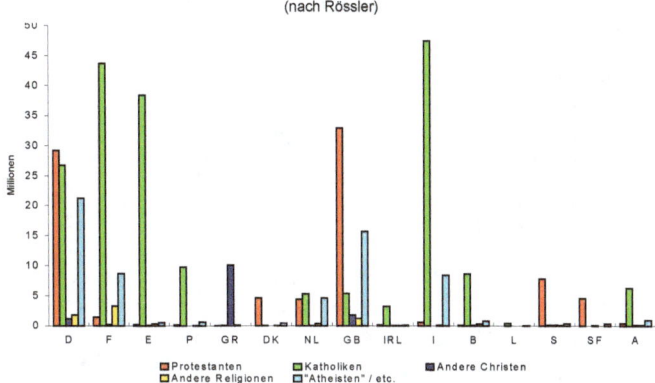

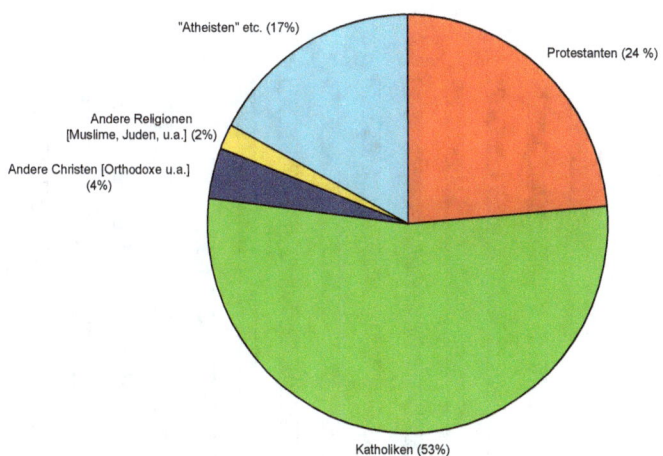

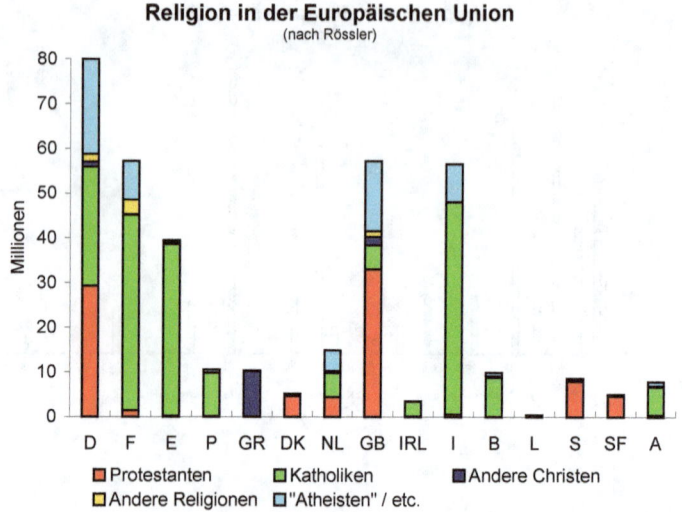
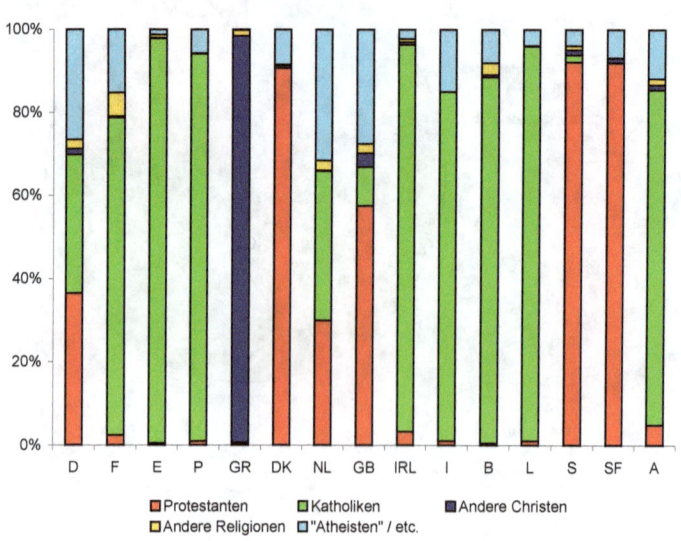

14.4. Quellenexzerpte zur Geschichte der EECCS und ihrer Vorgänger

Entwurf des Ergebnisprotokolls der ersten Zusammenkunft von Vertretern der Räte der protestantischen und anglikanischen Kirchen in den Mitgliedsstaaten der Europäischen Gemeinschaften und in Großbritannien als "Beratender Ausschuß der Kirchen für die Europäischen Gemeinschaften" am 19. November 1964 in Brüssel; Brüssel, Ende November 1964
-- Ausführungen zum religiösen Leben in EG + Brüssel (von Hanstein)
-- gemeinsame Aufgaben der Kirchen sowohl in Brüssel als auch europaweit anzusiedeln (Baron van Lynden)
-- Arbeit der katholischen Kirche evtl. z. T. als Beispiel (Baron van Lynden)
-- Teilnehmer: = Mitglieder von Kirchen (-räten) >>> Mandat
-- Ökumenisches Zentrum (aus Ökumenischer Gruppe hervorgegangen) nun offiziell rechtsfähige Vereinigung! [seit Herbst 1964]
-- Aufgabe: bessere Unterrichtung der Kirchen
-- Zusammenarbeit des Beratenden Ausschusses mit Ökumenischem Zentrum und mit CCREC
-- Feststellung: "die protestantischen und anglikanischen Kirchen (...) traten bisher im Rahmen der Europäischen Gemeinschaften nicht in Erscheinung"
-- baldige Ernennung eines ständigen Beauftragten für die ökumenische Arbeit in Brüssel >>> dessen Aufgaben: >> Kontakte zu den (nichtkatholischen) Menschen verschiedener Nationen bei den EG >> Gottesdienste und Retraiten; Vorträge >> Kontakte zu anderen (kirchliche u. a.) Stellen in Brüssel >> Gründung evangelisches Foyer
-- zukünftige Stellung des ständigen Beauftragten: >> Vertreter der Kirchen (-räte) >> Weisungen vom Beratenden Ausschuß
-- Finanzen: >> Zahlungszusagen der Kirchen (-räte)
{danach: Empfang des ökumenischen Zentrums bei Baron van Lynden}

Projet de compte rendu de la deuxième réunion, tenue à Bruxelles le 10 mars 1965, des représentants des Conseils des Eglises protestantes et anglicane dans les pays membres des Communautés européennes et en Grande-Bretagne, en tant que

"Commission consultative d'Eglises pour les Communautés européennes"; Bruxelles, le 16 mars 1965 [auch: EZA]
-- Ausführungen zum Bericht des Nominierungsausschusses
-- Bericht von OKR M. Koch über weitere Schritte (von Präsident Wischmann [Außenamt der EKD], der selber nicht anwesend war) bzgl. der Ernennung eines ständigen Beauftragten in Brüssel, dabei u. a. Probleme (Ost-West...) bei der Ernennung eines dtsch. Auslandspfarrers diskutiert, sowie Aufgaben: >>> "spiritual life" statt "lobby"; >>> Anspruch einer "Eglise universelle"
-- Kandidat für ständigen Beauftragten, M. Hochstetter (EKD), stellt sich vor > Betonung der nur gemeinsam zu meisternden Aufgabe
-- Pfarrer Hochstetter wird akzeptiert (er tritt aber nach erfolglosen Verhandlungen doch nicht an; vgl. Arbeits-Bericht des Ökumenischen Zentrums vom 18.06.1966)
-- Finanzierungsfragen (u. a. : ständiger Beauftragter durch EKD...)
-- Unterstützung des Religionsunterrichtes der europäischen Schule in Brüssel durch neuen ständigen Beauftragten
-- Vorbild für ökumenisch-protestantische Zusammenarbeit könnte die Gemeinschaft in Ispra (Norditalien) sein [M. Peyrot]

Entwurf des Ergebnisprotokolls der dritten Zusammenkunft des "Beratenden Ausschusses der Kirchen für die Europäischen Gemeinschaften" in Brüssel (Konferenzsaal des Benelux-Generalsekretariats, 39 Rue de la Régence) am 7. Dezember 1965, 14.30 Uhr; Brüssel, den 18. Januar 1966
-- Erneuter Bericht über Nominierungsausschuß-Beratungen
-- neuer Kandidat für ständigen Beauftragten, Herr Ruhfus (EKD), sich vor > wiederum innerhalb eines Gespräches über Aufgaben etc.; dabei wird von H. Quistorp (Kirchengemeinde Brüssel) die Befürchtung zum Ausdruck gebracht, "dass sich eine Para-Gemeinde aus europäischen Beamten um den ständigen Beauftragten herum bilden wird"; dagegen wird aber nochmals das Besondere dieses Amtes betont.
-- Pfarrer Ruhfus wird akzeptiert (er tritt aber sein Amt nicht an, da sich die Hannoversche Landeskirche doch nicht entscheiden konnte, ihn zu entsenden; vgl. Brief Bischof Liljes an Ökumenisches Zentrum vom 04.01.1966)
-- keine offenen Finanzierungsfragen

-- Erörterung des Briefes der CCREC an die Kirchen und Christenräte in Europa vom Oktober 1965 (Infobrief No.21)
>>> "auf den Ernst der gegenwärtigen Krise der Europäischen Gemeinschaften hingewiesen" [Bezug: französische Blockade- bzw. Boykott-Politik bzgl. Europäischen Gemeinschaften im Jahr 1965; Ablehnung des Beitritts GB's durch de Gaulle bereits 1963!]
>>> "es müsse alles getan werden, um das christliche Gewissen im Hinblick auf die Verantwortlichkeit Europas wachzurütteln."
>>> Beschluß: Kirchen sollen CCREC-Brief prüfen und direkt beantworten; (vorerst keine eigenen Aktionen des Ökumenischen Zentrums oder des Beratenden Ausschusses der Kirchen dazu

Entwurf des Ergebnisprotokolls der vierten Zusammenkunft des "Beratenden Ausschusses der Kirchen für die Europäischen Gemeinschaften" (Konferenzsaal des Benelux-Generalsekretariats, 39 rue de la Régence) am 26. September 1966, 9.30 Uhr; Brüssel, den 12. Dezember 1966

-- "Aufgaben des ständigen Beauftragten" durchgesprochen
>> 1) geistliche Betreuung der europäischen Beamten [auch: Konferenzen, Retraiten, Arbeitsgruppen] 2) Zusammenarbeit mit katholischem Foyer 3) Religionsunterricht an den europäischen Schulen 4) Zusammenarbeit mit den protestantischen Gemeinden in Brüssel 5) Unterrichtung der Kirchen (und auch des Beratenden Ausschusses) über aktuelle Entwicklungen in den EG 6) Reguläre Kontakte zu anderen ökumenischen Organisationen (CCREC, WCC, KEK, Konferenz der Kirchen am Rhein, Europäischer Leiterkreis der evangelischen Akademien sowie bestehende oder sich bildende Gruppen von Christen im internationalen Dienst in Paris, Genf, Straßburg, Luxemburg)
-- daß Pastor Marc Lenders der ständige Beauftragte ist bzw. wird, war zum Zeitpunkt der Versammlung bereits außer Frage (Berufungsverfahren bereits im Frühjahr 1966 abgeschlossen! - M. Lenders' Vorstellungsgespräch: 22.2.1966 - einzelne "Aufträge" bereits Mai / Juni, Anstellung zum 1.9., feierliche Einführung: 25.9.1966)
-- "Aufgaben des Beratenden Ausschusses der Kirchen" erörtert
>> Berichte über Tätigkeiten der Europäischen Gemeinschaft an Kirchen geben

>> Kompetenzfragen bzgl. eiliger Entscheidungen (M .Lenders)
>> Gottesdienstraum bei den Europäischen Gemeinschaften?!
-- keine offenen Finanzierungsfragen, sondern Geldzusagen der Kirchen; ab 1967 Jahresabrechnung an Beratenden Ausschuß
-- bezüglich des Briefes der CCREC an die Kirchen und Christenräte in Europa vom Oktober 1965 (= Infobrief No. 21) bietet der Beratende Ausschuß der Kirchen "nur" seine Hilfe ("guten Dienste") für die Verteilung des Dokuments an

Entwurf des Ergebnisprotokolls der fünften Zusammenkunft des "Beratenden Ausschusses der Kirchen für die Europäischen Gemeinschaften" (Konferenzsaal der Kommission der EWG, 224 rue de la Loi) am 31. Mai 1967, 14 Uhr; Brüssel, den 10. September 1967 [auch: EZA]
-- Tätigkeitsbericht des Ökumenischen Zentrums (H. von Verschuer) sowie erster Arbeitsbericht Marc Lenders' >> Gründung von Arbeitsgruppen: 1) Organisation von Gottesdiensten, Retraiten, Vorträgen (auch schon für 1966/67) 2) Probleme der europäischen Integration 3) Kontakte zu EG-Beamten, die noch in keiner Brüsseler Gemeinde organisiert sind 4) Kontakte zu den örtlichen Gemeinden 5) Kirche und Gesellschaft (WCC-Konferenz, Uppsala 1968) >> Arbeit an europäischer Schule
>> Kontakte zur Kommission der EWG (finanzielle Unterstützung!)
>> Kontakte zu europäischem katholischen Foyer und anderen Katholiken >> Reguläre Kontakte zu anderen Ökumenischen Organisationen (CCREC, WCC, KEK, Europäischer Leiterkreis der evangelischen Akademien)
>> Teilnahme an Vorbereitung einer europäischen Kirchenkonferenz (Pörtschach, Herbst 1967)
>> Beteiligung an soziologischer Studie bzgl. der Situation von EG-Beamten >> verschiedene Meinungen zu der Frage, ob die Arbeit sich eher der Beantwortung politischer und sozialer Fragen (Wischmann) oder dem christlichen Zeugnis (Salter + Emmen) widmen sollte.
-- Ausführungen Minister Jean Reys und anschließende Aussprache
>> Erweiterungsfragen (z. B. bzgl. GB) >> Zollverhandlungen (Kennedy-Runde 1963 - 67) >> Unterstützung von Entwicklungsländern (bisher haben GB und Osteuropa am meisten von EWG profitiert - nicht

die Entwicklungsländer!) >> Audienz von hohen EG-Beamten beim Papst (Friedensaspekt der EG!) >> Fusion der drei europäischen Gemeinschaften >> Der Gedanke, die Nation stelle der Weisheit letzten Sinn dar, ist überholt" (J. Rey) >> Rolle des Ausgleichs zwischen Ost + West für Europa ((Vorstellung Kennedys!))
>> "ob die Existenz der Kirchen auf nationaler Ebene dann noch der Lage entspreche, wie sie sich zur Zeit entwickelt?" (A. Nicholas)
>> "Verschwisterungen" (Partnerschaften) zwischen europäischen Kirchengemeinden anregen (M. Lenders) >> "Der Weltrat der Kirchen sei sich klar über die Bedeutung des europäischen Kontinents und seiner Probleme" (H. von Verschuer) >> "dass ein supra-nationales Gewissen im Begriff ist, sich zu bilden" (A. Nicholas)
-- keine große Finanzdebatte (Bilanz / Haushalt anscheinend gebilligt)
-- Bericht über Tätigkeiten d Europäischen Gemeinschaften (7 Kapitel umfassend): >> 1) Die Organe der EWG 2) Die Außenbeziehungen der Gemeinschaft 3) Die Gemeinschaft und die Entwicklungsländer 4) Die Wettbewerbspolitik in der EWG 5) Die Sozialvorschriften des EWG-Vertrages 6) Agrarpolitik 7) Assoziierung der afrikanischen Länder und Madagaskars >>> "die europäischen Beamten sollten vielmehr die Kirchen bitten, Stellung zu den Problemen zu nehmen, für deren Lösung moralische Entscheidungen zu treffen sind." (= Kommentar N. Salters zu diesem Bericht!)

Gesamteindruck aus der Tätigkeit des Ökumenischen Zentrums in Brüssel (Jahr 1967 / 1968), Marc Lenders, Mai 1968 [auch: H.v.V.]
>>> Beziehungen nach außen (CCREC, WCC, KEK, Europäischer Leiterkreis der evangelischen Akademien , "Kirche + Industrie", "Kirchen am Rhein", "Kirche + ausländische Arbeitnehmer) —> schon fast zu viele Kontakte?! Frage, ob Ökumenisches Zentrum Kontakte zu osteuropäischen Kirchen aufnehmen solle, wurde debattiert (Kompetenzen von KEK?!)
>>> Beziehungen zur direkten Umgebung —> Örtliche Gemeinden: gute Kontakte; Angst vor Bildung einer "europäischen Gemeinde" abgebaut —> Europäisches Katholisches Foyer: auch sehr konstruktive Zusammenarbeit (z. B. soziologische Studie / Enquete)
—> Gefahr: Eindruck des "Ökumenismus"

>>> Beziehungen zu europäischen Kreisen —> Wege um die europäischen Kreise zu umfassen 1) kulturell 2) soziale + politische Forschung 3) biblische + theologische Forschung / Annäherung

Entwurf des Ergebnisprotokolls der sechsten Zusammenkunft des "Beratenden Ausschusses der Kirchen für die Europäischen Gemeinschaften" am 16. Mai 1968; Brüssel, den 20. Oktober 1968
-- Tätigkeitsbericht des Ökumenischen Zentrums (M. Lenders) diskutiert -- keine große Finanzdebatte (Bilanz / Haushalt gebilligt); >>> Existenz des Ökumenischen Zentrums inzwischen im Bewußtsein der Kirchen und anderer Kreise verankert; auch finanzielle Absicherung; (jedoch: Mißverhältnis zwischen dem Beitrag der EKD und demjenigen anderer Kirchen erwähnenswert!)
-- Bericht "Die europäische Integration und die protestantischen Kirchen" (A. Kees) diskutiert >> Herausforderung für die Christen >> Integration: eschatologische Komponente (Zukunft) >> über den Staat hinausgreifende Gemeinschaft (Größe!) >> Herausbildung europäischer Interessenverbände >> enge Verflechtung von Wirtschafts- und Gesellschaftspolitik >> Ergänzung dieser durch sozialethische Ziele >> Kirche sollte an der Front der Veränderung stehen >> verschiedene Politikbereiche wichtig >>"Europa ist ein Anruf an die Theologie" >> "Ethos der Aktion", d. h. Mitgestaltung >> geistige + organisatorische Öffnung der Kirchen >> Universalisierung bzw. Europäisierung der Kirchen + der Theologen ("die europäische Integration fand bei den Kirchen noch keine entsprechende Resonanz" - besonders im Vergleich zu Entwicklungs- + Sozialpolitik) —> Vorschlag zur Gründung einer europäischen protestantischen (nur?) Akademie
-- Vortrag "Die von den Europäischen Gemeinschaften in ihrer Arbeit zu treffenden Entscheidungen, deren Kriterien und Folgen" (E. Albrecht) mit anschließender Diskussion >> "Wir haben einen Rahmen geschaffen für das künftige gemeinsame Leben der europäischen Völker" >> "föderalen Aufbau (...) noch für mindestens eine Generation - ich hoffe, nicht für länger" >> Erläuterungen zu Wettbewerbsregelungsaufgaben >> "dahinterliegende Ziele (...) das letzte Ziel der Wirtschaftspolitik (...) ein menschenwürdiges Dasein zu ermöglichen und zu fördern" >> z. T. auch Einschnitte in persönliche Berufs- + Lebensvorstellungen >> "Grundfrage (...), ob wir lernen uns

zu bescheiden" >> "einmal etwas nicht zu tun, was grundsätzlich im Bereich unserer technischen Möglichkeiten läge" [≈ 'Grenzen des Wachstums' (M. Lenders)!] >> Menschenbild + Gottesbild >> "die Kirchen (...) auch etwas sagen sollten" → auch im europäischen Rahmen, "als Teilnehmer an diesem europäischen Gespräch."
-- Vortrag "Die Herausforderung, die die europäische Integration für die Kirchen darstellt" (M. Nicholas) mit anschließender Diskussion >> "eine Drohung und (...) ein Versprechen zugleich" >> "In den Kirchen empfindet man die Probleme der dritten Welt und die der Jugend als Herausforderung, die europäische Integration werde nicht als solche empfunden" >> "müsse sich das Ökumenische Zentrum mehr engagieren mehr Risiken auf sich nehmen, indem es den Kirchen Fragen stellt, ihnen Unterlagen zusendet."

Entwurf des Ergebnisprotokolls der siebten Zusammenkunft des "Beratenden Ausschusses der Kirchen für die Europäischen Gemeinschaften" am 22. Mai 1969; Brüssel, den 21. Juli 1969
-- Finanzbericht >>> Miete/Kosten für neuen Versammlungsraum (in EG-Gebäude) schwer abzuschätzen >>> finanzielle Umstrukturierungen durch Zusammenfassung der drei Europäischen Gemeinschaften (EWG, EGKS, EURATOM) >>> wichtig: sich nicht in Abhängigkeit von EG bringen!
-- Tätigkeitsbericht des Ökumischen Zentrums sowie 'Vorschläge und Fragen' (Marc Lenders) diskutiert >>> "Atmosphäre vollständiger gegenseitiger Freiheit auf beiden Seiten" zwischen Ökumenischem Zentrum und EG (M. Lenders) >>> nach Aufzählung der Tätigkeiten:
==> gezielte Frage an Beratenden Ausschuß bezüglich Prioritäten → Information am wichtigsten?!
→ informelle oder formelle Beziehungen zur EG? (Nuntiatur o.ä.?!)
[→ auch dazu: Fragebogen / Questionnaire an Brüsseler Gemeinden]
>>> *Wer ist der wirkliche Gesprächspartner auf kirchlicher Seite?!*
>>> "Solche Fragen ließen sich mit den Gliedern der normalen Kirchengemeinden nicht klären" (A. Nicolas - arrogant oder realitätsfern?!)
>>> Wunsch nach einer offiziellen Vertretung der Kirchen [gemeinsam oder einzelne Länder?!] in Brüssel ernstnehmen! → "Gefahr der Bildung einer Lobby kein Gegenargument' (Wischmann)

> >> "Die Versöhnung zwischen den europäischen Völkern ist in erster Linie eine geistige Angelegenheit!" (Jean Rey; zitiert aus einer Erklärung der EG-Kommission vom 1.7.1968) >>> Die Kirchen sollten Verantwortungsbewußtsein gegenüber Europa zeigen! >>> weiteres Dokument zu Beziehungen zwischen Ökumenischem Zentrum und EG geplant >>> Praktikantenstellen bei Ökumenischem Zentrum einrichten! >>> Info-Besuche kirchlicher Gruppen in Brüssel geplant (mit Unterstützung durch EG!)
-- Bericht "Europäische Integration als Thema der Ethik"
-- Bericht "Die sozialen Aspekte im Strukturplan 'Landwirtschaft 1980'"

Die Beziehungen zwischen den Kirchen und den Europäischen Gemeinschaften, Arbeitsunterlage für die Sitzung des "Beratenden Ausschusses der Kirchen für die Europäischen Gemeinschaften" am 14. November 1969 in Brüssel; Brüssel, den 10. Oktober 1969 [auch: EZA]
-- "Die Beziehungen zwischen den Kirchen und europäischer Gemeinschaften" >>> Geographische Dimension → welche Länder sollen von Kirchen angesprochen werden?! (auch nicht EG-Länder oder sogar Osteuropa?!) >>> Probleme der Information → Wen?! Wie?! "Dem europäischen Faktum Rechnung tragen;" "sich nicht einkapseln" (Weydert) >>> Engagement der Kirchen → "Geld, Persönlichkeit(en), Unterstützung" wichtig (Wilcox); >>> Form der Vertretung → Nuntiatur oder Kollegium der Kirchen bei EG?! (letzteres favorisiert) → Informationen und Arbeitsdokumente zu verfassen etc.
>>> "Der zweite Mann" bzw. Mitarbeiter → jemanden für Info-Aufgaben einstellen!
>>> Vorbereitung eines Kolloquiums für April 1970 zu diesem Thema → u. a. mit Vertretern aus EG-Bewerberländern (IRL, DK, N - GB sowieso dabei) sowie von internationalen Kirchenorganisationen (WCC, CCIA, CCREC, KEK, ...)

Kolloquium am 27. und 28. April 1970 unter Beteiligung der protestantischen Kirchen der Bundesrepublik Deutschland, Belgiens, Frankreichs, Italiens, Norwegens und der Niederlande sowie der protestantischen und anglikanischen Kirchen Großbritanniens [= Protokoll]

-- Schlussfolgerungen >>> "Kirchen manifestieren ihre Verantwortung gegenüber Europa" [bisher: Kirchenmitarbeiter nur wenig an Europa interessiert; eher linksorientiert bzw. entwicklungspolitisch; Zitat M. Sbaffi] >>> Schaffung eines (zusätzlichen) Sekretariats/Büros "Kirche und Gesellschaft" in Brüssel >>> Beratender Ausschuß soll in regelmäßigen Abständen als (Kirchen-) Kollegium zusammentreten
-- Grundsatzerklärungen >>> "bewusste Infragestellung der europäischen Gesellschaft" durch Kirchen [Fragen der Macht; Zitate H. von Verschuer / R. J. Mooi] >>> "Integration kein Selbstzweck" >>> Welche Gesellschaft erstrebenswert? >>> Verantwortung gegenüber Entwicklungsländern >>> Verhältnis zu übrigen Ländern Europas (Ost-...) >>> keine Nuntiatur oder Interessenvertretung (obwohl Jean Rey die der Gewerkschaften als Vorbild sieht), aber gemeinsame(s) Denkleistungen / Vorgehen
-- Künftige Strukturen >>> Konkretisierung von "Kirche und Gesellschaft" auf europäischer Ebene >>> kritische und sozialethische Information der Kirchen (aber auch Theologie nicht zu vergessen, laut Herrn van der Wal) >>> spezifische europäische Denkarbeit der Kirchen >>> bisherig. Strukturen und Arbeitsweisen des Beratenden Ausschusses nicht ausreichend (→ Kirchenkollegium: = mandatiertes Gremium!) >>> Prioritäten festgelegt (ad-hoc-Arbeitsgruppen etc.)

Entwurf des Ergebnisprotokolls der Sondersitzung des "Beratenden Ausschusses der Kirchen für die Europäischen Gemeinschaften" in Brüssel am 26. und 27. November 1970; Brüssel, März 1971
→ beschlossenes Verfahren zur Unterrichtung der Kirchen → Engagement der Kirchen >>> Fragen zum Verhältnis der bisherigen und der noch zu schaffenden Organisationen → praktische Folgen >>> weiterer Posten sowie Finanzierung
-- Tätigkeiten und Pläne sowie finanzielle Lage

Entwurf des Ergebnisprotokolls der Sondersitzung des "Beratenden Ausschusses der Kirchen für die Europäischen Gemeinschaften" in Brüssel am 26. und 27. November 1970; Brüssel, März 1971
-- (Schluss-) Folgerungen aus dem Kolloquium vom 1970

>>> rundweg positive Rückmeldungen, d. h. Vorschläge bzgl. Büro "Kirche und Gesellschaft" und "Europäischem Kirchenkollegium" akzeptiert
>>> wichtig, "daß die Kirchen gemeinsam zur Kommission der Europäischen Gemeinschaften sprechen können" (Bischof Kunst) >>> "sehr breit gefasster kirchlicher und theologischer Beitrag" (ders.)
-- Bildung des "Europäischen Kirchenkollegiums" und des Büros "Kirche und Gesellschaft" und Definition ihrer Aufgaben >>> Darstellung des Status Quo (Ökumenisches Zentrum / Beratender Ausschuß) >>> Darstellung der neuen Einrichtungen → "Europäisches Kirchenkollegium" (Zusammensetzung, Auftrag / Mandat, Stellungnahme, Ort + Frequenz - 1x pro Jahr in Brüssel) → Büro "Kirche und Gesellschaft" (Merkmale: Kritische Bewertung, Unterrichtung, Verbindung zu den Kirchen, Unabhängigkeit) >>> Darstellung der Beziehungen zwischen bisherigen und neuen Einrichtungen ("Beratender Ausschuß der Kirchen" + "Europäisches Kirchenkollegium"; "Ökumenisches Zentrum in Brüssel" + Büro "Kirche und Gesellschaft") >>> sowie: Zusammenarbeit / Mitwirkung der katholischen Kirche >>> "Erweiterung der Verantwortlichkeit der Kirchen gegenüber allen Organen der europäischen Integration"
-- Finanzierungsfragen zum Büro "Kirche und Gesellschaft"
-- Ernennungs- und Auswahlverfahren für neuen Mitarbeiter (Kriterien)
-- Liste der vorrangig zu behandelnden Themen >>> soll bei der nächsten Zusammenkunft des Kirchenkollegiums diskutiert werden.

Draft Report on the joint meeting of the Consultative Committee of Churches for the European Communities and the European Church Board held in Brussels on 29 March 1971
-- Prioritäten der Arbeit des Europäischen Kirchenkollegiums >>> Das (endgültige) Ziel der europäischen Integration >>> Europa und die Dritte Welt >>> Die Europäische Gemeinschaft und die Länder des Ostens → Diskussion der Nord-Süd-Problematik wird demgegenüber bevorzugt (unverfänglicher + auch wichtig)
-- Informationspolitik >>> "reach the people at the base and in particular those who carry political responsibility" (Widerspruch !?) >>> "This kind of information required that the churches return to listening" >>> "politicians need assistance" >>> "groups of specialized Christians have

no right to pursue their reflections without contact with outside world"
>>> "we must not become mere suppliers of the 'social' element to existing political groups"
-- "Europäisches Kirchenkollegium" >>> Diskussion des Mandates, Versuch einer klaren Abgrenzung zum Beratenden Ausschuß >>> sozial-ethische und theologische Fragen wichtig
-- Büro "Kirche und Gesellschaft" >>> Berufung der neuen Mitarbeiterin, Irmgard Kees >>> kurze Klärung von Finanzfragen

Kees, Irmgard: Aide Mémoire, Zusammenfassung der wichtigsten Kirche und Gesellschaft betreffenden Bemerkungen der Konferenz europäischer Kirchenvertreter vom 22. November 1971; Brüssel, den 25.11.1971
>>> u. a. Diskussion der Beziehungen zwischen Kirchenkollegium und Beratendem Ausschuß; Klärung der Beitrittsbedingungen für Kirchenkollegium >>> Aufgabenbestimmung für das Büro "Kirche und Gesellschaft in Europa" → Herausgabe von Informationsheften; Tagungen, Vorträge, Präsentation des Konzeptes eines Info-Dienstes; Kontakte zu Funk, Fernsehen, Presse; etc. >>> Vorstellung des ersten Info-Bulletins

Kees, Andreas: Aufgaben- und Strukturschema für Kirche und Gesellschaft in Europa - Ökumenisches Zentrum in Brüssel, 1972 [Datierung anhand des Kontextes]
>>> Fusion befürwortet, aber nicht Verschmelzung der Aufgaben- und Initiativbereiche >>> indirekte Kritik an M. Lenders → Vernachlässigung der pastoralen / theologischen Aktivitäten → Aufbau einer die nationalen Gemeinden überwindenden Gruppenarbeit notwendig >>> explizite Vorstellung der Aufgaben dieser Organisation

Entwurf von Entscheidungen der auf der gemeinsamen Sitzung des Beratenden Ausschusses der Kirchen und des Europäischen Kirchenkollegiums in Brüssel, am 3. und 4. November 1972, einstimmig angenommen wurde; Brüssel, den 22. Mai 1973
>>> Vorschläge zum künftigen Status >>> "Beratender Ausschuß der Kirchen" mit "Europäischem Kirchenkollegium" zur *"Kommission von Kirchen bei den Europäischen Gemeinschaften"* sowie "Ökumenisches Zentrum in Brüssel" mit "Büro 'Kirche und Gesellschaft'" zum

"Ökumenischen Zentrum für Kirche und Gesellschaft, Brüssel" zusammengefaßt >>> Aufgaben, Zusammensetzung, Struktur, Arbeitsweisen etc. bleiben weitgehend gleich >>> wichtig: —> "Kirchliche Repräsentativität" (auch bzgl. Arbeits- und Untergruppen; S. 2 —> a) Ökumenische Arbeit in Brüssel = "Sonderseelsorgeramt" (S. 1 b)

Projet de compte rendu sommaire de la réunion conjointe de la Commission d'Eglises auprès des Communautés européennes et le Collège Ecclésial Européen à Bruxelles les 3 et 4.11.1972
-- Anmerkungen zur "Nécessité de redéfinir le visage de la présence à Bruxelles" >>> "Centre Oecumenique Eglise est en diaspora" [Bischof Kunst, EKD; S. 1] >>> "Il faut maintenir la dimension 'Oecuménique' (interconfessionnel du Centre)" [A. Schmidt, Leiterkreis der Evangelischen Akademien; S. 2] >>> "le milieu europeén est interpellable" (= herausfordernd) [I.Kees, Büro Kirche und Gesellschaft; S. 3]
-- Informations-Bulletin / Büro 'Kirche und Gesellschaft' >>> Stelle von I. Kees in Vollzeitstelle umgewandelt [S. 3]

Resolution "Die Frist für die Unterzeichnung des Kakaoabkommens " sowie Begleitschreiben, Brüssel, den 26. November 1972 [in mehreren Sprachen]
>>> Appell an BRD, dieses Abkommen (ebenso wie die anderen Industrienationen - außer USA) zu unterzeichnen >>> Mindestpreisgarantien und Warenausgleichslager für die Entwicklungsländer vorgesehen >>> "Testfall für westeuropäische Solidarität" >>> USA-Haltung evtl. noch durch BRD-Zustimmung zu ändern —> RESOLUTION: "Nach unserer Meinung überlagern sich bei diesem Thema entwicklungspolitische, außenpolitische und wirtschaftspolitische Konflikte. Wir bitten die Christen in den USA und der Bundesrepublik (...) sich intensiv damit zu befassen."

Bericht über die Informations- und Öffentlichkeitsarbeit des "Oekumenischen Zentrums für Kirche und Gesellschaft, Brüssel", 25. Januar 1973
>>> Regelmäßige Herausgabe von Info-Heften (leider nur 1500 Auflage) >>> Quellen und Verteiler >>> andere Veröffentlichungen >>> Vorträge, Tagungen, Veranstaltungen >>> Resümee: —> Engagement

der Kirchen oft zu gering → "theologische und kritische Begleitung" wünschenswert >>> aber auch zu wenig Wissen über EWG (ganz im Gegensatz zu Dritte-Welt-Problematik) >>> Erweiterung der EWG böte neue Gelegenheit zu Information / Engagement

Kees, Irmgard: Sozialethische Erfordernisse der europäischen Integration, in: Zeitschrift für Evangelische Ethik, 17. Jahrgang, 1973, Heft 1, S. 49 - 55
>>> "christliche Weltverantwortung (...) sollte aber auch ein 'europäisches 'Engagement einschließen" >>> "theologische Auseinandersetzung mit den ökonomischen Mächten Europas" >>> "Mangel an europäischer Information" (bei Kirchen) >>> "'Europäisches Gemeinwohl' als Leitbild" (Mansholt-Plan) >>> "Abbau neuer Ideologien" (bzgl. europäischer Macht) erforderlich >>> "Ethische Fragen und Erfordernisse" → gesellschaftliche Maßstäbe → multinationale Gesellschaften (TNCs) → Landwirtschaft → Sozialprobleme / Gerechtigkeit → Umweltschutz >>> "Europa - ein Schritt zum Unfrieden" oder "zur Versöhnung"?! >>> Verantwortung der Kirchen [zum Teil Formulierungen wie in 90er Jahren: bzgl. Erweiterung, Wirtschafts- und Währungsunion!]

Ausschuss [sic!] von Kirchen bei den Europäischen Gemeinschaften, 14. und 15. Dezember 1973, Beschlüsse des Ausschusses [sic!] von Kirchen auf seiner Sitzung am 14. und 15. Dezember 1973 in Brüssel [auch: EZA]
>>> fälschlicherweise hier immer noch von "Ausschuß" die Rede, obwohl schon Anfang 1973 Gründung der "Kommission von Kirchen" >>> Vorbereitungs-Dokument zur Situation ausländischer Arbeitnehmer (s. 1974/75) diskutiert + an Redaktionsgruppe zur Überarbeitung zurück → s. a. Pressekommunique >>> Formelle Billigung des 'Entwurfs von Entscheidungen' vom 3. - 4.11.1972 >>> erstmals offizieller katholischer Beobachter, Mgr. Musty, dabei >>> "Exekutivausschuß habe sich als nützliches Instrument für Kontakte zwischen dem Ökumenischen Zentrum und den Kirchen erwiesen" >>> Kontakte zur "All African Conference of Churches" aufzunehmen >>> 'Orientierungen und Prioritäten' noch nicht behandelt, daher vorerst provisorisch anzuwenden >>> Vorschläge zur Finanzierung eines dritten

Mitarbeiters (besonders vom British Council of Churches) >>> Finanzierungsplan für 1975 (!) wird im März 1974 vorgelegt (!) >>> Erklärung über Einstellung zur Roehampton-Konferenz vorgelegt (s. 1974)

Entwurf der auf der Sitzung des Exekutivausschusses vom 9. November aufgestellt worden ist, um der Kommission von Kirchen bei den Europäischen Gemeinschaften am 14. und 15. Dezember 1973 vorgestellt zu werden, Ökumenisches Zentrum für Kirche und Gesellschaft, Orientierungen und Prioritäten
>>> "Ständige + interdisziplinäre Auseinandersetzung mit den *theologischen Grundlagen der Gerechtigkeit* im Rahmen der EG" (inklusive Definitionen "Theologie" und "Gerechtigkeit"!) >>> Analyse der europäischen Politik >>> Schwerpunkt-Themen: → Probleme der ausländischen Arbeitnehmer → Entwicklungspolitik → Ausrichtung (bzw. Gestaltung) der Gesellschaft innerhalb der EG → Beziehungen zu Drittländern (insbes. Ostblock, USA) >>> Herausgabe von Informationsdiensten >>> Veranstaltung von 'offenen' Konsultationen (mit Experten aus EG-Staaten) >>> derzeitige Projekte: Ausländische Arbeitnehmer; Sozialpolitik; Landwirtschaftspolitik; Entwicklungspolitik >>> Koordination der Arbeit mit anderen kirchlichen Organisationen (WCC, KEK, u. a.) >>> Vorträge, Seminare, Konsultationen in EG-Ländern, Rundfunk- und Zeitungsartikel >>> Stärkung der (direkten) Verbindung zu den EG und ihren Mitarbeitern >>> Andachten im Meditationsraum des Berlaymont-Gebäudes (EG-Kommission) >>> Schülergruppe der verschiedenen internationalen Schulen Brüssels über Südafrika

Sitzung des Exekutivausschusses am 13. September 1973 in Brüssel, Vorschläge, Schlussfolgerungen und Entscheidungen der Sitzung
>>> "die inoffiziellen Verbindungen müssen vermehrt werden"; d. h. KEK-Kontakte verstärken und dadurch (indirekt) auch den osteuropäischen Kirchen die eigenen Positionen / Absichten verdeutlichen (z. B. "Überwachung der europäischen Integration" also nicht durchweg positive Bewertung!) >>> Herstellung von offiziellen Beziehungen zum Lutherischen Weltbund angestrebt.

Kurzbericht über die Sitzung der Kommission von Kirchen bei den Europäischen Gemeinschaften in Brüssel am 19. und 20. Juni 1974 [auch: EZA]

-- Meinungsaustausch über 'Orientierungen und Prioritäten' (Text siehe 1973!) >>> *"Vertiefung der Arbeit (...) Begleitung der europäischen Integration" (Punkt 3.1)* → Begriff "Integration" sollte hinterfragt und auf evtl. nationalistische Notation hin untersucht werden >>> *"Themen und Projekte" (Punkt 3.4)* → weitere interessante Themen: südliches Afrika; Regionalismus → "Die Kirchen versuchen, sich über ihre kulturelle Identität auszudrücken. Notwendigkeit einer Relativierung der Kulturen, insbesonders der europäischen Kultur. Was bedeutet dies für die Arbeit des Zentrums?" >>> *Koordination mit WCC, KEK, etc. (Punkt 3.5)* → Anregung, auch mit der "Christlichen Konferenz für den Frieden" Kontakt aufzunehmen >>> *"Auseinandersetzung mit den theologischen Grundlagen der Gerechtigkeit" (Punkt 1.1)* sowie *"Analyse der gegenwärtigen und zukünftigen Finalitäten [= Ziele] der europäischen Politik" (Punkt 1.2)* → Begriff "Gerechtigkeit" einseitig, provozierend + unscharf; heutige (EG-) Verwendung biblischer Idee gegenüberzustellen → auch Begriff der "politischen Verantwortung" sowie das Verhältnis von Macht und Autorität und die Frage verantwortlichen Verhaltens sind einzubeziehen >>> Punkte 1.1 und 1.2 deutlicher zu gestalten >>> vgl. auch Roehampton-Konferenz!

-- Erklärung "Kirchliche Gesichtspunkte zur Ausländerpolitik der EG" >>> sehr breitflächige Verteilung in allen wichtigen Mitgliedsländern unter Kirchenführern und Politikern (!) >>> es gibt ca. 10 bis 12 Millionen Wanderarbeiter in der EG (1974) >>> EG-Kommission sollte eigene Wanderarbeiterpolitik entwickeln (bereits Arbeitsgruppe gebildet !) >>> Wanderarbeit in Herkunftsländern Verarmung auslösend bzw. verschärfend >>> "Arbeitgeber tun (...) praktisch nichts , da dem die Logik des Kapitalismus entgegensteht" >>> Wichtige Maßnahmen bei Aufnahme von ausländischen Arbeitnehmern: → Erziehung (Sozialarbeit, Sprachkurse, Zweisprachigkeit für Kinder, Kulturelles) → Unterbringung (Vermeidung von Ghettos) → Sozialsicherung (Gesetze ...) >>> weitere Maßnahmen: → Arbeitsgruppe der Kommission von Kirchen zu bilden (Mitglieder schon festgelegt) → Konsultation von Sachverständigen

-- Portugal >>> (noch) unklare Situation nach Revolution >>> aber (anscheinend) Hoffnung auf demokratische Entwicklung >>> "die portugiesischen Kirchen sollen eingeladen werden, Mitglied der Kommission von Kirchen zu werden"
-- Finanzlage >>> "besorgniserregend" >>> "Unter den derzeitigen Umständen kann an die Einstellung eines dritten Mitarbeiters im Vertragsverhältnis (3 Jahre) nicht gedacht werden >>> evtl. Zwischenlösung >>> trotzdem: Bewerberinterviews
-- Roehampton-Konferenz >>> Kommission von Kirchen (+ Ökumenisches Zentrum?!) nicht direkt / offiziell an der Versammlung beteiligt (siehe Erklärung) >>> aber gemeinsame Erklärung zur Verantwortlichkeit der Kirchen angestrebt (nach Konferenz, auch für WCC) >>> Brief B. Milligan: → Dokumentationsfragen → "follow-up" (wie geht's weiter ...)

Kurzbericht über die Sitzung der Kommission von Kirchen bei den Europäischen Gemeinschaften am 6. Dezember 1974 in Brüssel [auch: EZA]

-- Begrüßung eines dänischen WCC-Vertreters >> als Beobachter
-- Diskussion des Memorandum "Verantwortung der EG gegenüber den Entwicklungsländern und die Rolle der Kirchen in Wahrnehmung dieser Verantwortung" >>> weitere Anmerkungen: → Rolle der EG herauszustellen → Adressatenfrage zu klären → Theologische Argumentation auf breitere Basis stellen → weiteres Procedere → Text auch an katholische "Justitia + Pax-Gruppen (!) → Diskussion in den Kirchen soll zu einer gemeinsamen Stellungnahme führen
-- Einrichtung eines Teilzeitposten, d. h. Verbindungsstelle bzgl. Migration und Dritte Welt / Beobachtung der Sozialpolitik der EG (Pastor Sbolgi + WCC)
-- Finanzielles: → wegen Geldmangels zunächst keine Ernennung eines dritten Mitarbeiters
-- Info-Heft (Nr. 9) und Konsultation (03 / 1975) zu Zielen der Europäischen Gemeinschaft
-- Roehampton-Follow-Up: >>> Studien- + Aktionsgruppe wird gebildet, mit der Aufgabe, die Entwicklungspolitik der EG zu beobachten ("Wachhund")

-- Ausscheiden von Irmgard Kees → Suche nach neuer/m Info-Mitarbeiter/in
-- Wahl eines neuen Exekutivausschusses >>> turnusgemäß

Memorandum für die Mitgliedkirchen der Kommission von Kirchen bei den Europäischen Gemeinschaften im Hinblick auf eine Erklärung zur Verantwortung der Europäischen Gemeinschaft gegenüber den Entwicklungsländern und zur Rolle der Kirchen bei der Wahrnehmung dieser Verantwortung, Datum des Textes: 1. Februar 1975 [auch: EZA]
>> "wir müssen jedoch feststellen, daß die Länder Europas bei weitem nicht den Erwartungen unserer Freunde in der Dritten Welt entsprochen haben >> "Ausschwung [sic!] der Industrieländer weitgehend für die Verarmung der Entwicklungsländer ursächlich" >> "Die Feststellung dieses Mißerfolgs zwingt die Kirchen der Europäischen Gemeinschaft dazu, mit selbst zu Rate zu gehen" >> "immer mehr Menschen werden der Unterdrückung durch Unwissenheit und Hunger überlassen: gegen diesen Zustand müssen sich die Kirchen auflehnen" >> "Die Kirchen sind sich im Klaren darüber, daß die Prüfung, die sie vornehmen, die bestehende Weltwirtschaftsordnung in Frage stellen kann" >> "sich mit denen solidarisch bekennen, die für die Errichtung einer neuen Weltordnung kämpfen, die Unabhängigkeit (self reliance), soziale Gerechtigkeit und wirtschaftliches Wachstum garantiert >> Fragen: → "sind wir (...) bereit, die für das Zustandekommen internationaler Abkommen erforderliche Hilfe zu leisten?" → "sind wir (...) bereit, (...) die Zollschranken der Europäischen Gemeinschaft nach einem bestimmten Zeitplan abzubauen?" → "sind wir (...) bereit, einen kleinen Teil unseres Einkommenszuwachses zu opfern?" (u. a.: Frage der Schuldenentlastung) → "sind wir (...) bereit, (...) die sich aus einer Umstrukturierung unserer Volkswirtschaften ergebenden politischen Konsequenzen zu akzeptieren?" (u. a. angepasster Technologietransfer sowie Rolle der multinationalen Gesellschaften [TNCs]) >> Rolle der Kirchen → "Befreiung und Askese vorgelebt werden" → "über ihre Bande zu den verschiedenen Formen der Macht nachdenken, aufgrund deren das Zeugnis, daß [sic!] sie ablegen sollen, befangen ist" → ins Bewußtsein (...), daß Macht sich im Aufbau von Strukturen äußert" → "ein Empfinden für soziale Gerechtigkeit zu entwickeln → "daß (...) ein

garantiertes Lebensminimum für die Armen mit der Festsetzung eines Maximums für die Reichen einhergehen muß" —> "Es müssen (...) gemeinschaftliche Formen eines asketischen Lebens gefunden werden, die unsere Gesellschaft unmittelbar ansprechen können —> "daß die Haupthindernisse der Entwicklung in der grundlegenden Ausrichtung unserer Gesellschaft verborgen liegen" >> Strategie der Kirchen: —> Investitionen in Erziehung / Bildung —> prophetisches Amt der Kirchen —> "Nie zuvor (...) bedurften die Visionen des Evangeliums wohl so dringend einer Übersetzung in Taten" >>>Vorrangige Probleme: —> Information —> Definition einer Haltung gegenüber der Jugend —> Fragen bzgl. ausländischen Arbeitskräften —> Verwendung der Finanzhilfe (bzw. Schuldenerlaß) —> Waffenhandel —> Technologie-Transfer / Technologie des Mittelwegs —> Beziehungen Europa - südliches Afrika

Protokoll der Sitzung des Exekutiv-Ausschusses [der Kommission von Kirchen; H.-U.R.] am 20. Februar 1975 in Brüssel [auch: EZA] >>> Informationsheft Nr. 9 zu den Zielen der EG und eine Befragung dazu hat positives Echo ausgelöst, z. B.: haben 25 % der Befragten geantwortet (!) >>> Informationsheft Nr. 10 soll eine Selbst-Darstellung der Kommission von Kirchen beinhalten >>> Finanzielles —> Ernennung eines dritten Mitarbeiters verschoben (siehe 1974) —> geeignete Finanzierung für Joint Task Force muß gesucht werden (!) >>> Bischof Kunst scheidet als Präsident (des Exekutivkomitees ?) aus >>> "Exekutivausschuß nimmt die Schaffung der Joint Task Force zur Kenntnis" >>> "Konsultation zu Fragen der Sinn- und Zweckbestimmung (Endziel) der Europäischen Gemeinschaften" ['Finalités'] geplant (s. o.) >>> Anwesenheit der Presse bei Versammlungen der Kommission von Kirchen weiterhin eingeschränkt —> nur ein Vertreter für alle Länder/Kirchen, als Berichterstatter (von Kirche[n] zu bestimmen)

Protokoll der Sitzung der Kommission von Kirchen bei den Europäischen Gemeinschaften, die am Freitag, den 06. Februar [1976; Datierung anhand des Kontextes!] in Brüssel abgehalten wurde [auch: EZA]

-- Finanzen >>> Bericht über Finanzen des Jahres 1975 gutgeheißen sowie Haushaltsvorschlag für 1977 angenommen (Haushalt für 1976 bereits bei vorheriger Sitzung genehmigt) >>> anscheinend keine größeren Schulden / Finanzprobleme mehr >>> in Haushaltsvorschlag für 1977 wurde eine voraussichtliche Inflationsrate von 12 % einkalkuliert (!)

-- Laufende Arbeiten und Orientierungen des Ökumenischen Zentrums >>> Erweiterung des Arbeitsbereiches des Sekretariats (M. Lenders' ?!) → "Das Sekretariat spiegelt das wachsende Anliegen der Kirchen, die Orientierungen der Gemeinschaft näher zu verfolgen, wieder [sic!]" → Historische Phase der EG (Entwicklungs- und Mittelmeerpolitik verfestigt / etabliert; Notwendigkeit einer innerlichen Strukturierung; Notwendigkeit einer gemeinschaftlichen Regional- und Sozialpolitik; Integration Südeuropas machbar?) → "Es leuchtet jedenfalls ein, daß die kurze Geschichte der Kommission von Kirchen gezeigt hat, daß die Glaubwürdigkeit ihrer Zeugung [sic!] darauf beruht, einen gemeinsamen Standpunkt zu finden, bevor sie sich äußert" >>> Verstärkung der Zusammenarbeit mit katholischen Kirchen bessere Strukturierung !?) >>> Gegenseitige Ergänzung der Arbeitsbereiche mit Ökumenischen Forschungsaustausch (ERE) >>> Fragen bzgl. Info-Heften (Auflage, Empfänger, Thematik, materielle Einschränkungen/Kostenbeitrag) >>>Einrichtung eines (kleinen) Informations-Büros für ausländische Arbeitnehmer und Migrationsfragen sowie diesbzgl. Sozialpolitik (Pfarrer Sbolgi) >>> Fragen zur lokalen Verwurzelung des Ökumenischen Zentrums

-- Meinungsaustausch >>> Vorrangige Projekte beschlossen → Joint Task Force (u. a. Beobachtung des Lomé-Abkommens sowie entwicklungsbezogene Bildungsarbeit; gemeinsam mit KASEF) → Vorhaben "Finalités" [Zielsetzungen der EG] (zwei Gruppen bereits etabliert, 1.: Probleme des Wachstums, 2.: Bedeutung der Arbeit; ebenfalls Zusammenarbeit mit KASEF) >>> Arbeitsgruppe von Wirtschaftswissenschaftlern und Theologen [ECO-THEO] (tiefergehende Untersuchung der Fragen zu den Themen "Arbeit" und "Wachstum"

-- Frühwarnsystem >>> System, das die Kirchen zu aktuellen Fragen auf dem Laufenden halten soll >>> zwei Eigenschaften: "es soll Fakten liefern und (...) die wichtigen Fragen bereits bei ihrem Entstehen aufgreifen."

-- Beziehungen zwischen dem Ökumenischen Zentrum und den Kirchen oder Kirchenverbänden in der Kommission von Kirchen >>> "die Kirchen im Innern eines Landes als Übertragungsstation oder das Ökumenische Zentrum als treibende Kraft an der Spitze eines dynamischen Informationsprozesses?! >>> Schlußfolgerungen: —> Kirchen müssen als Multiplikatoren wirken —> Zuständigkeiten genau definieren, um Doppelarbeit zu vermeiden (auch bzgl. KEK und WCC) —> Gerüchte über Schaffung eines "Ökumenischen Rates der westeuropäischen Kirchen" haltlos (!) —> Hinweis auf (Doppel-) Aufgabe des Ökumenischen Zentrums (1.: Kirchen Fragen bzgl. EG etc. vorlegen; 2.: für vereinbarte Themen transnationale Konzertation der Kirchen fördern) >>> in verschiedenen (EG-) Ländern Informationstreffen über Arbeit des Ökumenischen Zentrums durchzuführen
-- Europäische Kontaktgruppe für Kirche und Industrie >>> "Zusammenarbeit mit dem Ökumenischen Zentrum im Hinblick auf eine Untersuchung über die multinationalen Gesellschaften" (=TNCs)
-- Arbeitsdokument / Memorandum über die Verantwortung der Kirchen gegenüber den Entwicklungsländern (siehe 1974/75) >>> als Argumentationshilfe bei WCC-Konferenz genutzt >>> praktisch keine Reaktion von Vertretern der Entwicklungsländer (überlastet bei WCC-Konferenz !?!) >>> Problem der Gegenüberstellung Arm / Reich in armen und reichen Ländern gegenstandslos >>> weitere Ausarbeitung des Dokuments: ???
-- Informationsbüro für ausländische Arbeitnehmer (Pastor Sbolgi, s. o.) >>> Organisation eines Treffens für die Treffen verschiedener Sozialämter

Bericht über die Sitzung der Kommission von Kirchen bei den Europäischen Gemeinschaften am 29. Oktober 1976 in Brüssel [auch: EZA]

-- Tätigkeit und Ausrichtung des Ökumenischen Zentrums >>> *Joint Task Force* —> zwei Untergruppen: 1) bzgl. des Abkommens von Lomé 2) bzgl. "Erziehung zur Entwicklung" >>> *Finalitäten* —> Kolloquium "Christliche Überlegungen über die wirtschaftlichen und sozialen Ziele des europäischen Bauwerks" geplant —> Gruppe "Menschenrechte und der europäische Zusammenschluß" gegründet —> weitere Bereiche: "Zentralisation und Dezentralisation der Kräfte im europäischen Zusammenschluß", "Das europäische Bauwerk und der Frieden" >>> *Beziehungen zwischen Ökumenischem Zentrum und Gewerkschaften* —> Arbeitsgruppe + Paper bzgl. multinationalen Unternehmen —> auch: Denationalisierungs-Vorhaben der Gewerkschaftsorganisationen diskutiert >>> *Teilnahme an den Vorbereitungen zur Weltkonferenz christlicher Arbeitgeber / Unternehmer* (September 1976 in Zürich) >>> *ECO-THEO* (Arbeits-gruppe Ökonomie-Theologie) —> Erörterung des EG-Kommissions-Dokuments über die Sozialpolitik der EG >>> *"Wanderarbeiter"* (s. u.) >>> *Frühwarn- / Early Warning System* >>> *Europäische Schule*

-- Aussprache - insbesondere über Finalitäten >>> "die Spezifität der Kirchen hervorzuheben" (Bischof Kunst) >>> "Aufmerksamkeit der Kirchen auf die Probleme des Eurokommunismus zu lenken" (Bischof Kunst) >>> "Die Vorausschau müsse mehr Alltagsfragen als Angelegenheiten der Zukunft betreffen" (Bischof von Leicester) >>> evtl. Stellungnahme der Kommission von Kirchen >>> "Prof. Kouwenhoven hebt die Bedeutung einer Definition der wirtschaftlichen und sozialen Zielsetzungen im Lichte theologischer und geistiger Begründungen des im Bau befindlichen Europas hervor"

-- Exekutivausschuß - Wahl >>> "Bischof Kunst hält den Augenblick für gekommen, daß sich die Kommission (...) über ihre Arbeitsweise Gedanken macht. Die Arbeit muß aktiver werden. Was bis jetzt besteht, ist ungenügend."

-- Finanzierung >>> "Die Arbeit ist zur Zeit wegen Fehlens der notwendigen Mittel beschränkt. Dieses stellt ein ernstes Problem (...) dar."

-- KEK >>> KEK-Generalsekretär lädt Ökumenisches Zentrum für März 1977 zur Teilnahme an einer Aussprache über 'Europa nach Helsinki' (KSZE) und über die Entwicklungsländer ein (Themenbereiche: kulturelle Unabhängigkeit; Energiepolitik; Wettrüsten und die Folgen)

-- Südafrika >>> Statement zur Festnahme von Pastor Dr. Beyers Naudé, Direktor des Christelijk Institut von Südafrika (an Botschaft Südafrikas in Brüssel; Begleitbrief an Christelijk Institut und Naudés Familie) >>> "We urge the South African government to recognise in him, as in many others (black and white) at present under restriction, a man with whom they must begin conversation if catastrophe is not to overtake the peoples for whom, before God, they are responsible."

Sitzung der Kommission von Kirchen vom 29. Oktober 1976, Bericht über die Tagung in Brügge [Anlage zum Bericht über die Sitzung der Kommission von Kirchen] [auch: EZA]

>>> Zweck: Erfahrungsaustausch zwischen Personen, "die aktiv in der Sozialarbeit für Gastarbeiter tätig sind und unabhängige Organisationen vertreten, d. h. weder Bindungen zu den Reigerungen [sic!] der Heimatländer noch zu denen der EG-Länder haben" >>> drei Arten von Sozialarbeitern: juristische Beratungsstellen, Gastarbeiterbildung, allgemeine Betreuungsstellen >>> (Zugangs-) Probleme mit den Sozialfonds der EG >>> Gastarbeiter selbst nicht vertreten; diese sollten ihre eigenen Treffen veranstalten >>> Vorschlag eines Sekretariats für weiteren (thematischen) Austausch sowie Koordination zwischen den Sozialarbeitern → aber keine finanziellen Möglichkeiten des Ökumenischen Zentrums → Anfrage an Kommission von Kirchen weiterzuleiten >>> Entschließungen: >> 1. "daß sich die Kirchen in allen EG-Ländern aktiv für die Menschenrechte der Gastarbeiter und ihrer Familien einsetzen sollten" → a) "die Rechte aller Minderheiten auf Erhaltung ihrer kulturellen und religiösen Eigenarten zu bekräftigen" b) "die sozialen und wirtschaftlichen Verhältnisse der Gastarbeiter im Auge zu behalten" c) "Vereinigungen (...), die die Interessen von Gastarbeitern vertreten, finanziell und in anderer Weise zu unterstützen" >> 2. "eine gemeinsame Tagung von Mohammedanern, Christen, Juden, Hindus, Sikhs und Vertretern anderer Religionen in den EG-Ländern einzuberufen"

Kommission von Kirchen bei den Europäischen Gemeinschaften, Kurzgefaßtes Protokoll der Sitzung vom 30. Juni und 1. Juli 1977 [auch: EZA]

-- Europäische Konvention zur Bekämpfung des Terrorismus >>> Erörterung im Rahmen der "Zweckbestimmungs-" bzw. "Finalitäten"-Gruppe >>> Befürchtungen der Aufweichung der Rechtssituation einzelner Länder

-- Beziehungen zwischen KKEG und AKAA >>> Umzug des letzteren in Ökumenisches Zentrum >>> klare Definition der Unterschiede und Gemeinsamkeiten wichtig >>> schon früher Zusammenarbeit (gemeinsame Erklärung - Brügge?!)
-- Tätigkeitsbericht des Ökumenischen Zentrums >>> Information → Information Bulletins → Information Digests >>> *Collaboration with other European Church organisations* → Churches' Committee for Migrant Workers in Europe (CCMWE) → European Contact Group for Church and Industry (ECG) → Ecumenical Research Exchange (ERE) → Conference of Rhine Churches >>> *Working Groups of the Ecumenical Centre* → Joint Task Force on Development Issues → "Finalities" group → ECO-THEO >>> *Areas of Work* → Development → Migration → Energy >>> *The Centre in Brussels* → Work with unions and employers → Ecumenical Lenten Campaign [= Fastenaktion] → Quakers [activities in Brussels] → Danish parish [new in Brussels]
-- Prioritäten des Ökumenischen Zentrums >>> Information >>> Verwaltung / Sekretariat >>> Joint Task Force >>> Direktwahl des Europäischen Parlaments >>> weiterhin: → Nord-Süd-Dialog → Integration der Länder Südeuropas sowie ihrer minoritären protestantischen Kirchen (in die Kommission von Kirchen)
-- Budget - Zuständigkeitsklärungen >>> aus Diskussion über Finanzfragen des Ökumenischen Zentrums (ÖZB) und der Kommission von Kirchen (KKEG) entwickelte sich eine allgemeine Debatte über die Zuständigkeiten dieser Organisationen → die Kommission von Kirchen hat kein eigenes Budget. "Ein großer Teil der Arbeit der KKEG wird vom Ökumenischen Zentrum ausgeführt" → "Die KKEG übt über das ÖZB eine Art 'Schirmherrschaft' aus." → "Das Budget wird der Kommission als solcher zur Genehmigung vorgelegt. Das bedeutet in der Praxis nicht, daß die Kirchen als solche sich engagieren; es bedeutet, daß die Mitglieder der Kommission sich verpflichten, sich für das Budget einzusetzen, wenn es den Kirchen vorgelegt wird." (Brian Duckworth)
-- Zur Rolle und Funktion der Kommission von Kirchen bei den EG >>> "Es besteht die Notwendigkeit, über einen Ort zu verfügen, an dem die Kirchen die grundsätzlichen Fragen behandeln können." >>> "daß man sich darum bemühen sollte, eine spezifisch protestantische Stimme hören zu lassen." >>> "Seien wir nicht zu formell. Die Kommission von

Kirchen beschäftigt sich aus Berufung mit Fragen, die über technische Überlegungen hinausgehen." >>> "Aber ist es nicht notwendig, Grundsatzfragen zu erörtern, weniger im Hinblick auf eine gemeinsame Erklärung, sondern weil man den Mut haben muß, nicht nur die Punkte, in denen man übereinstimmt, sondern auch die, über die man verschiedener Meinung ist hervorzugeben [sic!]."

-- Konsultation über "Christliche Überlegungen zur wirtschaftlichen und sozialen Zielsetzung des europäischen Aufbaus" (für Dezember 1977 geplant) >>> Ursprungsidee: Konferenz von Roehampton 1974 (Follow-up-Aktion) >>> Zweck: a) den Kirchen bewußt machen, was bei der Entwicklung der europäischen Gesellschaft auf dem Spiel steht, b) gegenüber der Gemeinschaft als Stimulans wirken, indem Fragen aufgeworfen werden. >>> Beschluß: Delegation der Kommission von Kirchen für diese Konsultation zu ernennen; ebenso: Teilnehmer aus den einzelnen Mitgliedskirchen

-- Direktwahl des Europäischen Parlaments >>> Text / Entwurf eines Statements (?) erörtert >>> "What should one think of these elections? There is no easy answer. They should no doubt be going to permit a process to begin whereby the European institutions will become more democratic through increasing the legitimation of this parliament because it will be directly supported by an electorate, and through increasing its power to control the other European institutions. However, a lot will depend on what is understood by 'becoming more democratic.'"

-- Regionalpolitik >>> 'Kriterien von Montreux': soziale Gerechtigkeit, Beteiligung der Bevölkerung, wirtschaftliches Wachstum >>> "Wenn man zu einer echten Solidarität kommen will, ist es unbedingt notwendig, vorher ein echtes Gefühl der Zugehörigkeit zu einer europäischen Gemeinschaft zu entwickeln." >>> "Compile an Information Bulletin on regional policy" (I) >>> "What is the stage of dialogue between the Churches situated in different regions? Can this dialogue be understood within the traditional Schema of town and country? A theology and ecclesiology have grown up with this schem [sic!], trying to account for the phenomenon of urbanisation (theology of secularisation);" (II) >>> "Regional policy as defined by the Commission and Member States, having the development of a region as its objective, would seem to fall under a definition of economic development." (III) >>> "to launch an initiative of contacting leading figures working on regional development projects in a variety of peripheral zones (...) would facilitate 1) a better acquaintance with the questions rising at grass roots level; 2) a meeting between such active figures in regional development (...) 3) an encounter between a number of people engaged" (IV)

Kurzbericht über die Sitzung der Kommission von Kirchen bei den Europäischen Gemeinschaften in Brüssel am 08. und 9. Dezember 1977 [auch: EZA]
-- Aktivitäten des Exekutivausschusses (auch bzgl. Ökumenischen Zentrum) >>> *Konsultation über Menschenrechte* (Projekt II der "Finalitäten") nicht prioritär für 1978 (!) >>> *Info-Hefte* → Erweiterung der EG als Thema des nächsten Heftes >>> *Regionalpolitik* → Projekt auf später verschoben >>> *Direktwahlen des Europäischen Parlament* → vorrangiges Thema (!) >>> *Südafrika* → Firmen, die dort investieren, sind laut Entscheidung des EG-Ministerrates (der darin von der Kommission von Kirchen unterstützt wird) "zur Beobachtung [sic!] eines 'Verhaltenskodexes' aufzufordern." >>> *Teilnahme an Hearings der EG zur Atomenergie* (2. Hearing: 23. - 26.1.1978 - über Ethik- und Umweltfragen)
-- Beziehungen Kommission von Kirchen - Ökumenisches Zentrum >>> Belegschaft nicht überfordern → Budget spätestens 1979 aufzustocken >>> Begegnungen begünstigen → Besuche in GB, NL, D, F geplant >>> "1979 muss ein(e) 3. Mitarbeiter(in) eingestellt werden, um die Belegschaft zu vervollständigen" >>> Wachsendes Interesse der Kirchen begrüßt → "Wir hoffen, daß mit der steigenden Solidarität untereinander die Kirchen zugleich die Dringlichkeit der Probleme in der europäischen Gemeinschaft erkennen werden. Es ist jetzt an der Zeit, eine mehr strukturierte Form der Anwesenheit der Kirchen zu suchen." → Umstrukturierungen, u. a. ist das Ökumenische Zentrum bereit, das Sekretariat der Kommission von Kirchen zu übernehmen → mehr gemeinsame Aufgaben → "die besondere Aufgabe der kirchlichen Organisationen besteht darin, ein Gutachten abzugeben, das notwendig ist, um die Probleme in Angriff zu nehmen, für die die Mitgliedskirchen der Kommission zuständig sind." → Engagement der Kirchen wirksamer zu gestalten (M. Lenders) >>> Einzelne niederländische

Kirchen nur noch durch den 'Rat der niederländischen Kirchen' in der Kommission von Kirchen vertreten (—> inklusive katholische Kirche!) -- "Warum ist es so schwer, die in Brüssel vorgefundenen Probleme auf unsere nationalen Kirchen zu übertragen" (Brainstorming) >>> "Die sozialen Probleme werden nur bruchstückweise aufgegriffen. (...) Es ist die nationale Regierung, die bestimmt, welche Probleme von den Kirchen behandelt werden." >>> Beispiel Direktwahlen EP: "was können die Kirchen unternehmen? Sie können sich natürlich nicht über den Inhalt der Wahlen engagieren; das würde zu Recht als eine Art Zwang angesehen." >>> "Man muss die besonderen Schwierigkeiten der europäischen Fragen erkennen. (...) Es war auch bis jetzt noch nicht möglich, klar aufzuzeigen, wie und wo die Entscheidungen getroffen werden. Kommission / nationale Regierungen." >>> "Die protestantischen Kirchen in Frankreich haben wenig Interesse für die europäischen Probleme. Konkurrenz Brüssel / Strassburg und Interesse für Afrika. Auf nationaler Ebene ist Europa der Sündenbock. Bis jetzt haben wir noch nicht erkannt, wie hoch der Einsatz ist." (FPF) >>> "Wir erwarten folgendes: a) die Kirchen müssen neue Ideen vorbringen und den Aspekt 'public relations' mehr berücksichtigen; b) die europäische Gemeinschaft muss als eine Tatsache angenommen werden. Wir müssen uns bewusst sein, daß die Aufgabe der nationalen Souveränität mehr bedeutet, als es die Öffentlichkeit annimmt. Wie kann man die Menschen an spezifischen Problemen interessieren? Warum ist es so schwer? Weil die Kirchen dazu neigen, sich eher mit ihren eigenen Problemen zu beschäftigen; weil sie sich mit den Fragen abgeben, für die sie zuständig zu sein scheinen: Dritte Welt-Beziehungen zu den Ländern Osteuropas; weil man meint, der Pluralismus, der schon im nationalen Rahmen schwierig ist, müsse erst recht im europäischen Kontext Schwierigkeiten bereiten." (EKD) >>> "dass Europa viel unterschiedlicher ist als bisher angenommen." >>> "All das macht die Kirchen unsicher, sie wollen die Konflikte vermeiden, die sie in der jetzigen Situation verspüren" >>> "Es stellt sich die Frage: Wer ist Subjekt Europas und wer ist handelndes Subjekt in den Kirchen." >>> "In den Niederlanden wird ein Gefühl der Gleichgültigkeit gegenüber Europa festgestellt. Die einzige Bevölkerungsgruppe, die sich angesprochen fühlt, sind die Bauern. Sie haben den Eindruck, daß sie die Gemeinschaft brauchen." (Hervormde Kerk) >>> "Es ist sehr schwer, das Volk der Kirchen zu mobilisieren, da es im allgemeinen wenig geneigt ist, Politik zu machen." (FPF) >>> Bestandsaufnahme darüber, ""was die einzelnen Kirchen unternehmen, um diese Trägheit (...) zu bekämpfen." Gibt es " ein dynamisches und mobilisatorisches Gesellschaftskonzept (...) das auch die 'vorausschauende Rolle' der Kirchen schildert."[?] (M. Lenders) >>> Visionen zu entwickeln -gerade in Krisenzeiten (siehe weitere Ausführungen M. Lenders')"dass unsere Gesellschaften mit einer Alternativreligion konfrontiert sind, der Religion des 'consumerism'" >>> "dass die protestantischen Kreise in der Bundesrepublik der Idee von einem mit dem christlichen Westen identifizierten Europa skeptisch gegenüberstehen." >>> "dass die Kirchen eine kritische Vision ihrer eigenen Geschichte haben müssen." >>> "nie vergessen, dass Ost und West gemeinsame Grenzen haben." >>> "eine pluralistische Institution; wie kann man eine Sprache formulieren, die es den Mitgliedern der Gemeinden ermöglicht zu verstehen und zu folgen?"

-- Schlußfolgerungen >>> Burning Issues → Beschäftigung → Menschenrechte → Kernenergie → Aufrüstung → Entwicklungsländer (Rolle der TNCs; Arbeitslosigkeit; Menschenrechte) >>> Schaffung einer Stelle für internationale Überlegungen bzgl. Wirtschaftsethik wichtig (ECO-THEO?!) >>> Aufstellung "multidisziplinarischer Überlegungsgruppen" wichtig

-- Vorbereitung auf Direktwahlen des EP / Ausarbeitung eines Dokuments >>> Vorbereitungsthemen: → politische Rechte für ausländische Arbeitnehmer → Notwendigkeit einer Diskussion über Atomenergie >>> Dokument: → keine Stellungnahme (zu kurzfristig); aber u. a. Erklärung die der Kommission von Kirchen zur Annahme vorgelegt wird → nicht dogmatisch → nicht nur Gemeinsamkeiten der Kirchen, sondern auch Probleme aufzeigen → Fertigstellung Juni 1978

-- Ausschuß der Kirchen bei den ausländischen Arbeitnehmern (AKAA) >>> ab 01.01.1978 in Brüssel anwesend (siehe auch 06 / 1977) >>> deshalb Umbauten im Ökumenischen Zentrum notwendig

Kommission von Kirchen bei den Europäischen Gemeinschaften, Sitzung in Brüssel, Freitag den 9. Juni 1978, Zusammenfassender Bericht

-- Bericht des Exekutivausschusses >>> Ausschuß der Kirchen bei den ausländischen Arbeitnehmer (AKAA) hat sich inzwischen in Brüssel niedergelassen >>> neue Kontakte der Kommission von Kirchen zur European Contact Group for Church and Industry (ECG) >>> Initiative bzgl. Hungerstreik chilenischer politischer Flüchtlinge → Ziel: Auskünfte über verschwundene Personen von Regierung Chiles einfordern → Brief / Solidaritätserklärung des Ökumenischen Zentrums
-- Folgerungen aus der Konsultation (08.06.1978) "Die Kirchen und Art und Inhalt ihrer Beteiligung an den europäischen Wahlen" >>> 1) verschiedene Texte / Berichte bzgl. der Konsultation und den europäischen Wahlen sollen in einer Sondernummer der Informationshefte zusammengefasst werden 2) bis Dezember 1977 "soll eine Broschüre vorbereitet werden, die der Kommission von Kirchen vorgelegt wird" → Adressaten: Multiplikatoren in den Kirchen → kurzes Vorwort der Kirchen; ausführlicher Text, "der darlegt, was mit den europäischen Wahlen auf dem Spiel steht"; nationale Erklärungen → Übersetzungen in alle Sprachen der EG → den Mitgliedskirchen zuzusenden
-- Budget >>> "Man muß sich darüber klar sein, daß das derzeitige Budget die Aktivitäten des Ökumenischen Zentrums begrenzt." "Es wird beschlossen, das Budget für 1979 anzunehmen, dies unter Berücksichtigung der Antworten [der einzelnen Kirchen], die noch in den nächsten Monaten erfolgen müssen; das heißt also, daß man sich bemühen wird, den Mitarbeiterstab zu vergrößern, und zwar ab Juli 1979."
-- Beziehung zwischen Kommission von Kirchen und Ökumenischen Zentrum >>> Umstrukturierungen / Klarstellung (Bitte) → z. B. "daß es nicht normal sei, daß die Kommission von Kirchen nicht über einen eigenen Briefkopf verfüge" >>> "Bei der (...) Lösung komme es darauf an: 1) daß die Kommission von Kirchen auf einer gesunden satzungsmäßigen Grundlage ruhen kann; 2) daß das Zentrum nicht erdrückt wird; 3) daß jede Konfusionsgefahr vermieden wird; 4) daß darauf geachtet wird, den besonderen Beitrag des Ökumenischen Zentrums zu erhalten." >>> " der Prozeß selbst wird 18 bis 24 Monate in Anspruch nehmen"
-- Konsultation über Menschenrechte und die Europäische Gemeinschaft >>> organisiert u. a. von Jean Weydert vom Katholischen Sekretariat für Europäische Fragen (KASEF) >>> "Ziel ist es, zu umreißen, was im Zusammenhang mit den Menschenrechten spezifisch

europäisch (EG-bezogen) ist." >>> "sich auf der Ebene der allgemeinen Diskussion um die Menschenrechte stellen, um a) die Reflexion und das praktische Engagement der Kirchen in diesem Zusammenhang zu unterstützen und b) diese Fragen im begrenzten Kontext der Europäischen Gemeinschaft anzusiedeln, die als eine Einheit angesehen wird, innerhalb derer eine Gesetzgebung entsteht, die die Physiognomie der künftigen Gesellschaft beeinflussen wird."
-- Aktivitäten des Ökumenischen Zentrums >>> Projekt 'Zweckbestimmung' bzw. 'Finalitäten': → Kolloquium über wirtschaftliche und soziale Zielsetzungen fortzusetzen → Konsultation über Menschenrechte (s. o.) vorzubereiten >>> Intensivere Zusammenarbeit mit Ecumenical Research Exchange (ERE) → z. B. Projekt II des ERE "Beitrag der Kirchen zu einer gerechteren internationalen Ordnung" (zum Kontext der EG gehörend!) >>> Zusammenarbeit mit kirchlichen Organisationen: → Beteiligung an ECG-Arbeitsgruppe bzgl. transnationalen Gesellschaften (TNCs) → Teilnahme an Konsultation "Die Kirchen und Europa" in Westberlin (Europäische Akademie) → Teilnahme an Konferenz der protestantischen Kirchen der romanischen Länder → Teilnahme an Begegnung des International Ecumenical Fellowship → Teilnahme an Generalversammlung des British Council of Churches (BCC) >>> Programm 1978 / 79: → Veranstaltung einer Konsultation über Kernenergie (24. - 25.10.1978) → Teilnahme an KEK-Konsultation "Wirtschaft und Rüstung (09 / 1978) → Teilnahme an Begegnung von katholischen und protestantischen Journalisten in der BRD, Thema: "Die Kirchen und die Europäische Gemeinschaft (11/1978) → Ingangbringen des Projekts "Die Kirchen und die Direktwahlen zum Europäischen Parlament" >>> erstmals eine Praktikantin im Ökumenischen Zentrum (09. - 12.1978) >>> seit einem Jahr kein Informationsheft mehr veröffentlicht → wg. Umbauarbeiten und Überlastungen → ab September 1978 aber wieder regelmäßigere Informationsarbeit / Veröffentlichungen >>> Bericht über derzeitigen Stand der Dokumentationsarbeit
-- Die Neutronenbombe >>> allgemeine Erörterung >>> "Es ginge weniger darum, sich mit Überlegungen technischer Art aufzuhalten, als vielmehr darum, die öffentliche Meinung zu mobilisieren, um die

Produktion neuer Kernwaffen zu stoppen." >>> Exekutivausschuß soll weiteres Vorgehen beraten (Vorschläge)
-- Schreiben von Andre Appel (Konferenz der Kirchen am Rhein) >>> "Entschließung, derzufolge die Teilnehmer der Konferenz der Kirchen am Rhein wünschen, daß den Institutionen in Luxemburg und Straßburg (Gerichtshof, Europäisches Parlament und Europarat) die notwendige Aufmerksamkeit gewidmet würde." >>> Weiterhin: "daß die beiden protestantischen Kirchen des Elsaß bereit wären, vorübergehend eine Aufgabe als NGO-Vertreter (...) in Straßburg zu übernehmen. Die Kommission von Kirchen müßte sich über ihre Einstellung in dieser Frage klarwerden."

Kommission von Kirchen bei den Europäischen Gemeinschaften, Protokoll der Sitzung vom 14. und 15. Dezember 1978 in Brüssel [auch: EZA]
-- Bericht des Exekutivausschusses >>> Arbeiten an einer neuen Satzung der Kommission von Kirchen >>> Vorbereitung der Kirchen auf die Europawahlen >>> Vorbereitung einer Konferenz über das südliche Afrika >>> Konsultation über Energiefragen >>> Konsultation über Menschenrechte >>> Treffen mit A. Appel bzgl. Bedeutung der europäischen Institutionen in Straßburg (+ Luxemburg)
-- Meinungsaustausch über Dokument "Die Kirchen und die Europawahlen" >>> siehe auch Juni 1978 >>> Erörterungen über Einzelheiten des Textes >>> u. a. wird der Text geschätzt "wegen der hier unternommenen Anstrengungen, zwischen theologischem Ansatz und politischer Dimension des behandelten Problems eine Beziehung herzustellen" >>> "Was die Kirchen betrifft, ist anzuerkennen, daß sie bewußt oder unbewußt noch Macht ausüben. Wie kann man erreichen, daß das was die Kirche in sich trägt, in den Dienst der anderen gestellt wird? Die Kirchen müßten Selbstkritik üben. Was ist von der Entfernung zu halten, die die Kirchenführer von dem trennt, was die Menschen von den Kirchen erwarten." >>> Zusammenfassung: → "Es hat sich insbesondere herausgestellt, daß bei einem solchen Unternehmen der konfessionelle Aspekt nicht unterschätzt werden darf. Es stellt sich die Frage, welcher Weg einzuschlagen ist, um zu einem ökumenischen Konsens zu gelangen." → Es hat sich herausgestellt, daß es notwendig ist, die Reflexion über die Bedeutung der Institutionen

fortzusetzen. Die Reflexion muß beim Modell Kirche-Staat neu ansetzen und dabei den Entwicklungscharakter dieses Modells betonen, der seit dem Vorhandensein der europäischen Institutionen deutlicher geworden ist." —> "Es ist wichtig, bei der Behandlung des Themas Europa die Ost-West-Beziehungen stärker zu berücksichtigen." —> "Es geht nicht darum, zu einer Erklärung zu kommen, sondern zu akzeptieren, daß dieser Text als Arbeitsunterlage, die eine Diskussion innerhalb unserer Kirchen in Gang bringen soll, in Erwägung gezogen wird." —> Beschlüsse zum weiteren Procedere und Inhalten (S. 12 f.) -- Neuer Satzungsentwurf für die Kommission von Kirchen >>> "der Entwicklung [der Kommission von Kirchen] einen förmlicheren Ausdruck zu geben." >>> "dem Engagement der Kirchen (...) größeren Nachdruck zu verleihen." >>> "eine [eigenständige] Kommission von Kirchen mit Sitz in Brüssel zu gründen, um das Engagement der Kirchen hinsichtlich Fragen, die sich durch die Europäische Gemeinschaft stellen, besser zum Ausdruck bringen zu können." >>> eventuelle Ernennung von Vertretern in Straßburg und Luxemburg ?! (A. Appel) >>> Nur westeuropäische Ausrichtung ?! >>> Neu-Definition der Beziehungen zum Ökumenischen Zentrum ?! >>> Abgrenzung von KEK (keine Untergruppe!) >>> Funktion: Behandlung wirtschaftlicher, sozialer und politischer Fragen ... >>> weiteres Vorgehen: —> Bearbeitung der Änderungsvorschläge im Redaktions-, sowie im Exekutivausschuß —> Verabschiedung / Ratifizierung bis Ende 1979 -- Tätigkeiten des Ökumenischen Zentrums >>> Abfassung des Papieres über die Kirchen und die Europawahlen (s. o.) + Weiterarbeit am Satzungsentwurf für die Kommission von Kirchen (s. o.) >>> Kontakte mit europäischen Beamten, speziell mit denen der Generaldirektionen Beschäftigung und soziale Angelegenheiten, Energie und Entwicklung >>> Teilnahme an Versammlungen des Ökumenischen Leiterkreises der Akademien in Europa >>> Teilnahme an Jahresversammlung der Europäischen Kontaktgruppe für Kirche und Industrie (ECG) >>> Teilnahme an KEK-Konsultation in Ungarn >>> Beteiligung bei (...) Vereinigung der protestantischen belgischen Kirchen >>> "Beitrag der europäischen Kirchen zu einer gerechteren internationalen Wirtschaftsordnung" (Projekt II des ERE) >>> Konsultation über die Kirchen und die Energieprobleme >>> Vorbereitung einer Diskussion mit der Kommission (der EG ?) über die mittelfristigen Wirtschaftsziele >>> Kolloquium "Menschenrechte und EG" (Projekt II der 'Finalitäten' / Zielsetzungen) >>> Mitarbeit in einer Arbeitsgruppe, die eine Konferenz über das südliche Afrika plant —> Ziele: "1) die Mittel zu untersuchen, durch die die wirtschaftliche Abhängigkeit der Länder des südlichen Afrikas von Zimbabwe und Südafrika verringert werden könnte; 2) zu untersuchen, wie die regionale Zusammenarbeit zwischen diesen Ländern gefördert werden könnte." —> katholische NGO sind ebenfalls an der Vorbereitung beteiligt —> "Der Exekutivausschuß ergreift die Initiative, die in Frage kommenden NGO zu versammeln."

Kommission von Kirchen bei den Europäischen Gemeinschaften, Protokoll der Sitzung vom 21. und 22. Juni [1979; Datierung anhand des Kontextes] in Brüssel [auch: EZA]

-- Bericht des Exekutivausschusses >>> Erörterung eines neuen Informationskonzeptes >>> Beschäftigung mit der Organisation der Arbeit innerhalb des Mitarbeiterstabes, sowie mit der neuen Satzung: —> "Heute ist man dahin gelangt, eine Reihe gemeinsamer Regeln festzulegen, die den Kirchen bei ihren Bemühungen um eine Präsenz, die dem, was in der Europäischen Gemeinschaft vorgeht, mehr Aufmerksamkeit widmet, helfen soll. Die Frage der Beziehung zwischen der Kommission von Kirchen und dem Ökumenischen Zentrum hat in der (...) vorgelegten Vereinbarung ein vorläufiges Ende (...)." >>> eventuell Aufnahme eines Dialoges mit Vertretern der Griechisch-Orthodoxen Kirche >>> Erörterung von Finanzproblemen (Übergangsphase!)

-- Direktwahl des Europäischen Parlaments >>> Resümee: —> realtiv große Wahlbeteiligung (62,5 % EG-weit), aber keine wirkliche politische Aktivierung der Bürger >>> Was kann man vom EP erwarten?! —> Beratungsfunktion (und damit u. U. Vermittlungs- / Konzertierungsverfahren bzgl. EG-Haushalt) —> Kontrollbefugnis (u. a. Mißtrauensanträge, Fragerecht, Kontrolle des Rates) >>> Darstellung der Situation der EP-Wahl in den einzelnen Ländern der EG, durch die jeweiligen Kirchenvertreter >>> wichtigste kirchliche Erklärung zur Europawahl: katholische "Erklärung der 32" [Bischöfe] >>> Modell eines Dialogs zwischen den Kirchen und den Abgeordneten des EP geplant, gemeinsam von Ökumenischem Zentrum und der [katholischen] OCIPE → darin sollte auch das Engagement bzgl. der europäischen Institutionen in Straßburg und Luxemburg zum Ausdruck kommen → auch: Verbindung zwischen dem Parlament der 9 (EG) und dem der 21 (Europarat) herzustellen

-- Erweiterung der Europäischen Gemeinschaft >>> ab 1980: Griechenland EG-Mitglied >>> laufende Verhandlungen mit Spanien und Portugal >>> strukturelle Probleme befürchtet (Landwirtschaften Südeuropas sind sich sehr / zu ähnlich!) >>> "In politischer Hinsicht ist anzunehmen, dass die Auswirkungen insoweit positiv sind, als dadurch im Innern einer unstabilen Region ein Stabilitätspol geschaffen werden könnte." >>> Aber: "Bereits jetzt ist eine protektionistische Tendenz zu beobachten; wenn man nichts ändert, wird diese Strömung verstärken [sic!]". >>> Auch: Frage des Beitritts der Türkei erörtert >>> Schlußfolgerungen: u. a. Hinweis auf Text des Ecumenical Research Exchange

-- Tätigkeitsbericht des Ökumenischen Zentrums >>> verschiedene Aktivitäten bzgl. Europawahl (Vorträge, Interventionen, Interviews, Presseartikel) >>> Zusammenarbeit mit Ecumenical Research Exchange (ERE) → Projekt I: "Kirche, Europa und südliches Afrika"; Projekt II: "Beitrag der europäischen Kirchen zu einer gerechteren Weltwirtschaftsordnung" >>> ECO-THEO (Arbeitsgruppe): → "mittelfristige Politik der Gemeinschaft" >>> "Kirchen und Energiefragen" → gemeinsames Dossier mit FEST, Heidelberg >>> Südliches Afrika → weitere Vorbereitungen der Konferenz >>> Gemeinsame Projekte mit OCIPE: → Joint Task Force (für Entwicklungsfragen) → dritte Begegnung mit 'christlichen' Gewerkschaftlern >>> Menschenrechte → Engagement in akuten Einzelfällen → "Das Zentrum wird als eine Realität angesehen, die nicht nur auf die Untersuchung verborgener gesellschaftlicher Strömungen oder auf langfristige Ziele beschränkt ist, sondern die Augen und Ohren und einen Mund zum Sprechen hat." → aber auch Erarbeitung eines systematischeren Ansatzes (Konsultationen) >>> künftige Aufgaben: → Kontakte mit griechischen Kirchen → Kontakte zu EP-Abgeordneten → Neuorganisation (aufgrund Umstrukturierung / neuen Satzungen) → Projekt III über Regionalpolitik im Rahmen der Zielsetzungen / 'Finalitäten': "Arme

Regionen in Europa - Eine Notwendigkeit?" → Konsultation über Nahrungsmittelhilfepolitik der EG
-- Finanzen >>> Mittel-Mißbrauch ?! (indirekter Vorwurf von K. Kremkau, EKD) → "Aus dem Bericht (...) entnimmt er, dass diese Aktivitäten ihre interne Dynamik haben, doch wir, als Kommission, habne [sic!] dieses Tätigkeitsprogramm nicht beschlossen und man bietet uns hinterher, finanziell aufzukommen."
-- Satzungsvorschläge für ECCSEC (NEU!) >>> wichtige Unterpunkte: → Mandat → Mitgliedschaft → Die römisch-katholische Kirche [einladen?!] → Berater → Arbeitsweise → Aufgaben → Amtsträger → Exekutivausschuß → Mitarbeiter → Zuständigkeiten → Beziehungen zum Ökumenischen Zentrum → Finanzen → Auflösung (ggf. Restgelder an KEK!) >>> grundsätzlicher Einwand der französischen Delegation bzgl. Institutionalisierung: → "Wir sind jedoch beunruhigt angesichts der Einsetzung einer Kommission, die allzu wichtig würde und zu ehrgeizige Ziele hätte. Warum um jeden Preis die kirchlichen Institutionen in Westeuropa ausbauen. Wir meinen, daß es sehr schwierig sein wird, gemeinsame Stellungnahmen zu erreichen, die dann als offizielle Stellungnahmen gelten können. Das Beispiel dessen, was im Dezember 1978 passiert ist, ist in dieser Hinsicht aufschlußreich. Der nicht angenommene Text [bzgl. Europawahl] ist in schmerzhafter Erinnerung geblieben. Man war froh, feststellen zu können, dass das Ökumenische Zentrum das Dossier übernehmen konnte." >>> weiterhin wichtig: Straßburg + Luxemburg erwähnen >>> neue Bezeichnung: "Ökumenische Kommission für Kirche und Gesellschaft in der Europäischen Gemeinschaft" (ECCSEC)
-- Berichte über Informationspolitik >>> Erneute Vorstellung der Informationshefte und des Early Warning Systems (Darstellung der derzeitigen Situation)

Ökumenische Kommission für Kirche und Gesellschaft in der Europäischen Gemeinschaft (ÖKKGEG), Protokoll der Sitzung die am 29. und 30. November 1979 in Brüssel stattgefunden hat [auch: EZA]

-- Satzung / Verfassung der ECCSEC >>> mit nur noch geringfügigen Änderungen wird diese Verfassung von der Vollversammlung

angenommen >>> außerdem wird das Ökumenische Zentrum in "Ökumenische Vereinigung für Kirche und Gesellschaft, Brüssel" (AOES) umbenannt / -strukturiert
-- Tätigkeitsbericht des Ökumenischen Zentrums >>> Informationsdienst → zuständig ist jetzt die ECCSEC → "Ferner müßte die Selbstfinanzierung der Information erreicht werden können." >>> *Beziehungen AOES-ECCSEC* → "wichtig (...), daß der schöpferische Aspekt, der eine freie Diskussion ermöglicht, erhalten bleibt." >>> *Joint Task Force* → zuständig jetzt AOES → weiteres: siehe Bericht >>> *Zusammenarbeit mit kirchlichen Organisationen* → weiterhin Beziehungen zu: → Ausschuß der Kirchen für ausländische Arbeitnehmer (AKAA) → European Contact Group for Church and Industry (ECG) → Ecumenical Research Exchange (ERE) → Ökumenische Vereinigung der Akademien und Laienzentren in Europa → Konferenz Europäischer Kirchen (KEK) → Ökumenischer Rat der Kirchen (WCC) → Konferenz der Kirchen am Rhein → neuer Kontakt zur Conference des Eglises Protestantes des Pays Latins en Europe (CEPPLE) >>> *Arbeitsgruppen* (außer Joint Task Force) → ECO-THEO → Ad-hoc-Gruppe bzgl. Nahrungsmittelhilfen der EG >>> Gruppe zu Energiefragen
-- Erweiterung der Europäischen Gemeinschaft >>> Meinungsaustausch auf Grundlage zweier Dokumente 1) Perspektiven der Erweiterung der Europäischen Gemeinschaft (H. von Verschuer, AOES); 2) Die Erweiterung der EG - eine Herausforderung für die Christen (W. D. Just, ERE) >>> weiteres Procedere: → Ausarbeitung der Texte bei Konsultation der ECCSEC (12.06.1980) → Aktionsprogramm und Info-Heft werden danach herausgegeben → Behandlung der Frage der kulturellen Identität (1.) sowie der Frage der Sicherheit und des Friedens (2.)
-- Finanzen >>> "daß sich das Ungleichgewicht der nationalen Beiträge weiter verstärkt. Es handelt sich um eine ungesunde Entwicklung."
-- Präsenz der Kirchen in Straßburg >>> 1) Projekt ökumenischer Begegnungen mit Abgeordneten des EP (im Zusammenarbeit mit OCIPE) → 2) Projekt der Konferenz der Kirchen am Rhein hinsichtlich des Europarates → Kurzbericht der diesbzgl. Arbeitsgruppe über Erfolg der Projekte

-- Embargoaufruf >>> Aufforderung der niederländischen Kirchen, ein Embargo auf für Südafrika bestimmte Erdölerzeugnisse zu fördern

Ökumenische Kommission für Kirche und Gesellschaft in der Europäischen Gemeinschaft, Protokoll der am 13. Juni 1980 in Brüssel abgehaltenen Sitzung [auch: EZA]
-- Bericht über Konsultation zur (Süd-) Erweiterung der EG >>> Verfasser: M. Lenders → Arbeitsgruppe → Report ?! → weitere Diskussion ==> Vorschlag einer Konsultation zum Thema "Kulturelle Identität" (orthodoxe Akademie Kreta) → Diskussion eines Schreiben des ERE (Ecumenical Research Exchange) ebenfalls zum Thema Erweiterung
-- ECCSEC-Staff: 1) Studienleiter 2) Exekutivsekretär 3) Info-Officer
-- Mitglieder der (noch in Gründung befindlichen) ECCSEC: >>> Kirchen / Räte von Kirchen aus GB, NL, B, D, F >>> DK, IRL (Beobachterstatus) >>> GR, I, CH ? >>> noch keine offizielle Organisation (Ratifizierungsverfahren) ==> Absichtserklärungen der Kirchen über Mitgliedschaft in ECCSEC (formell)
-- Ökumenisches Sekretariat beim Europarat >>> Kontakte zu ECCSEC, aber [noch] nicht dazugehörend >>> wichtig für Ökumenisches Sekretariat: NGO-Status
-- Kontakte zum Europäischen Parlament >>> schwierig bzw. im Aufbau → M. Lenders will diesbezüglich längere Zeit in Straßburg weilen
-- Planning of a Programme >>> Diskussion eines ECCSEC-Arbeitsprogrammes (Thema u. a. Armut)

Ecumenical Commission for Church and Society in the European Community (ECCSEC), Brief Minutes of the meeting held on 13 - 14 November 1980 in Brussels [auch: EZA]
-- Paper(s) über (Süd-) Erweiterung der EG >>> M. Lenders u. a.
-- Beziehungen zum Europäischen Parlament >>> siehe auch 06 / 1980
-- Annahme der ECCSEC-Verfassung >>> siehe auch 1979
-- "Towards an Economy of Enough" → ECO-THEO → insbesondere Harry de Lange (= Haupt-Verfasser) → ausführliche Diskussion
-- Early Warning System ==> nochmalige Vorstellung → schnelle Verbreitung von wichtigen Informationen
-- ECCSEC-Newsbrief >>> zuständig: Win Burton >>> 2 x pro Jahr

-- "Programme of Action" >>> intensive Debatte (siehe Protokoll)
-- Exekutivsekretär der ECCSEC >>> Position neu besetzt
→ mit Werner Lichtwark

Ecumenical Commission for Church and Society in the European Community, Minutes of the Meeting of the Ecumenical Commission for Church and Society in the European Community, Brussels, June 11th and 12th 1981 [auch: EZA]
-- Beziehungen zum Europäischen Parlament >>> Treffen mit Parlamentariern
-- Unterschiedlichkeit / Diversität des Protestantismus erschwert die Arbeit der ECCSEC!
-- Beschluß der ECCSEC-Verfassung >>> endgültig >>> d. h.: konstitutive Sitzung >>> und formelle Trennung von AOES (siehe 1979)
-- Bericht Info-Arbeit → Newsbrief → Handbooks → Networking etc.
-- Kontakte zur KEK >>> siehe vorherige Jahre
-- Konferenz geplant für 1982 >>> Interlaken
-- Treffen / Konsultation mit / von Kirchen des "Council of Europe"
-- Programme of Activities (Vorschläge) >>> *EG-Erweiterungs-Thema* → Vortrag + Diskussion >>> *Südafrika* → Vortrag + Diskussion >>> *"Micro-Processing" (auch bzgl. Technologie)* → Vortrag + Diskussion >>> *Sicherheitsfragen in Europa* → u. a. bzgl. "Europäischer Politischer Zusammenarbeit" (EPZ) → Vortrag + Diskussion >>> *Arbeit* >>> *Landwirtschaft* >>> *Technologie* >>> *Nationalismus* >>> *Kulturelle Identität* >>> *Energie* (kein Programmpunkt, aber Hinweis) → früher schon einmal behandelt [!]

Ecumenical Commission for Church and Society in the European Community, Minutes of the Meeting of the Ecumenical Commission for Church and Society in the European Community, Brussels, December 3 / 4, 1981 [auch: EZA]
-- Besuch des Erzbischof von Canterbury >>> vgl. Bericht
-- WCC-Team-Besuch >>> wg. WCC-Konferenz 1983 in Vancouver
-- "Western European Conference of Churches" >>> Vorbereitungen >>> geplant für Oktober 1982 in der Schweiz
-- ECCSEC-Prioritäten >>> von Exekutivkomitee beschlossen >>> *EG-Erweiterung* → Paper >>> *Neue Technologien* → Bericht >>>

Arbeitslosigkeit / Arbeitsethik → Bericht >>> *Europäische Sicherheit*
→ Bericht
-- Treffen mit NGOs (Nicht-Regierungsorganisationen beim Europarat)
-- Beziehungen zur AOES >>> siehe auch vorherige Jahre
-- Informationspolitik der ECCSEC >>> siehe auch vorherige Jahre
-- Bericht über Konsultation der Joint Task Force >>> bzgl. Handelspolitik (in) der Europäischen Gemeinschaft (Oktober 1981)

Ecumenical Commission for Church and Society in the European Community, Minutes of the Meeting of the Ecumenical Commission for Church and Society in the European Community - 10th / 11th June, 1982 [auch: EZA]
-- Social Policy >>> weitere Priorität der ECCSEC (?)
-- AOES >>> Bericht über deren Aktivitäten
-- International Federation for Inner Mission and Christian Social Work >>> neues - konsultatives - Mitglied der ECCSEC
-- WCC-Team-Besuch >>> Diskussion(en) mit 'Visiting Team' (Bericht)
-- "Western European Conference of Churches" >>> weitere Vorbereitungen >>> Ort / Termin: Interlaken, Oktober 1982
-- ECCSEC-Prioritäten >>> weiterhin / nur noch: → 1) Arbeitslosigkeit → 2) *Europäische Sicherheitspolitik / EPZ*
-- Verhältnis Kirchen-ECCSEC >>> ist zu klären >>> Europäische Repräsentanz effektivieren >>> Laut Report des Chairman: ECCSEC = Commission of the Churches >>> Arbeit des Ecumenical Centre besteht nun schon seit 15 Jahren (jetzt z. T. von ECCSEC übernommen, aber auch von AOES)
-- Ökumenisches Sekretariat für Beziehungen mit dem Europarat >>> ebenfalls in obigem Kontext erwähnt

Ecumenical Commission for Church and Society in the European Community, Minutes of the Meeting of the Ecumenical Commission for Church and Society in the European Community - Brussels, January 20 / 21, 1983 [auch: EZA]
-- Ethische Fragen zum Thema Arbeitslosigkeit >>> siehe Report of the Discussion on Unemployment / Work (M. Lenders - Bericht) >>> weiterhin: Arbeitslosigkeit = Priority Issue

-- "Western European Conference of Churches" >>> Bericht (Interlaken, 08. - 12.Oktober 1982) >>> Stärkung der ECCSEC (?!) >>> ganz Westeuropa involvieren (?!)
-- Finanzbericht >>> Stellenkürzungen ?!
-- Europäische Sicherheitsfragen >>> Hauptthema der nächsten ECCSEC-Vollversammlung (Juni1983) >>> detailierte Fragestellungen
-- Briefe der Netherlands Reformed Church >>> bzgl.: → 1) Namibia → 2) EURATOM >>> diese konnten nicht mehr richtig behandelt werden, da sie zu spät eingetroffen sind für die jetzige Versammlung >>> Verfassungsänderung diesbzgl. / für solche Fälle angeregt
-- "Religiöse Gruppen in der EWG" >>> Diskussion über den Vorschlag eines europaweiten Verhaltenskodexes gegenüber solchen Gruppen >>> Anregung des Jugendausschusses des Europäischen Parlaments

Ecumenical Commission for Church and Society in the European Community, Minutes of the Meeting of the Ecumenical Commission for Church and Society in the European Community, Brussels, 16 / 17th June 1983 [auch: EZA]
-- Kommentare zum Report of the President >>> Verhältnis zur KEK → "the Ecumenical Commission had no wish whatsoever to alter either its status as ecclesiastical commission nor its limitation to the issues of Church and Society." → auch weiterhin Konzentration auf Westen (nicht: Osteuropa) → Erweiterung der ECCSEC auf ganz Westeuropa zum Teil abgelehnt → Bezug: Europäische Gemeinschaft (?!?)
-- Finanzbericht >>> drohende Stellenkürzungen! >>> Geldmangel ...
-- (Europäische) Sicherheitspolitik >>> Bericht über das diesbzgl. Paper → sehr ausführlich → auch Mitarbeiter der Arbeitsgruppe genannt (!)
-- Arbeitslosigkeit >>> Arbeitsgruppe kurz erwähnt
-- Rassismus >>> neue Arbeitsgruppe
-- Auflistung Ökumenischer Organisationen >>> Report des Präsidenten

Ecumenical Commission for Church and Society in the European Community, Minutes of the Meeting of the European Ecumenical Commission for Church and Society in the European Community, Brussels, January 19th / 20th, 1984 [auch: EZA]

-- ECCSEC-Erweiterung >>> weiterhin wichtiges Thema >>> mit Anspruch für ganz Westeuropa (nicht nur EG)! ==> ... EECCS (neuer Name; ab 1985) >>> bereits kirchliche Nicht-EG-Beobachter (aus Österreich, Finnland, Schweiz) dabei {sowie: dänischer Beobachter}
-- Offizieller Status gegenüber dem Europarat >>> anzustreben (!)
-- Vertretung in Straßburg >>> etablieren —> neues Sekretariat
-- Verhältnis zur KEK zu klären (nach Interlaken-Konferenz; siehe 1982)
-- "Unemployment + the Future of Work" >>> Dokument vorgestellt + diskutiert
-- Europawahl (Juni 1984) >>> Broschüre
-- Mitarbeiterstab >>> viele Vakanzen ...
-- Zukunft der Info-Politik der ECCSEC (bzw. EECCS) >>> Reduktion auf 3 bzw. 4 Themenbereiche: —> Arbeitslosigkeit + Arbeit —> Landwirtschaft + Lebensmittel —> Migration —> Europawahl
-- Papstbesuch in Belgien >>> Zusammentreffen mit EG-Kommission ?!
-- "Peace + Security" >>> Dokument erschienen >>> Konsultationen ?!
-- Offizielle Kontakte zur EG-Kommission >>> Bericht über Konsultation mit EG-Kommissions-Mitgliedern zum Thema "Armut" (4. - 5.11.1983) >>> siehe Report
-- Rassismus >>> Joint Working Group mit CCMWE
-- Ecumenical Research Exchange (ERE) >>> Beschreibung der Beziehungen

European Ecumenical Commission for Church and Society, Minutes of the Meeting of the European Ecumenical Commission, Brussels, 21 / 22 June, 1984 [auch: EZA]
-- Arbeit der ECCSEC >>> EG-Kommissions-Mitarbeiter Stefani betont Wichtigkeit der ECCSEC-Arbeit —> auch finanzielle Unterstützung durch EG-Kommission (allerdings zur Zeit um 10 % gekürzt! - siehe Budget!)
-- Arbeitsweisen der ECCSEC >>> verändern (!) >>> u. a. jährliche Treffen (ab 1986)
-- Modifikation der Verfassung: >>> neuer Name (EECCS) einstimmig angenommen
-- Heilsarmee >>> neues Konsultativmitglied der ECCSEC
-- "Peace + Security" >>> Erörterung des Dokument (der AOES) —> u. a.: "Über welches Europa sprechen wir?!"

-- "Poverty in Europe" >>> ERE-Dokument sowie ECCSEC-Bericht über Konsultation >>> ausführliche Diskussion
-- EG + Südafrika >>> Brief des Kirchenrates der Niederlande dazu >>> Diskussion
-- Erziehung und religiöse Freiheit (etc. ?!) >>> Cottrell-Resolution (bzgl. "Sekten") des Europäischen Parlaments diskutiert
-- Ecumenical Research Exchange (ERE) >>> Erörterung der Beziehungen

European Ecumenical Commission for Church and Society, Minutes of the Meeting of the European Ecumenical Commission for Church and Society, Brussels, 24 / 25 January 1985 [auch: EZA]
-- New Media >>> neue Arbeitsgruppe
-- Osteuropäische Kirchen >>> nochmals Frage ihrer Einladung debattiert ―> diese war schon bei der Interlaken-Konferenz (1982) aufgekommen
-- EECCS-Beschlüsse >>> Helmut von Verschuer (AOES) verweist auf Schwierigkeiten bei der Durchführung bzw. -setzung solcher Beschlüsse ―> mangelnde Unterstützung durch die einzelnen Kirchen
-- Info-Arbeit der ECCSEC >>> Besuche der neuen Info-Mitarbeiterin, Anna Lubinska, bei kirchlichen Presseagenturen vorgeschlagen (!)
-- Beziehungen EECCS-ERE >>> Auflösung bzw. Übernahme des ERE?! ―> Finanznöte ...
-- Straßburg-Sekretariat der EECCS >>> Erörterung von Finanzierungsfragen, Arbeitsmöglichkeiten etc.
-- Beziehungen zwischen EG und Südafrika >>> ausführliche Diskussion sowie Beschlüsse der EECCS ... dazu
-- Nordisches Ökumenisches Institut >>> neues EECCS-Konsultativmitglied
-- "Poverty" >>> Paper(s) ausgeliefert
-- AOES bereitet Paper über die Zukunft der ländlichen Gesellschaft vor >>> bis September 1985 fertigzustellen

European Ecumenical Commission for Church and Society, Minutes of the Meeting of the European Ecumenical Commission

for Church and Society - Brussels - 25 / 26 September 1985
[auch: EZA]
-- Report of the Chairman diskutiert >>> Büro in Straßburg wahrscheinlich ab 1986 >>> Info-Mitarbeiterin besucht kirchliche Presseagenturen (!) >>> weiterhin prekäre finanzielle und administrative Situation
-- Ecumenical Research Exchange (ERE) >>> muß(te) schließen >>> wg. Finanzen...
-- EECCS-Verfassungsänderungen >>> (noch) allgemeiner bzgl. Westeuropa
-- "Common Agricultural Policy" (C.A.P.) >>> sehr ausführliche Diskussion sowie Beschlüsse bzgl. einer Arbeitsgruppe dazu
-- Beziehungen zwischen EG und Südafrika >>> nochmalige Diskussion
-- Abschiedsworte von Jan van Veen (—> andere Verpflichtungen):
>>> "Studien der EECCS zu verschiedenen wichtigen Fragen (EG-Erweiterung, Armut, Frieden + Sicherheit, Arbeitslosigkeit, Südafrika) verdeutlichen den 'raison d'être' derselben"
-- "Unemployment and the Future of Work" >>> Paper publiziert

European Ecumenical Commission for Church and Society, Report of the chairman on the activities of the Ecumenical Commission to the meeting of EECCS, Brussels, June 11, 12, 13, 1986
>>> Engagement der Kirchen —> als zu gering beklagt —> EECCS kann nur als "watchdog" gegenüber europäischen Institutionen auftreten (nicht mehr!) >>> New Media —> neue Arbeitsgruppe (seit 1985) >>> Annual Review —> in Deutsch, Englisch, Französisch aufgelegt >>> EECCS-Büro in Straßburg —> Eröffnung Ende September 1986 >>> Finanzfragen —> Gegensatz zwischen steigenden Verantwortlichkeiten und sinkenden Mitteln (Finanz- und Personal-) der EECCS [siehe oben!]

European Ecumenical Commission for Church and Society, Minutes of the Meeting of the European Ecumenical Commission for Church and Society, Brussels, 11 - 12 - 13 June 1986
-- Diskussion über Activities Report >>> insbesondere bzgl. Kritik an Kirchen —> u. a. nochmals Aufgaben der EECCS hervorgehoben
-- Diskussion über Büro in Straßburg >>> siehe oben / vorherige Jahre

-- Diskussion über Arbeitsgruppen >>> Unemployment >>> New Media >>> Südafrika >>> Common Agricultural Policy (C.A.P.) >>> Europäische Konvention gegen Folter
-- Kirchen und TNCs (Transnational Companies) >>> Diskussion über diesen Dialog
-- EECCS = european lobby (!)
-- Engagement nordischer Kirchen bei EECCS >>> weiterhin fraglich >>> trotz Sigtuna-Treffen (1985 / 1986)

European Ecumenical Commission for Church and Society, Minutes of the meeting of the European Ecumenical Commission for Church and Society held in Brussels, June 10, 11 & 12, 1987
-- Diskussionsthemen: >>> C.A.P. / *Gemeinsame Agrarpolitik* (u. a.: USA-Konsultationen) >>> *Südafrika* (u. a.: Sanktionsfragen) >>> *Frieden + Sicherheit* (u. a. bzgl. Dubliner Konsultation; Dokument) >>> *Schuldenerlaßfrage* (u. a. zusammen mit World Council of Churches) >>> *Neue Medien* >>> *Nord-Süd-Kampagne des Council of Europe* >>> *Anti-Folter-Konvention* >>> *AIDS* >>> *EECCS-Info-Politik* (Dokument dazu; jährliche Berichte; Info-Flyer; Umstrukturierungen → Anna Lubinska verläßt EECCS; 'Early Warning System' nicht mehr existent) >>> *Gemeinsame / Einheitliche Europäische Akte* (Single European Act) → ausführlich erörtert >>> *Transnational Companies* (TNCs) → Arbeitspapier dazu → Abschlußbericht >>> *AOES* → ECO-THEO-Dokument → Ecumenical Research Exchange (ERE) geschlossen ("lobby and research could not be carried out by the same people") >>> *Menschenrechte in Ost-Timor* >>> *Teilnahmebedingungen* für EECCS-Vollversammlungen

European Ecumenical Commission for Church and Society, Minutes of the Meeting of the European Ecumenical Commission for Church and Society held in Brussels, June 10, 11 & 12, 1987, Annex 1, President's Report on EECCS Activities 1986 - 87
>>> C.A.P. (Gemeinsame Agrarpolitik), TNCs, New Media, Unemployment im Mittelpunkt des "Staff Work"
>>> "Enlarged mandate of EECCS" (Council of Europe → Nordic Countries) >>> besonders Kirchen des Rheinlandes (und: Rheinanrainerstaaten) großzügig bzgl. Straßburg-Büro → direkter

Bezug → auch: allgemeine Diskussion >>> Information Work wieder hervorgehoben (vorher unterbrochen?!) >>> Beziehung zur KEK: → "it is not our role to (be) a Western European Council of Churches. We are here to relate to political and economic realities of European institutions, to be a voice of conscience and to interpret matters of vital importance decided in those institutions to our members."

Minutes of the General Assembly Meeting of the European Ecumenical Commission for Church and Society, Strasbourg, June 2 - 4, 1988

-- EECOD (früher: Joint Task Force) >>> als Beobachter bei Vollversammlung zugelassen
-- Einheitliche Europäische Akte (Single European Act) >>> ausführlich diskutiert
-- Diskussionen in 4 Workshops [z. T. auch mit Resolutionen]: >>> Agriculture >>> Media >>> Environment >>> Work + Unemployment
-- "Human Rights in the Setting of the Council of Europe" diskutiert
-- Diskussion über Bioethik und Biogenetik
-- (weitere) Resolutionen: >>> Protestantischer Religionsunterricht >>> Single European Act >>> Giftmüllexporte >>> Südafrika >>> Repräsentanz von Frauen in EECCS-Vollversammlungen

Minutes of the General Assembly Meeting of the European Ecumenical Commission for Church and Society, Strasbourg, June 2 - 4, 1988, Annex 1, Report of the President
>>> Marc Lenders' Sabbatical beim Interfaith Centre for Economic Justice (→ USA-Kirchen-Arbeit!) >>> Wiedereinführung der 'discussions-lunches' mit europäischen Parlamentariern in Straßburg >>> Orthodoxe Kirche Griechenlands nicht mehr aktives EECCS-Mitglied (!) >>> KEK-EECCS-Zusammenarbeit: → EECCS in KEK-Arbeitsgruppen zur Flüchtlings- und Asylproblematik → sowie bei Vorbereitung der Ersten Europäischen Ökumenischen Versammlung (Basel 1989) >>> immer noch keine Repräsentanz der osteuropäischen Kirchen bei Vollversammlungen der EECCS (trotz wiederholter Einladungen) >>> Dokument zur Einheitlichen Europäischen Akte >>> Vorstellung des Annual Review 1987 >>> Info-Arbeit → Kontakte zu Journalisten statt eigener journalistischer Arbeit >>> "Christliche

Repräsentanz gegenüber den europäischen Institutionen immer wichtiger."

Minutes of the General Assembly [of EECCS; H.-U. R.] held in Brussels, 27 - 28 September 1989
-- Bericht der Core Group "1992" >>> Prioritäten → "Europäisch denken" [→ Katholische Beteiligung an dieser Arbeit?!]
-- Bericht über die 1. Europäische Ökumenische Versammlung (Basel, Mai 1989) >>> u. a.: Perestroika auch im Westen?!
-- Südafrika-Schwerpunkt >>> Besuch von Delegierten aus Südafrika >>> Südafrika-Resolution (!)
-- "Internal Market and Environment" >>> 2 Dokumente der AOES
-- Future prospects of EECCS >>> immer zu wenig Unterstützung durch Kirchen >>> aber größeres Engagement der EKD (→ Brüsseler Büro der EKD!) → aber EKD auch weiterhin für EECCS >>> Stärkung der Kompetenzen (?!)
-- Rede von Jean Fischer (KEK-Vorsitz) >>> Beziehung EECCS-KEK

Minutes of the General Assembly [of EECCS; H.-U. R.] held in Brussels, 27 - 28 September 1989, Annexe 1, Report of the President
>>> 'Core Group' gebildet → bzgl. Einheitlicher Europäischer Akte bzw. Single European Act (SEA) / "1992" >>> Aufgaben der EECCS (auch bzgl. Straßburg): → "monitoring" → "interpreting" → "relaying" >>> Neues Gebäude in Brüssel >>> Südafrika-Resolution >>> Kontakte zur KEK (u. a. bzgl. 'Basel 1989'; siehe unten) >>> Zurückhaltung der Kirchen: → "Why is it that we are afraid to (be) adventurously?"

Minutes of the General Assembly [of EECCS; H.-U. R.] held in Brussels, 27 - 28 September 1989, Annexe 2, Activities Report for the period March - September 1989
>>> Verfasser: Marc Lenders >>> sehr viele verschiedene Aktivitäten bzgl. "Europa 1992" / SEA → sogar Fernsehsendung! (Hessischer Rundfunk) >>> Broschüre zur Europawahl >>> "plötzliches" Interesse der Kirchen an Europa festzustellen (!) >>> Seminare gegeben, u. a. an der Universität Brüssel (evangelische Theologie) >>> Vortrag in Altenkirchen zum "Lobbying" der Kirchen in Europa + USA (!) >>> Core

Group "1992" [u. a. bzgl. des Gemeinsamen Europäischen Marktes; siehe oben] >>> Arbeitsgruppen: → Environment → Agriculture → Unemployment >>> verschiedene Interventionen bei den europäischen Institutionen

General Assembly of EECCS held in Brussels on 27 and 28 June 1990, Minutes
-- Bericht des Präsidenten (Chapter I.; siehe unten)
-- "Core Group 1992" (Chapter II.; siehe unten)
-- Neue Themen / Fragestellungen für die EG im Lichte des Wandels in Europa (Chapter III.) >>> ausführliche Vorträge und Diskussionen [in 2 verschiedenen Tagesordnungspunkten]
-- Beziehungen EECCS-KEK (Chapter IV.) >>> (grundsätzlich) neu zu überdenken ... → "Verlobung" (?!)
-- Neue Herausforderungen ... (Chapter V.)
-- Finanzen (Chapter VI.)

General Assembly of EECCS held in Brussels on 27 and 28 June 1990, Minutes, Chapter I., Bericht des Präsidenten
>>> Neue Situation Ost-West! >>> Einheitliche Europäische Akte ("Europa 1992"; Core Group - siehe unten, Chapter II.) immer noch wichtig >>> Positionsbestimmung der Kirchen im neuen Europa → Rolle des Protestantismus >>> Aufgaben des Exekutivausschusses >>> Intensivierung der Arbeit der EECCS, wie 1989 beschlossen >>> Verhältnis EECCS-KEK! (Chapter IV.) >>> Verhältnis EECCS - osteuropäische Kirchen neu zu überdenken (+ auch: GR)

General Assembly of EECCS held in Brussels on 27 and 28 June 1990, Minutes, Chapter II., The Core Group 92
>>> Resolution >>> Konsultation im Jahr 1991 (mit EG-Institutionen ...) >>> Working Papers >>> Themen bzgl. Europa 1992 → Umwelt → Kulturelles (Identität ?!) → Ökumenische Dekade (Frauenfrage) >>> etc., pp.

European Ecumenical Commission for Church and Society, General Assembly - 2 / 3 September 1991, Minutes

-- Evangelische Kirche A.B. und H.B. Österreichs >>> Antrag auf EECCS-Mitgliedschaft
-- ausführliche Diskussion der beiden u. g. Reports
-- EECCS-Antwort auf KEK-Dokument "Gott vereinigt ..." >>> ausführlich diskutiert
-- Bericht über Besuch von Kirchenführern bei EG-Kommission (Treffen mit Jacques Delors!) + die Folgen >>> ausführliche Diskussion (+: >>> Projekt "Giving a soul to Europe") → "confirmation of the raison d'être of EECCS"(!)
-- Message an die neuen baltischen Staaten >>> Begrüßung der Unabhängigkeit
-- neuer Mitarbeiter: Alastair Hulbert

European Ecumenical Commission for Church and Society, General Assembly - 2 / 3 September 1991, Minutes, Annex C, Bericht des Präsidenten
>>> Deutsche Einigung + osteuropäische Freiheitsbewegungen >>> Kirchen und auch EG immer noch sehr schwach bzgl. Konfliktbewältigung >>> Kirchen sollten EECCS mehr unterstützen >>> Konsultation "Neue Herausforderungen der EG" anschließend an EECCS-Vollversammlung >>> Gemeinsame Arbeitsgruppe EECCS-KEK ab Ende 09/1991

European Ecumenical Commission for Church and Society, General Assembly - 2 / 3 September 1991, Minutes, Annex D, Oral Report of the General Secretary
>>> Europafrage wird sowohl in EECCS-Vollversammlung als auch in Konsultation (s. o.) behandelt >>> Kirche-"Staat"-Verhältnis in Europa (=EG) zu klären >>> Beziehungen Kirchen-EECCS intensivieren → 1) EECCS sollte Kirchen besuchen → 2) Kontaktpersonen in den Kirchen → 3) regionale Kirchengruppen sollten EECCS besuchen → 4) Diakonie und andere "Spezialgruppen" für EECCS interessieren >>> Visionen für Europa → ausführlich vorgestellt

European Ecumenical Commission for Church and Society, General Assembly - 24 / 26 June 1992, Minutes

-- Zukünftige Beziehungen EECCS-KEK >>> wichtiger Beitrag zur Ökumene → "The world is too strong for a divided church" (Visser 't Hooft) >>> Position gegenüber europäischen Institutionen sollte stark bleiben → Überschneidungen vermeiden >>> EECCS in KEK als assoziertes Mitglied oder als Kommission?! → ausführliche Diskussion → Resolution

-- Policy-Leitlinien für Beziehungen zwischen EECCS und Kirchen in Europa (Annex E) >>> Diskussion >>> Beschluß

-- Diskussion der Berichte von Präsident (Annexe C, siehe unten) und Generalsekretär (Annex D, siehe unten) >>> Frage: Ist EECCS ein Instrument der Kirchen oder besteht die "Gefahr", daß sie eine "autonomous line of its own" (= eigene Politik) hat ? → sich verselbständigend! >>> oder: EECCS zum Teil als Katalysator! (?) >>> Ergänzung: Barney Milligan (EECCS-Straßburg) zum Vize-Präsidenten des NGO-Liaison-Committee des Europarates gewählt!

-- Diskussion der EECCS-Prioritäten (Annex F) >>> theologische Fragen / Anmerkungen >>> auch bzgl. Interessen der Kirchen und der Gesellschaft → wer wird angesprochen (auch bei den Kirchen)? >>> EECCS: → 1) go-between → 2) analyst → 3) communicator

-- Diskussion des Hauptthemas "Die öffentliche Verantwortung der Kirchen in einem sich wandelnden Europa" (Annex H)

Europäische Ökumenische Kommission für Kirche und Gesellschaft, Vollversammlung - 24. - 26. Juni 1992, Protokoll, Annexe C, Bericht des Präsidenten

>>> Kommentare zur europäischen Situation (auch Osteuropa / Jugoslawien) + zum Maastricht-Vertrag / EU-Gründung [Kirche soll helfen, als NGO!] >>> Europäische Ökumene → 5. Ökumenische Begegnung (Katholiken, Orthodoxe, Protestanten, Anglikaner) → aber: Kritik an geringer Dialogfähigkeit des Vatikans → Orthodoxie + Proselytismus-Ängste → Europäische Evangelische Versammlung (Budapest) ==> theologisch-kirchliche Maximen: > partizipatorische Gestaltung gesellschaftlichen Lebens und Handelns > Auseinandersetzung mit Säkularismus ==> EECCS-Arbeit positiv erwähnt! (Zusammenarbeit mit KEK befürwortet, aber in Eigenständigkeit) >>> EECCS-KEK-Zusammenarbeit → Resolution >>> Bekanntheitsgrad der EECCS in Brüssel seit der Verstärkung der

Arbeit (1986 ff.) gewachsen >>> stärkeres (finanzielles) Engagement der Mitgliedskirchen (besonders seit 1989 ?!) begrüßt >>> Bibelzitat (Hebräer 12) als Schluß!

European Ecumenical Commission for Church and Society, General Assembly - 24 / 26 June 1992, Minutes, Annex D, Oral Report of the General Secretary
>>> "rebirth of democracy in countries of Central and Eastern Europe" .... >>> aber auch: Appell, weiter die globalen Probleme im Blick zu haben >>> Werte aus der Bibel (love, peace, justice, solidarity) betonen! → auch Politiker sind an dem Warum des Handelns interessiert >>> "EECCS' post-Maastricht briefing paper" >>> EECCS-Prioritäten → wichtig: EECCS stets in Bezug zur Europäischen Gemeinschaft und Europarat (= raison d'être)
[>>> Visionen für Europa: → siehe Bericht 1991!]

Europäische Ökumenische Kommission für Kirche & Gesellschaft, Vollversammlung - 23. / 24. September 1993, Protokoll
-- Frage: die EECCS gewinnt an Einfluss, aber verlieren die Kirchen selbst an Einfluß in Europa ?!
-- Frauen in EECCS-Vollversammlungen → immer noch unterrepräsentiert (Anmerkung von Elisabeth Salter, jetzt beim WCC)
-- keine eigene EECCS-Stellungnahme zu Jugoslawien geplant
-- Frage, "in welche Richtung Europa sich bewege" → zu diskutieren
-- Verfassungsänderungen für EECCS und Straßburger Beirat (u. a.: Anhang) → wegen neuer politischer Situation + KEK etc. → Diskussion
-- Hauptthema "Landwirtschaft und Zukunft des ländlichen Raumes" (>>> siehe Anlage)

Europäische Ökumenische Kommission für Kirche und Gesellschaft, Vollversammlung - 23. / 24. September 1993, Bericht des Generalsekretärs
>>> Beziehung zum Europarat → Besuch / Treffen am 13.11.1992 → NGO-Status von EECCS und KEK → Verbindungsausschuß NGO's <> Europarat → Planungsausschüsse → lunchtime debates → Treffen der Regierungschefs des Europarates im Oktober 1993 in

Wien (→ Vorbereitung / Dokumentation) >>> Dialogprogramm mit EG-Kommission → Zusammenkünfte (1/2-jährig) >>> Frühstücksgespräche mit Mitgliedern des Europäischen Parlamentes >>> Informationspapier (+ zusätzlicher Newsletter) zur Europawahl 1994 geplant >>> Kontakte zur jeweiligen EG-Präsidentschaft (in dem jeweiligen Land) >>> Informationspapier "Von Maastricht bis Edinburgh" >>> Grundlagenpapier "Der Beitrag der Kirche zur öffentlichen Diskussion über die Ziele und die Bedeutung der EG" (siehe Anlage) → bzgl. Maastricht-Debatte >>> Core Group / Beratender Ausschuß zur Politischen und zur Wirtschafts- und Währungsunion >>> Konsultation für EECCS-Mitgliedsorganisationen zum Thema "Kirche - Staat - Beziehungen" → auch: Arbeitsgruppe (Mitglieder - siehe Anhang!) >>> Arbeitsgruppe "Ökonomie + Ökologie" → Dokument soll erarbeitet werden >>> Programm "Regionalpolitik" der EECCS → Schwerpunkte: 1) Irland 2) Italien 3) Polen → Seminare vor Ort geplant >>> EECCS / EKD-Seminar zum Thema "Menschenrechte und Europäische Gemeinschaft" für EG-Mitarbeiter und Mitglieder des Europäischen Parlaments >>> Neues Konsultationspaper der EG-Kommission zur Sozialpolitik → soziale Fragen... >>> Einrichtung einer "Beratenden Versammlung zu Fragen der Arbeitslosigkeit und der Armut" beim Europäischen Parlament (mit EECCS-Mitarbeit) >>> Arbeitsgruppe Bioethik (und auch: Planungsgruppe des Europarates) >>> Arbeitsgruppe Landwirtschaft und Zukunft des ländlichen Raumes → Diskussion in EECCS-Vollversammlung → Dokument >>> Anmerkungen: → Ex-Jugoslawien → Südafrika → Überfischung des Nordatlantik >>> Kontakte zu Mitgliedsorganisationen, d. h. Kommunikation, verbessert >>> Kooperation EECCS-KEK → Projekte: > Spiritualität und Europa (EECCS-Paper dazu) > Menschenrechte (EECCS-Standpunkte bei Europarat; Dokumentation) > Armut >>> Zusammenarbeit mit WCC und auch mit römisch-katholischer Kirche >>> AOES → weiterhin Kooperation und gegenseitige Unterstützung >>> Weitere Zusammenarbeit mit verschiedenen anderen Organisationen

Europäische Ökumenische Kommission für Kirche und Gesellschaft, Vollversammlung - 20. / 22. September 1994, Protokoll der Vollversammlung 1994

-- Diskussion um Unterstützung durch Mitgliedskirchen! >>> + Aufgaben / Arbeitsweisen >>> "sollte EECCS den Kirchen helfen europäischer zu werden"?! >>> weiterhin Finanznöte
-- Vorbereitung der 2. Europäischen Ökumenischen Versammlung (EÖV 2) → zusammen mit KEK (?!) → "Versöhnung und die Rolle der politischen Institutionen" (= Beitrag der EECCS)
-- Hauptthema "Arbeitslosigkeit" >>> siehe Anhang (Diskussionszusammenfassung sowie Dialog mit Europäischer Kommission dokumentiert)

Europäische Ökumenische Kommission für Kirche und Gesellschaft, Vollversammlung - 20. / 22. September 1994, Bericht des Generalsekretärs
>>> Europarat: neue Dynamik (jetzt 32 Mitglieder) >>> europäische Institutionen ... schnelle Veränderungen, Unsicherheiten ... >>> EECCS-Verfassungsänderungen → u. a.: vier KEK-Mitglieder jetzt stimmberechtigt in Vollversammlung → AOES: ein Sitz weniger in Exektutivausschuß (d. h.: nur noch 1) >>> neu in EECCS: → ungarischer Kirchenrat (Vollmitglied) → schwedischer Kirchenrat (beratend) → Gefängnisseelsorger-Vereinigung (beratend) >>> neue Vorsitzende des EKD-Büros in Brüssel: Oberkirchenrätin Heidrun Tempel >>> EECCS in Lenkungsausschüssen des Europarates bzgl. Menschenrechten und bzgl. Bioethik als Beobachter?! >>> weder EECCS noch KEK können den gleichen Status im Europarat erreichen wie der Vatikan (=Staat!) >>> KEK "übernimmt" EECCS-Engagement im NGO-Verbindungsausschuß des Europarates >>> wichtig: EECCS-Erklärung zum Treffen der Europarat-Regierungschefs (10/93) >>> weiterhin: lunchtime debates im Europarat → Themen: > Rolle der Kirchen > Intoleranz > Bioethik >>> Dialogprogramm mit Europäischer Kommission → "sustainable development" (12/93) → "Arbeitslosigkeit" (6 /94) ==> Weißbuch der Europäischen Kommission "Wachstum, Wettbewerbsfähigkeit, Beschäftigung" [Dialogveranstaltung: siehe Anhang] >>> Informationsbrief zu den Wahlen zum europäischen Parlament >>> Gespräche / Treffen mit den wichtigsten Fraktionen im europäischen Parlament >>> auch für / mit MEP's: → ökumenische Gottesdienste → lunchtime debates [Themen: Orthodoxie; Wahlen] >>> in Brüssel mit EG-Kommissions-

Mitarbeitern: → Breakfast Meeting(s) [Thema: Währungsunion] + lunchtime lectures der AOES >>> Treffen mit EU-Präsidentschaften → mit deutschen Staatssekretären → für französischen Vorsitz (1 - 6/95) ähnliches geplant >>> "Europa eine Seele geben" → vielfältige Projekte, u. a. mit Juden und Humanisten >>> Prioritäten → sollte EECCS in Zukunft nur koordinieren oder auch organisieren? >>> Thema Arbeitslosigkeit → einjähriges Projekt über Zukunft der Arbeit >>> Grünbuch der EG-Kommission zur Sozialpolitik → Stellungnahme des Exekutivausschusses der EECCS >>> Beratender Ausschuß (der EECCS) zur Politischen und zur Wirtschafts- und Währungsunion → Arbeitspapiere: > 1) Erweiterung > 2) Wirtschafts- und Sozialunion > 3) Regierungskonferenz 1996 → Konsultationspaper (!) >>> Seminare zu Referendumskampagnen (→ A, SF, S, N) >>> weitere Arbeitsgruppen → "Ökologie + Ökonomie" (Diskussionspaper - theologisch, rechtlich, politisch ...) → Kirche + Staat ... → Landwirtschaft (Dossier: siehe Anhang) → Regionalpolitik ... → Menschenrechte (Arbeitspaper)→ Bioethik (Symposien) >>> Newsletter → geringe Auflage → und auch sonst noch Kommunikationsmängel >>> Kooperation mit KEK → speziell zum Thema "Europa + Spiritualität" >>> Kritik aus Nordeuropa bzgl. angeblich hoher EECCS-Beiträge zurückgewiesen >>> Europaschulen: → "EECCS (...) Repräsentantin der anglikanischen + protestantischen Mitgliedsorganisationen"

Europäische Ökumenische Kommission für Kirche und Gesellschaft, Protokoll der Vollversammlung 1995 [04. - 06.09.1995]
-- Diskussion über Postmoderne (Hauptthema der Vollversammlung) >>> Vortrag von Prof. Gilbert Rist
-- Diskussion über Regierungskonferenz 1996 der EU
-- Diskussion über Arbeitsweisen der EECCS >>> interessante (u. a. theologische) Anmerkungen und Zahlen >>> auch im Bericht der Präsidentin (Anhang) sowie in dem Paper "Die Aufgaben der EECCS für den Zeitraum 1996 - 1998" (Anhang)

Europäische Ökumenische Kommission für Kirche und Gesellschaft, Vollversammlung - 4. / 6. September 1995, Bericht des Generalsekretärs

>>> Jahr vieler Veränderungen für EECCS >>> politische Lage bzgl. europäischer Integration ungewisser >>> neue Mitglieder: → Ökumenischer Rat der Kirchen der Slowakischen und der Tschechischen Republik → Vereinigung der Evangelischen Freikirchen Deutschlands >>> Europarat: ausführlicher Rückblick.... → Lunchtime debates 1) Bildung eines abrahamitischen Forums [jüdisch / christlich / islamisch] 2) Nationalismus 3) Ausländische Frauen in Europa >>> Dialogprogramm mit Europäischer Kommission → Treffen mit Kommissions-Präsident Delors (21.12.1994) → Treffen zum Thema "Regierungskonferenz 1996" (06/95) → Info-Veranstaltungen mit (EG-) Arbeitsstab für prospektive Analysen → u. a. mit neuer "Ministerin" / Kommissarin für religiöse Angelegenheiten [Kabinett Santer - neue EU-Kommissions-Präsidentschaft] >>> Neugewähltes Europäisches Parlament → ökumenischer Gottesdienst → Lunchtime-debates (in Straßburg zusammen mit jesuitischer OCIPE organisiert) → Breakfast-Meetings >>> Treffen mit französischer EU-Präsidentschaft >>> "Europa eine Seele geben" → 'supraökumenisch'! >>> Projekt über Arbeitslosigkeit → Bericht → auch: theologische und ethische Fragen >>> Ausschuß über politische und Wirtschafts- und Währungsunion → Papers! >>> Arbeitsgruppe 'Kirche + Staat' → Europäische Union greift in "kirchliche Aufgaben" ein?! >>> Arbeitsgruppe ÖKO^2 (Ökologie + Ökonomie) → Schlußbericht [Moderator H. von Verschuer] >>> Arbeitsgruppe Landwirtschaft: → beendet! [EECOD: ebenso!] >>> Arbeitsgruppe Regionalpolitik → regionale Treffen / Seminare >>> Thema Menschenrechte → Rechte des Kindes ... → EECCS soll(te) Mitglieder bitten Druck auf die jeweiligen Regierungen auszuüben wg. Ratifizierungen von Protokoll 11 zur Menschenrechtskonvention sowie Rahmenkonventionen bzgl. nationalen Minderheiten → zu letzteren gibt es auch noch ein 'kulturelles Protokoll' → Diskussion über kulturelles Recht >>> Arbeitsgruppe Bioethik → auch nochmalige "theologische Reform" (?!) der Resolution >>> Besuche von EECCS bei verschiedenen Versammlungen von Mitgliedskirchen (Italien, Spanien, Schweden, England, Schottland) >>> *Diskussion der Position von EECCS gegenüber Mitgliedskirchen / -organisationen* → <u>EECCS-Charta angeregt</u> (NACH 15 JAHREN!) → siehe unten (!) >>> *Zusammenarbeit mit KEK* → Thema 'Christliche Spiritualität und

kulturelle Identität' → auch Gespräche, "um ein noch stärkeres Zusammenwachsen zu fördern" >>> Zusammenarbeit mit AOES → Occasional Paper No. 1 (ff.) → Wöchentliche Gebetstreffen → Lunchtime lectures >>> Ende von EECOD: → wie EECCS ständig in Finanznöten → + schließlich ganz fehlende Unterstützung

Europäische Ökumenische Kommission für Kirche und Gesellschaft, Vollversammlung - 28. September / 1. Oktober 1996, Protokoll der Vollversammlung

-- Vorschlag einer theologischen EECCS-Charta nicht mehr aufgegriffen! >>> EECCS eine Seele geben ?!
-- Versöhnung, Gabe Gottes, Quelle neuen Lebens (Hauptthema der EÖV 2) >>> auch: theologisch diskutiert (!)
-- EECCS-KEK-Diskussion >>> + Paper + Resolution (Anhänge)

Europäische Ökumenische Kommission für Kirche und Gesellschaft, Vollversammlung - 28. September / 1. Oktober 1996, Bericht des Generalsekretärs

>>> ein von Übergängen geprägtes Jahr ... → Zusammenlegung EECCS-KEK ... >>> politisch: Regierungskonferenz 1996 ... → ist es möglich, "die Visionen der Integration" wiederzubeleben ?! >>> Russlands Antrag auf Europarat-Mitgliedschaft → Wahrung von Interessenssphären?! >>> problematische politische Konstellationen in Türkei und Israel → "Kampf der Kulturen"?! >>> neue beratende EECCS-Mitglieder: → Europäische Evangelische Allianz → Evangelische Lutherische Kirche Finnlands (1997: Vollmitgied!) >>> Ökumenischer Rat der Kirchen Österreichs hat Antrag auf Vollmitgliedschaft zurückgezogen (wg. EECCS-KEK-Situation) >>> Besuch des Präsidenten der Leuenberger Gemeinschaft bei Europäischer Kommission (+ EECCS) >>> Europarat-Arbeit (des Straßburger Beirates der EECCS) → Diskussionsveranstaltungen: > bzgl. Verhältnis Europarat - EU > bzgl. Projekt "Armut und soziale Ausgrenzung" → Verbindungsausschuß NGO's → Breakfast discussions: 1) Subsidiarität + Regionen 2) Nationale Kulturen + Europäische Kultur 3) Russland + Europa >>> Europäische Kommission → Treffen mit Präsident Santer (05.07.1996) → Dialogprogramm-Treffen (13.06.1996 zum Thema "Wissenschaft,

Politik, Ethik" >>> Interreligiöses Treffen in Toledo (04. - 07.11.1995) → "die mediterrane Gesellschaft: Auch heute eine Herausforderung für die drei Kulturen" [Teilnehmer: Protestanten, Katholiken, Orthodoxe, Juden, Muslime + Beamte der EU-Kommission + Beobachter der EU-Mitgliedsländer, des Europarates, der UNESCO] → organisiert u. a. von EECCS → Bericht der EU-Kommission dazu! >>> "Europa eine Seele geben" → Programm angelaufen → Zusammenarbeit mit jüdischen, christlichen, muslimischen, hinduistischen, humanistischen Organisationen >>> Europäisches Parlament → Breakfast Discussions: 1) Arbeit + soziale Solidarität 2) Religiöser Pluralismus 3) Russland + europäische Integration >>> Treffen mit irischer EU-Präsidentschaft >>> auch: Besuch irischer Kirchenvertreter in Brüssel >>> *Arbeitsgruppen*: → Arbeitslosigkeit (Schlußbericht bzw. Betrachtung von Dokumenten) → Projekt "Sozialpolitik / Armut / Ausgrenzung" (zusammen mit anderen Organisationen) → Politische, Wirtschafts- + Währungsunion (Konsultationen; Papers: 1. Währungsunion + sozialer Zusammenhalt, 2. Gemeinsame Außen- + Sicherheitspolitik, 3. Erweiterung) → Verhältnis Kirche-Staat (Religionsartikel bei Regierungskonferenz; ebenso: Nichtdiskriminierungsklausel) → ÖKO^2 (Ökologie + Ökonomie): weiterer Bericht → Landwirtschaft: Arbeitsgruppe 1995 aufgelöst, aber Alternative (niederländische Kirchengruppe) → Regionalpolitik: 2 Treffen (Irland!; Italien?); nicht mehr unter EECCS-Leitung → Menschenrechte: Ad-hoc-Gruppe! → Bioethik : Diskussionen >>> Konsultation der EU-Kommission zum Thema "Informationsgesellschaft" → im Herbst 1996 in Dublin >>> Nord-Süd-Fragen: → EECOD-Arbeit geht in anderer Form weiter (!) >>> 2. Europäische Ökumenische Versammlung (EÖV 2) → Vorbereitung von 2 Dialogforen >>> EECCS-Besuche bei verschiedenen Mitgliedskirchen (F; GB; IRL; SP; P) >>> EECCS auch in Rundfunk und Fernsehen! >>> Zusammenlegung mit KEK → siehe auch Diskussion → strukturelle Garantien ... → ähnliche Weiterarbeit! >>> AOES: → weitere Occasional Papers >>> CIARUS → neuer Vermieter für Straßburger Büro der EECCS → auch: gemeinsame Uni-Veranstaltungen! >>> EUROFORUM → evtl. supra-ökumische Veranstaltung von Studenten (11/96?!)

Europäische Ökumenische Kommission für Kirche und Gesellschaft, Vollversammlung - 13. / 16. September 1997, Protokoll der 1997 Vollversammlung
-- Diskussion EECCS-KEK bzgl. Integration
>>> Abstimmungen etc.
-- weiteres über eventuelle KEK-Reformen + "Theologie für Europa"
-- "Eine Seele für Europa" ...

Europäische Ökumenische Kommission für Kirche und Gesellschaft, Vollversammlung - 13. / 16. September 1997, Jahresbericht 1996 / 97
-- verschiedenes Verständnis von "Kirche und Gesellschaft" (Begriff → auch bzgl. EECCS-KEK) >>> Konflikte?! >>> Diskussion
-- NGO-Aufgaben (20-jähriges Jubiläum des NGO-Verbindungs-Ausschusses beim Europarat!)
-- "Eine Seele für Europa" ...
-- Diskussion EECCS-KEK bzgl. Integration
>>> Bedingungen ...
-- Bericht über EÖV 2 (Graz, Juni 1997)
-- Interreligiöser Dialog ...

Europäische Ökumenische Kommission für Kirche und Gesellschaft, Vollversammlung, Vaalbeek, 11. - 14. September 1998, Jahresbericht
-- EECCS-KEK = Hauptbeschäftigung / Schwerpunkt
-- EECCS: Beobachterstatus im Bioethik-Lenkungsausschuß des Europarates (→ besonderes Privileg!)
-- KEK im NGO-Verbindungsausschuß des Europarates
-- "Eine Seele für Europa": nun offizielles EU-Programm! (Zitat aus Amtsblatt!)
-- "Theologie für / über Europa"
-- EECCS-KEK-Integration
-- weiteres zur EECCS-KEK-Zusammenarbeit
-- Anmerkungen zu AOES

14.5. Abkürzungen

A.B.	Augsburgischen Bekenntnisses, lutherisch
AKAA	Ausschuß der Kirchen bei den ausländischen Arbeitnehmern (englische Abkürzung: CCMWE)
AOES	Association Oecuménique pour Eglise et Société, Ökumenische Vereinigung für Kirche und Gesellschaft
APRODEV	Association of Protestant Development Organisations in Europe, Vereinigung europäischer protestantischer Entwicklungshilfeorganisationen
BCC	British Council of Churches, Rat der Kirchen Großbritanniens
C.A.P.	Common Agricultural Policy, Gemeinsame Agrarpolitik (der EG bzw. EU)
CCEE	Consilium Conferentiarum Episcopalium Europae, Rat der europäischen Bischofskonferenzen
CCIA	Commission of the Churches on International Affairs, Kommission der Kirchen für Internationale Angelegenheiten (des ÖRK)

CCME	Churches' Commission for Migrants in Europe, Ausschuß der Kirchen für Migranten in Europa (französische Abkürzung: CEME)
CCMWE	Churches' Committee on Migrant Workers in Europe, Ausschuss der Kirchen bei den ausländischen Arbeitnehmern (deutsche Abkürzung: AKAA)
CCREC	Committee on the Christian Responsibility for European Cooperation, Arbeitsgemeinschaft Christliche Verantwortung für Europäische Zusammenarbeit
CEC	Conference of European Churches, Konferenz Europäischer Kirchen (deutsche Abkürzung: KEK)
CEME	Commission des Eglises auprès des migrants en Europe, Ausschuß der Kirchen für Migranten in Europa (englische Abkürzung: CCME)
CEPPLE	Conference des Eglises Protestantes des Pays Latins en Europe, Konferenz der protestantischen Kirchen der romanisch-sprachigen Länder Europas
CIARUS	Centre International d'Accueil et de Rencontre Unioniste de Strasbourg, Internationales Versammlungs- und Begegnungszentrum in Straßburg

CICARWS	Commission on Inter-Church Aid, Refugees and World Service, Kommission für zwischenkirchliche Hilfe, Flüchtlinge und weltweite Dienste
CIDSE	Coopération Internationale pour le Développement et la Solidarité, Internationale Kooperation für Entwicklung und Solidarität (Vereinigung katholischer Entwicklungsdienste)
COMECE	Commissio Episcopatuum Communitatis Europensis, Kommission der Bischofskonferenzen der Europäischen Gemeinschaft
DG	Direction Générale, Generaldirektion (der Europäischen Kommission)
EC	European Community, Europäische Gemeinschaft (deutsche Abkürzung: EG)
ECAAL	Église de la Confession d'Augsbourg d'Alsace et de Lorraine, Lutherische Kirche von Elsaß und Lothringen
ECCSEC	Ecumenical Commission for Church and Society in the European Community, Ökumenische Kommission für Kirche und Gesellschaft in der Europäischen Gemeinschaft (deutsche Abkürzung: ÖKKGEG)

ECG	European Contact Group for Church and Industry, Europäische Kontaktgruppe Kirche und Industrie
ECO-THEO	Working group on Economy and Theology, Arbeitsgruppe zum Verhältnis von Ökonomie und Theologie
ECU	European Currency Unit, Europäische Währungseinheit ("Vorläufer" des Euro)
EECCS	European Ecumenical Commission for Church and Society, Europäische Ökumenische Kommission für Kirche und Gesellschaft
EECOD	European Ecumenical Organisation for Development, Europäische Ökumenische Organisation für Entwicklungsfragen
EESC	European Ecumenical Satellite Conference, Europäische Ökumenische Konferenz für Satellitenfernsehen
EFTA	European Free Trade Association, Europäische Freihandelsgemeinschaft
EG	Europäische Gemeinschaft (englische Abkürzung: EC)
EGKS	Europäische Gemeinschaft für Kohle und Stahl

EKD	Evangelische Kirche in Deutschland
EMU	European Monetary Union, Europäische Währungsunion
EÖV	Europäische Ökumenische Versammlung
EP	Europäisches Parlament
epd	Evangelischer Pressedienst
EPZ	Europäische Politische Zusammenarbeit
ERAL	Église Réformée d'Alsace et de Lorraine, Reformierte Kirche von Elsaß und Lothringen
ERE	Ecumenical Research Exchange, Ökumenischer Forschungsaustausch
EU	Europäische Union bzw. European Union
EURATOM	Europäische Gemeinschaft für Atomenergie
EWG	Europäische Wirtschaftsgemeinschaft
EZA	Evangelisches Zentralarchiv
FEST	Forschungsstätte der evangelischen Studiengemeinschaft

FPF	Fédération Protestante de France, Protestantische Vereinigung Frankreichs
G.E.C.	Greek Evangelikal Church, Evangelische Kirche Griechenlands
H.B.	Helvetischen Bekenntnisses, reformiert
H.-U.R.	Anmerkung des Verfassers, Hans-Ulrich Reuter
H.v.V.	Privatarchiv Dr. Helmut von Verschuer
IGC	Intergovernmental Conference, Regierungskonferenz (der Europäischen Union)
KASEF	Katholisches Sekretariat für Europafragen (französische Abkürzung: OCIPE)
kda-ruhr	Kirchlicher Dienst in der Arbeitswelt der evangelischen Kirchenkreise im westfälischen Teil des Ruhrgebietes
KEK	Konferenz Europäischer Kirchen (englische Abkürzung: CEC)
KKEG	Kommission von Kirchen bei der Europäischen Gemeinschaft
KKG	Kommission Kirche und Gesellschaft, neugegründete Unter-Kommission der Konferenz Europäischer Kirchen (seit 1998)

KNA	Katholische Nachrichtenagentur
KOM	Kommission der Europäischen Gemeinschaft bzw. Union
KSZE	Konferenz für Sicherheit und Zusammenarbeit in Europa
LWB	Lutherischer Weltbund
MD	Materialdienst des Konfessionskundlichen Instituts Bensheim
MEP	Mitglied des Europäischen Parlament
NATO	North Atlantic Treaty Organization, Nordatlantik-Pakt-Organisation
NGO	Non-governmental organisation, Nichtregierungsorganisation (deutsche Abkürzung: NRO)
NRO	Nichtregierungsorganisation (englische Abkürzung: NGO)
OCIPE	Office Catholique d'Information sur les Problèmes Européens, Katholisches Sekretariat für Europafragen (deutsche Abkürzung: KASEF)

ÖKKGEG	Ökumenische Kommission für Kirche und Gesellschaft in der Europäischen Gemeinschaft (englische Abkürzung: ECCSEC)
Ök. Zentr.	Archiv des Ökumenischen Zentrum
ÖRK	Ökumenischer Rat der Kirchen (englische Abkürzung: WCC)
ÖZB	Ökumenisches Zentrum, Brüssel
OKR	Oberkirchenrat
OSCE	Organization for Security and Cooperation in Europe, Organisation für Sicherheit und Zusammenarbeit in Europa (deutsche Abkürzung: OSZE)
OSZE	Organisation für Sicherheit und Zusammenarbeit in Europa (englische Abkürzung: OSCE)
SEA	Single European Act, Einheitliche Europäische Akte
SZ	Süddeutsche Zeitung
TNC	Transnational Companies, Multinationale Unternehmen

UNIAPAC	Union Internationale des Associations Patronales Catoliques, Weltverband christlicher Unternehmer
URC	United Reformed Church in the United Kingdom, Vereinigte Reformierte Kirche Großbritanniens
V.i.S.d.P.	Verantwortlich im Sinne des Presserechtes
WCC	World Council of Churches, Ökumenischer Rat der Kirchen (deutsche Abkürzung: ÖRK)
ZfS	Zeitschrift für Soziologie

www.ingramcontent.com/pod-product-compliance
Lightning Source LLC
Chambersburg PA
CBHW072123290426
44111CB00012B/1754